Ihr ergebener
Albino Luciani

Johannes Paul I.

Ihr ergebener

+ Albino Luciani

Briefe an Persönlichkeiten

VERLAG NEUE STADT
MÜNCHEN · ZÜRICH · WIEN

Titel der italienischen Originalausgabe: Illustrissimi

Übersetzung: Wolfgang Bader und Hans Heilkenbrinker

Die „Briefe“, die in diesem Buch zusammengestellt sind, schrieb Johannes Paul I., als er noch Albino Luciani hieß und Patriarch von Venedig war, für die Monatszeitschrift *Messaggero di S. Antonio* (Sendbote des hl. Antonius).

Die Deutsche Bibliothek – CIP-Einheitsaufnahme

Johannes Paulus <Papa, I.>:
Ihr ergebener Albino Luciani : Briefe an Persönlichkeiten /
Johannes Paul I.
[Übers.: Wolfgang Bader und Hans Heilkenbrinker].
- 9. Aufl. - München ; Zürich ; Wien : Verl. Neue Stadt, 1997
(Saatkörner)
Einheitssacht.: Illustrissimi <dt.>
97.01.00
ISBN 3-87996-362-2
Vw: Luciani, Albino [Früherer Name]→ Johannes Paulus <Papa, I.>

1997, 9. Auflage

Umschlaggestaltung: Neue-Stadt-Graphik
Satz: May + Co
Druck: Freiburger Graphische Betriebe, Freiburg i. Br.
ISBN 3-87996-362-2

VORWORT

Während der Römischen Bischofssynode im Oktober 1977, an der wir beide teilnahmen, überreichte ich dem damaligen Patriarchen von Venedig, Kardinal Albino Luciani, eine kleine Schrift, die ich zum Thema „Familie als Hauskirche" verfaßt hatte. Als Gegengabe erhielt ich von ihm seine „Illustrissimi" – und er bemerkte dabei, diese Schrift sei für die „einfachen Leute" verfaßt. Persönliche Bescheidenheit wie auch Zuneigung zu den Menschen, wie sie sind, spricht aus dieser Bemerkung, spricht aber auch aus dem Buch. Patriarch Luciani wollte ein Bischof sein für die Menschen, ein Hirte für das Volk.

Aber noch etwas ist für dieses Buch kennzeichnend: der offene und weite Geist, der die großen Gestalten der Geschichte ebenso kennt wie die Schriftsteller, die das Volk ansprechen, dem die Heiligen und die Dichter, die geschichtsmächtigen Politiker ebenso wie die „Helden" der Kinder vertraut sind.

Nähe und Weite zugleich sind die Dimensionen des Geistes dieses Autors. Nähe und Weite – das sind aber zumal Dimensionen seines Herzens. Sind nicht gerade diese Dimensionen gemeint, wenn einer vom Herrn gefragt wird wie einst Petrus: „Liebst du mich mehr als diese?"

„Der Herr möge euch verzeihen, was ihr mit mir angefangen habt!" sagte Kardinal Luciani, als er durch die Entscheidung des Konklaves, die aus innerster Verantwortung der Kardinäle vor Gott getroffen wurde, Papst Johannes Paul I. geworden war. In einem Alter, in dem die meisten anderen Menschen ihr Werk aus der Hand legen, um auszuruhen von der Bürde ihres Lebens, hat man ihm die Last des Papstamtes auf die Schultern gelegt, des schwersten Amtes, das es in der Kirche zu tragen gibt. Beschei-

denheit, Nähe und Weite, Mut zur eigenen Menschlichkeit, Mut zum unmittelbaren Umgang mit den Nächsten, Mut, über die Zäune des engen eigenen Bezirks in die Landschaft der Welt- und Menschheitsgeschichte hinauszuschauen: das sind kostbare Voraussetzungen für dieses Amt.

Sicher, das Ja des Glaubens und der Treue, das wir dem Papst entgegenbringen, gilt ihm nicht zuerst um seiner menschlichen, geistigen und geistlichen Qualitäten willen. Es gilt ihm um des Herrn willen, der ihn gesandt hat und ihm seine Herde anvertraute. Der Nachfolger des Petrus ist der Vicarius Christi. Daß der Herr seine Sendung einem Menschen mit seiner begrenzten Kraft übergibt, dies ist immer wieder eine Provokation, dies erregt immer wieder Anstoß. Es war ja schon bei Jesus nicht anders. Als er in seine Heimatstadt Nazareth kam, waren seine Mitbürger empört: Der ist doch einer von uns, wir kennen seine Lebensverhältnisse, seine Familie – und er will uns im Namen Gottes etwas zu sagen haben? (vgl. Lk 4, 31–37). Seit Gott sich entschlossen hat, in der Menschwerdung seines Sohnes uns das Heil zu schenken, führt auch der Weg der Vermittlung dieses Heils über den Menschen. Das Ärgernis von Nazareth setzt sich fort auch im Ärgernis von Rom, im Ärgernis eines Menschen, der im Namen des Herrn auf uns zukommt.

Doch weil Gott nicht am Menschen vorbei den Menschen seine Botschaft und sein Heil anbieten will, deshalb ist es keine bloße Äußerlichkeit, auch auf die Menschlichkeit dessen zu achten, den er uns sendet. Nachdem Petrus das Bekenntnis des Glaubens abgelegt hat, daß Jesus der Christus, der Sohn des lebendigen Gottes ist, sprach dieser zu ihm das Wort: „Du bist Petrus!“ (vgl. Mt 16, 16–18). Und was Jesus dem Petrus verheißen hat, das löst er ein an jenem Morgen am See Genezareth, da er ihn nach der größeren Liebe fragt und ihm seine Herde endgültig anvertraut (vgl. Joh 21, 15–17).

Hier ist das Herz eines Menschen bis zum Innersten und bis zum Äußersten in Anspruch genommen; hier ist uns das Herz dieses Menschen aber auch geschenkt. Weil es den Papst gibt, gibt es ei-

nen, der im Auftrag und in der Sendung des Herrn ein Herz wahrhaft für alle, wahrhaft für das Ganze hat.
Dann aber haben Bescheidenheit, Nähe und Weite dieses Herzens nicht nur etwas mit der privaten Biographie des Papstes Johannes Paul I. zu tun, sondern unmittelbar mit seiner Sendung. Und für uns ist es ein Geschenk, dieses Herz ein wenig tiefer kennenlernen zu können und selber in die Perspektive dieses Herzens auf die Dinge des Lebens und der Welt eingehen zu können.
Daher ist das Buch, in dem Papst Johannes Paul I. vor einigen Jahren jene Briefe zusammenfaßte, die er an gewichtige Persönlichkeiten der Weltgeschichte, Heilsgeschichte, Kirchengeschichte und persönlichen Geschichte geschrieben hat, mehr als eine freundliche Unterhaltung, mehr als eine biographische und literarische Kostbarkeit. Dieses Buch ist ein Weg, um mit dem lebendig verbunden zu sein, der zu uns kommt im Namen und mit dem Herzen des Herrn.

Köln, den 27. September 1978

† Joseph Kardinal Höffner

Dieses Vorwort war – wie aus dem Datum zu ersehen ist – einen Tag vor dem Tod von Papst Luciani geschrieben worden. Wie das Buch selbst sollte es dazu beitragen, Wort und Leben des Papstes zu verbreiten. Durch den plötzlichen Tod von Papst Johannes Paul I. haben die Briefe an seine „Freunde“ gleichsam den Charakter eines Testaments angenommen. In ihnen bleibt der „Papst der Hoffnung“ lebendig, dem es in wenigen Tagen gelungen ist, ein Zeichen der Einfachheit, der Bescheidenheit und der Volksnähe zu setzen.

An Charles Dickens

BEIM LETZTEN TROPFEN ANGELANGT

April 1971

Lieber Dickens!

Da ich ein Bischof bin, bekam ich von der Zeitschrift ,,Messaggero di S. Antonio" (Sendbote des hl. Antonius) den seltsamen Auftrag, monatlich einen Artikel, eine Art Brief an illustre Persönlichkeiten zu schreiben.
Es war kurz vor Abgabetermin, die Zeit drängte, und ich wußte immer noch nicht, an wen ich schreiben sollte. Da lese ich zufällig in der Zeitung eine Werbung für das Buch ,,Fünf Weihnachtsgeschichten". Als Kind hatte ich es gelesen, und es hatte mich begeistert, denn es war erfüllt von einer tiefen Liebe zu den Armen, von sozialer Gerechtigkeit. Es sprühte von Phantasie und Menschlichkeit.
,,Warum schreibe ich nicht an Dickens", sagte ich mir. Und so entstand dieser Brief.

Ich erwähnte schon Eure Liebe zu den Armen. Ihr habt sie außergewöhnlich tief empfunden und beschrieben. Wohl deshalb, weil Ihr als Kind selbst unter ihnen lebtet. Mit zehn Jahren, Euer Vater saß wegen seiner Schulden im Gefängnis, seid Ihr in eine Lackfabrik arbeiten gegangen, um die Mutter und die kleinen Geschwister zu unterstützen. Von frühmorgens bis spät in die Nacht verpackten Eure kleinen Hände Dosen mit Schuhcreme, überwacht von den mitleidlosen Augen des Aufsehers. Des Nachts schlieft Ihr auf einem Dachboden. Um dem Vater Gesellschaft zu leisten, verbrachtet Ihr mit Eurer Familie den Sonntag im Gefängnis, wo Ihr schon sehr früh mit viel Leid in Berührung kamt.
So erklärt sich, daß Eure Romane von Armen bevölkert sind, die

in unbeschreiblichem Elend hausen. Frauen und kleine Kinder, rücksichtslos angeheuert für die Arbeit in Fabriken und finsteren Läden; keine Gewerkschaft, die sie verteidigt; keine Versicherung, die ihnen bei Krankheit oder Unfall beisteht; Hungerlöhne; täglich bis zu fünfzehn Stunden harte Arbeit; zerbrechliche Geschöpfe mit trostloser Monotonie an gewaltige und dröhnende Maschinen gefesselt; eine ungesunde und moralisch verkommene Umgebung, in der viele nur allzu oft dem Alkohol oder der Prostitution verfallen.
Diesen Unterdrückten wendet sich Eure ganze Sympathie zu. Auf der Gegenseite stehen die Unterdrücker, die Ihr mit spitzer Feder verewigt habt.

Eine dieser Gestalten ist der Geizhals Scrooge. In Eurer Geschichte „Ein Weihnachtslied in Prosa" sprechen zwei Herren bei ihm vor: „Es ist Weihnachten, Tausenden von Menschen fehlt das Notwendigste!" – „Gibt es denn keine Gefängnisse? Wozu sind denn die Armenhäuser da?" lautet die Antwort von Scrooge. „Natürlich gibt es sie, aber was können die schon machen, um die Menschen zur Weihnachtszeit ein klein wenig zu erfreuen? Wir wollten Geld sammeln, um damit für die Armen Essen, Trinken und Brennholz zu kaufen. Für welche Summe wollen Sie sich verpflichten?" – „Für gar keine. Lassen Sie mich doch in Ruhe! Nicht einmal ich selbst feiere Weihnachten, und dann soll ich auch noch dazu beitragen, daß sich die Nichtstuer diesen Luxus leisten? Ich zahle meine Armensteuer; damit gebe ich meinen Beitrag für die Gefängnisse und Armenhäuser. Wer etwas braucht, kann ja dorthin gehen." – „Viele können aber nicht einmal hingehen, und andere würden lieber sterben als zu betteln." – „Wenn sie es vorziehen zu sterben, dann möglichst bald. So gäbe es wenigstens nicht mehr so viele Arme. So, jetzt entschuldigen Sie mich bitte, denn diese Dinge gehen mich nichts an."
Euer Geizhals Scrooge ist habgierig und egoistisch. Als er aber mit seinem „Zweiten Ich", dem Geist seines verstorbenen Teil-

habers, dem Wucherer Marley, über Geschäfte spricht, erklärt ihm dieser traurig: „Die Geschäfte! Mein Geschäft hätte darin bestehen sollen, mehr Menschlichkeit zu besitzen. Um das Gemeinwohl, Liebe und Güte, darum hätte ich mich mehr kümmern sollen. Ich lebte unter meinen Mitmenschen, die Augen stets auf den Boden gerichtet. Warum habe ich nie aufgeblickt zu dem legendären Stern, der die Weisen zu einem Stall führte? Es hätte sicher noch andere arme Hütten gegeben, zu denen mich sein Licht hätte geleiten können!"

Mehr als hundertdreißig Jahre sind vergangen, seit Ihr diese Worte schriebt. Jetzt werdet Ihr wohl neugierig sein, ob und wie das Elend und die Ungerechtigkeit, die Ihr anprangertet, beseitigt wurden. Ich will Euch nicht auf die Folter spannen: In Eurem England und im industrialisierten Teil Europas haben die Arbeiter ihre Lage wesentlich verbessert. Dabei stand ihnen eine einzige Waffe zur Verfügung: ihre große Zahl. Die Wortführer der Sozialisten erzählten früher einmal folgende Geschichte: Ein Kamel stapfte durch die Wüste. Mit seinen Hufen trampelte es auf den Sandkörnern herum, und hochmütig-triumphierend rief es aus; „Ich zermalme euch!"
Die Sandkörner stöhnten geduldig unter den Tritten, aber da erhob sich der Wind, der schreckliche Samum: „Auf, auf, Sandkörner, vereinigt euch, gemeinsam werden wir das Untier schlagen und unter einem Berg von Sand begraben!"
Die Arbeiter, einzeln und verstreut wie Sandkörner, sind durch die Gewerkschaften und die verschiedenen sozialistischen Organisationen zu einem Sandsturm geworden. Ihnen gebührt das unleugbare Verdienst, die Haupttriebkraft gewesen zu sein, um fast überall die Lage der Arbeitnehmer zu verbessern.
Seit damals ist viel Zeit vergangen, große Errungenschaften wurden gemacht, sei es auf finanziellem Gebiet, sei es im Bereich der sozialen Sicherheit und der Kultur. Heutzutage gelingt es den Arbeitern durch die Gewerkschaften, Einfluß zu nehmen auf die da oben in den höchsten Stellen des Staates, wo sich ja ihr eigent-

liches Schicksal entscheidet. All das wurde unter großen Opfern erkauft, wobei Hindernisse und Gegensätze überwunden werden mußten.
Der Zusammenschluß der Arbeiter mit dem Ziel, die eigenen Rechte zu wahren, wurde tatsächlich zuerst als gesetzeswidrig betrachtet, später toleriert, endlich aber durch Gesetze abgesichert. Der Staat war ursprünglich „Polizeistaat", erklärte Arbeitsverträge zur Privatangelegenheit und verbot jede Art von Kollektivverträgen. Die Arbeitgeber saßen am Drücker, die „freie Konkurrenz" herrschte uneingeschränkt. „Zwei Arbeitgeber laufen einem Arbeiter nach? Der Lohn steigt! Zwei Arbeiter betteln einen Arbeitgeber um eine Stelle an? Der Lohn fällt!" Diese Gesetzmäßigkeit, meinte man, würde automatisch zum Gleichgewicht der Kräfte führen. Heute wissen wir, wohin sie uns führte: zum Mißbrauch eines Kapitalismus, der ein unheilvolles System war – und teilweise auch noch ist.
Und heute? Zu Eurer Zeit bestanden die sozialen Ungerechtigkeiten darin, daß sich die Arbeiter gegen die Unternehmer wehren mußten. Heute muß sich ein ganzes Heer von Menschen zur Wehr setzen: die Landarbeiter, die ihre schlechtere Lage gegenüber den Industriearbeitern beklagen; in Italien der Süden gegen den Norden; in Afrika, Asien und Lateinamerika die Völker der „Dritten Welt" gegen die Völker, die im Überfluß leben.
Aber selbst in den wohlhabenden Industrie-Nationen gibt es Elend und Unsicherheit in Hülle und Fülle. Viele Arbeiter sind arbeitslos oder ohne gesicherten Arbeitsplatz, nicht überall sind sie ausreichend gegen Unfälle geschützt, oft fühlen sie sich nur als Werkzeuge und nicht als Hauptfiguren der Produktion. Dazu kommt, daß der ungehemmte Sturm auf den Wohlstand, der übertriebene und verrückte Gebrauch überflüssiger Dinge die lebenswichtigen Elemente in Gefahr gebracht hat: Luft, sauberes Wasser, Stille, Erholung und den inneren Frieden.
Man glaubte, die Erdölreserven seien unerschöpflich wie der Schacht des heiligen Patrizius. Doch nun stellt sich heraus, daß wir bei den letzten Tropfen angelangt sind. Ferner vertraute man

darauf, daß uns die Atomenergie zu Hilfe käme, falls eines Tages das Erdöl tatsächlich zu Ende ginge. Heute wissen wir, daß der Atommüll schädliche Auswirkungen auf Mensch und Natur hat. Angst und Sorge sind also groß. Das Untier aus der Wüste, das bekämpft und getötet werden müßte, ist für viele nicht mehr nur der Kapitalismus, sondern das ganze gegenwärtige System. Man wendet sich gegen das „System“ und will es mit einer Revolution auf den Kopf stellen.

Die heute so arme dritte Welt, sagt man, wird dank ihrer Erdölvorkommen bald reich sein. Die Welt des Wohlstands und Konsums wird ohne Erdöl auf dem trockenen sitzen und den Gürtel enger schnallen müssen.

Trotz dieser Verschärfung der Probleme, Sorgen und Spannungen gelten noch immer die Grundsätze, natürlich erweitert und angepaßt, für die Ihr, lieber Dickens, gekämpft habt, wenn auch manchmal auf eine ein wenig sentimentale Weise. Es geht um die Liebe zu den Armen – zu den einzelnen und zur Gesamtheit. Als einzelne oder als Völker zurückgestoßen, fühlen sie sich als Klasse und verbünden sich untereinander. Ihnen gebührt die aufrichtige und offene Sympathie der Christen. So hat es uns Christus gelehrt.

Solidarität: Wir alle, Völker und Nationen, sitzen im gleichen Boot, sind räumlich und kulturell einander nähergekommen. Aber es herrscht hoher Wellengang. Wenn wir nicht kentern wollen, gibt es nur eine Regel: alle für einen, einer für alle; auf dem bestehen, was uns zusammenbringt, all das vergessen, was uns trennt.

Gottvertrauen: Euren Marley habt Ihr den Wunsch aussprechen lassen, der Stern der Weisen möge alle armen Häuser erhellen. Heute ist die ganze Welt ein armes Haus, denn es fehlt ihr Gott.

DIE DREI GESICHTER DES HERRN MÜLLER

Mai 1971

Lieber Mark Twain!

Du warst einer der Lieblingsautoren meiner Jugendzeit. Noch heute erinnere ich mich an „Tom Sawyers Abenteuer", diese lustige Schilderung Deiner eigenen Jugendstreiche. Wie oft habe ich eine von Deinen Geschichten erzählt, lieber Twain. Zum Beispiel die über den Wert der Bücher. Bücher haben einen unschätzbaren, aber sehr unterschiedlichen Wert – gabst Du einmal einem Mädchen zur Antwort. Ein Buch, in Leder gebunden, eignet sich vorzüglich zum Schleifen des Rasiermessers. Ein dünnes, kurz gefaßtes Buch, wie die Franzosen das können, wirkt Wunder bei einem zu kurzen Tischbein. Ein dickes Buch, ein Wörterbuch zum Beispiel, eignet sich gut als Wurfgeschoß, um Katzen zu verjagen. Ein Atlas schließlich, mit seinen großen Blättern, eignet sich am besten, um Fenster damit zu verkleben. Meine Schüler waren nicht mehr zu bremsen, wenn ich ihnen versprach, einen neuen Streich von Mark Twain zu erzählen. Aber in meiner Diözese wird es einen Skandal geben: „Ein Bischof, der Mark Twain zitiert!" Vielleicht muß ich den lieben Leuten dort zuvor etwas erklären: So verschieden Bücher sind, so verschieden sind auch Bischöfe. Einige, Adlern gleich, schwingen sich mit Hirtenbriefen von hohem Niveau durch die Lüfte. Andere singen wie Nachtigallen mit wunderbarer Stimme das Lob des Herrn. Wieder andere gleichen den armen Zaunkönigen, die auf dem äußersten Zweig des Baumes der Kirche sitzen und piepsend zu unerschöpflichen Themen kärgliche Gedanken von sich geben.

Ich, lieber Twain, gehöre zu den letzteren. So brauche ich nichts zu fürchten, wenn ich Deine Erkenntnis weitergebe: „Der

Mensch ist viel komplexer, als es scheint. Jeder erwachsene Mensch birgt nämlich in seinem Inneren nicht eine, sondern gleich drei verschiedene Naturen." – ,,Wieso denn?" fragte man Dich. ,,Nehmt einen x-beliebigen Herrn Müller. In ihm lebt Müller I., nämlich der, für den er sich selbst hält; dann Müller II., der, den die anderen in ihm sehen; und schließlich Müller III., der, der er wirklich ist."

Wie sehr trifft doch Dein Scherz den Nagel auf den Kopf. Nehmen wir Müller I. Wenn man uns ein Gruppenfoto zeigt, welches sympathische, anziehende Gesicht suchen wir uns aus? Das unsrige, nicht wahr? Wir sind uns selbst die Liebsten, lieber noch als alle anderen. Deshalb geschieht es nur zu oft, daß wir unsere Verdienste vergrößern und unsere Fehler verkleinern. Den anderen gegenüber gebrauchen wir andere Gewichte und andere Maße. Die Verdienste vergrößern? Das beschreibt Dein Kollege Trilussa:

,,Die kleine Schnecke Eitelkeit
kroch über einen Obelisk.
Sie sieht den Schleim: Ah, ich versteh:
In der Geschichte laß ich eine Spur!"

Siehst Du, so sind wir, lieber Twain. Ein wenig Schleim genügt, Hauptsache, er stammt von uns, und schon wandeln wir mit stolzgeschwellter Brust einher.

Unsere Fehler verkleinern? ,,Ich bin hie und da einem guten Tropfen nicht abgeneigt", meint einer. Aber die anderen sagen, daß er immer eine trockene Kehle hat und über den Durst trinkt. *Sie* meint: „Ich bin ein wenig nervös, manchmal rege ich mich etwas auf." Die Leute aber sagen, sie sei unleidlich, zornig und rachsüchtig, ein unmögliches Frauenzimmer, ein zänkisches Weib.

Bei Homer zogen die Götter durch die Welt, in einer Wolke verhüllt, die sie vor den Augen der Menschen verbarg. Wir hinge-

gen haben eine Wolke, die uns vor den eigenen Blicken verborgen hält.
Franz von Sales, Bischof wie ich und Humorist wie Du, schrieb: „Den Nächsten klagen wir wegen Kleinigkeiten an, doch für uns selbst haben wir auch bei großen Dingen Entschuldigungen bereit. Wir wollen mit hohem Gewinn verkaufen und drücken beim Einkauf die Preise. In den Häusern der anderen soll Gerechtigkeit, bei uns Barmherzigkeit regieren. Die anderen müssen etwas aushalten können, wir leisten uns Empfindlichkeit. Einen Fehler kann ein Untergebener bei uns schwer wieder gutmachen; wenn uns hingegen jemand sympathisch ist, verzeihen wir ihm alles. Unsere Rechte setzen wir entschlossen durch, die anderen sollen etwas diskreter sein. Etwas für die anderen tun, halten wir für Heldentum, ihre Hilfe erscheint uns selbstverständlich."

Soweit zu Müller I. Wenden wir uns jetzt Müller II. zu. Hier, lieber Twain, glaube ich, muß man zwei Fälle unterscheiden: Herr Müller wünscht, daß man ihn achtet, oder er ist betrübt, wenn man ihn ignoriert und verachtet. Das ist an sich normal, wenn man weder das eine noch das andere übertreibt. „Wehe euch", hat Jesus gesagt, „die ihr in den Synagogen die besten Plätze einnehmt und auf Verbeugungen Wert legt . . .; all eure Werke tut ihr, um gesehen zu werden." Heute würde man sagen: Wehe euch, die ihr Posten und Auszeichnungen nachlauft, erworben mit den Ellbogen und mit faulen Kompromissen; weh euch, die ihr unbedingt in der Zeitung stehen wollt.
Warum dieses „Wehe euch"? Als Hitler 1938 nach Florenz kam, war die Stadt mit Hakenkreuzen und Transparenten übersät. Bargellini sagte zu Della Costa: „Sehen Sie, Eminenz? Sehen Sie?" – „Keine Angst", erwiderte der Kardinal, „der Lauf der Dinge ist schon in Psalm 37 vorgezeichnet: ‚Ich sah einen Frevler, bereit zu Gewalttat, er reckte sich hoch wie eine grünende Zeder. Wieder ging ich vorüber, und er war nicht mehr da; ich suchte ihn, doch er war nicht zu finden.'"

Manchmal bringt uns das „Wehe euch" keine göttliche Strafe, sondern eine menschliche Blamage. Es kann uns gehen wie dem Esel, der sich ein Löwenfell umhängte. Alle riefen: „Ein Löwe!" und Menschen und Tiere flohen. Da kam der Wind, hob das Fell empor, und alle sahen den Esel. Voll Wut kamen sie angerannt und verpaßten ihm ein gerütteltes Maß Prügel.
Das meinte auch Shaw mit dem Wort: „Wie komisch ist die Wahrheit!" Das soll heißen: Es ist zum Lachen, wenn man sieht, wie wenig hinter manchen Titeln und Berühmtheiten steckt.
Und wenn das Gegenteil eintritt? Wenn die Leute Schlechtes vermuten, wo Gutes ist? Da hilft uns ein anderes Wort Jesu: „Johannes kam, er aß und trank nicht, und die Menschen sagten: er hat den Teufel im Leib. Der Menschensohn ist gekommen, er ißt und trinkt, und sie sagen, er sei ein Fresser und Säufer, ein Freund der Zöllner und Sünder." Nicht einmal Christus ist es gelungen, alle zufriedenzustellen. Tragen wir nicht zu schwer daran, wenn es uns nicht gelingt.

Müller III. war Koch. Diesmal nicht in Deiner Geschichte, lieber Twain, sondern bei Tolstoi. Vor der Küchentüre lagen die Hunde. Müller III. tötete ein Kalb und warf die Eingeweide in den Hof. Die Hunde fraßen sie und sagten: „Er ist ein tüchtiger Koch." Einige Tage danach löste Müller Erbsen aus und schälte Zwiebeln; wieder warf er die Abfälle in den Hof. Die Hunde stürzten sich darauf, rümpften aber bald die Schnauze und stellten fest: „Er ist ein schlechter Koch." Müller III. kümmerte sich aber nicht um dieses Urteil, sondern sagte: „Meinem Herrn muß das Essen schmecken, nicht den Hunden. Hauptsache, wenn mein Herr mit mir zufrieden ist."
Gut, dieser Tolstoi! Aber ich frage mich nun: „Was für einen Geschmack hat mein Herr? Was gefällt ihm an uns?" Eines Tages, während er predigte, sagte ihm einer: „Deine Mutter und deine Brüder stehen draußen und wollen dich sprechen." Jesus aber streckte die Hand aus, zeigte auf seine Jünger und antwortete: „Hier sind meine Mutter und meine Brüder. Jeder, der den

Willen meines Vaters im Himmel tut, ist mir Bruder, Schwester und Mutter."
Das ist also der Mensch, der ihm gefällt: der den Willen des Vaters tut. Es gefällt ihm, wenn man zu ihm betet; aber es mißfällt ihm sehr, wenn die Gebete ein Vorwand sind, um sich vor der Last der Arbeit zu drücken. ,,Warum nennt ihr mich Herr und tut nicht, was ich euch sage?"
Das könnte jetzt wie ein moralischer Zeigefinger aussehen.
Du – durch und durch Humorist – hättest das sicher nicht gesagt, aber ich sage es, weil ich Bischof bin und meinen Gläubigen den Rat gebe: Sollte es vorkommen, daß Ihr an die drei Müller, die drei Maier oder die drei Schmidt denkt, die in jedem von uns stecken, dann behaltet jeweils das dritte Gesicht im Auge: das nämlich, das Gott gefällt!

GOTT IST ANDERS

Juni 1971

Lieber Chesterton!

Im italienischen Fernsehen liefen in dieser Woche die Abenteuer des Pater Brown. Dieser unberechenbare Priester-Detektiv ist eine typische Erfindung von Dir. Eigentlich schade, daß nicht auch Professor Luzifer und Mönch Michael auf dem Bildschirm erschienen sind. Ich hätte gern gesehen, wie sie im Flugzeug reisen, einer neben dem anderen, wie Katz und Maus – so wie Du es beschrieben hast.

Über der Kathedrale von London schleudert der Professor vom Flugzeug aus dem Turmkreuz einen Fluch entgegen. „Ich überlege", sagt darauf der Mönch, „ob dieser Fluch dir guttun wird. Höre folgende Geschichte: Einst lernte ich einen Mann kennen, so wie dich. Auch er haßte das Kreuz; er verbannte es aus seinem Haus, von der Halskette seiner Frau, sogar von den Bildern. Er behauptete, es sei häßlich und ein Zeichen der Grausamkeit, es stünde im Widerspruch zur Freude und zum Leben. Tag für Tag wurde sein Haß gegen das Kreuz größer: einmal kletterte er sogar auf den Kirchturm seines Dorfes, brach das Kreuz ab und schleuderte es hinunter.

Es wurde immer schlimmer, der Haß verwandelte sich in Wut und schließlich in Raserei. Eines Abends im Sommer blieb er vor einem langen Palisadenzaun stehen. Kein Licht funkelte, kein Blatt bewegte sich, doch er meinte, er stände vor einer endlosen Reihe von Kreuzen, die sich über die Hügel hinzögen. Er packte einen Knüppel, ging wutschnaubend auf die Pfähle los und schlug alle nieder. Da sein Herz voller Haß gegen das Kreuz war, erschien ihm jeder Pfahl wie ein Kreuz. Zu Hause angelangt, sah er weiter überall Kreuze; er zertrümmerte die

Möbel, legte Feuer, und des Morgens fand man seine Leiche im Fluß." Der Professor blickte den alten Mönch mit zusammengekniffenen Lippen an: „Diese Geschichte hast du dir selbst zusammengedichtet!" – „Ja", antwortete der Mönch ruhig, „die habe ich mir soeben ausgedacht, aber sie drückt genau das aus, was du und deine ungläubigen Gesinnungsgenossen tun. Es fängt damit an, daß man die Kreuze zerstört und endete mit der Zerstörung der Welt."

Die Schlußfolgerung, die Du dem Mönch in den Mund gelegt hast, ist richtig, lieber Chesterton. Was bleibt, was wird aus den Menschen, wenn man Gott beseitigt? Wie kleinkariert wird die Welt dann auf einmal. – Das sei die Welt des Fortschritts, höre ich sie behaupten, die Welt des Wohlstands. Aber dieser vielgelobte Fortschritt ist nicht ganz das, was man sich von ihm erwartet hat: er bringt auch die Raketen, die bakteriologischen und nuklearen Bomben, die Umweltverschmutzung. Alles Dinge, die, wenn man sie nicht gut im Auge behält, die gesamte Menschheit in eine Katastrophe stürzen können. Sagen wir es einmal anders herum: Der Fortschritt kann für Menschen, die sich lieben, sich gegenseitig als Brüder, als Kinder des einen Vaters verstehen, eine wunderbare Sache sein. Für eine Menschheit jedoch, die in Gott nicht den gemeinsamen Vater sieht, wird der Fortschritt zu einer ständigen Gefahr: Wenn nicht ein moralischer, innerlicher, persönlicher Fortschritt parallelläuft, fördert jeder andere Fortschritt nur die Unkultur.

Er macht aus dem Menschen eine Maschine, die von Maschinen beherrscht wird, eine Nummer, die über Nummern befiehlt. Er wird Urmensch im Wahnzustand, der statt mit der Keule, mit den ungeheuren Kräften der Natur und der Technik seine räuberischen, zerstörerischen und ausschweifenden Instinkte befriedigt.

Ich weiß, viele denken darüber genau das Gegenteil wie Du und ich. Sie meinen, die Religion sei eine reine Vertröstung. Die Unterdrückten hätten sie erfunden als einen Traum von einer anderen Welt, in der sie das finden würden, was ihnen hier abgeht.

Die Unterdrücker hätten die Religion zu ihrem eigenen Vorteil geschaffen, um die Unterdrückten im Griff zu behalten, um das Klassenbewußtsein in ihnen einzuschläfern, das ohne die Religion zum Klassenkampf führen würde. Es nützt nichts, darauf hinzuweisen, daß gerade die christliche Religion das Erwachen des proletarischen Bewußtseins begünstigt hat, weil sie den Armen Beachtung geschenkt und eine zukünftige Gerechtigkeit angekündigt hat. Sie antworten, das Christentum wecke das Bewußtsein der Armen, dann aber lähme es dieses Bewußtsein, indem es Geduld predigt und den Klassenkampf ersetzt durch Vertrauen auf Gott und durch allmähliche Reformen der Gesellschaft.

Viele meinen, Gott und die Religion würden den Menschen entfremden. Sie würden ihn davon abhalten, sich für ein nahes Paradies hier auf der Erde einzusetzen, weil sie seine Hoffnungen und Kräfte auf ein zukünftiges und fernes Paradies ausrichten. Gerade nach dem letzten Konzil muß ein Christ, eben weil er Christ ist, sich mehr als je zuvor für den Fortschritt einsetzen – sofern er allen Gutes bringt – und für die soziale Aufwärtsentwicklung – sofern sie allen gilt. Das ändert nichts daran, sagen sie, daß ihr die Welt für vergänglich haltet und auf ein endgültiges Paradies wartet, das es gar nicht geben wird. Wir aber wollen hier das Paradies; das ist das Ziel all unserer Kämpfe. Wir sehen es schon am Horizont auftauchen, während euer Gott von den Theologen der Säkularisierung für „tot" erklärt wird. Heine schrieb – und sie sind seiner Meinung: „Hört ihr die Glocken? Auf die Knie! Sie bringen dem sterbenden Gott die Letzte Ölung!"

Lieber Chesterton, Du und ich, wir knien sehr wohl nieder, aber vor einem Gott, der heute zeitgemäßer ist als je zuvor. Nur er kann eine zufriedenstellende Antwort auf die drei Fragen geben, die für einen jeden Menschen die brennendsten sind: Wer bin ich? Woher komme ich? Wohin gehe ich?

Was den Himmel angeht, den man auf der Erde, und nur auf der Erde genießen kann, möchte ich auf jemanden hinweisen, der

tüchtiger ist als ich, – ohne Deine Verdienste zu schmälern – auch tüchtiger als Du: Dostojewski.
Du erwähnst Dostojewskis „Brüder Karamasow", Iwan ist Atheist, ein Freund des Teufels. Mit der ganzen Kraft seines Atheismus lehnt er sich gegen ein Paradies auf, welches dank der Anstrengungen, dem Einsatz aller Kräfte, dem Leiden und dem Martyrium von unzähligen Generationen erreicht werden soll. Unsere Nachkommen sollen glücklich sein, weil ihre Vorfahren unglücklich waren? Diese Vorfahren „kämpfen", ohne ihren Anteil an Glück je zu erhalten. Oft auch ohne den Trost einer Ahnung von dem Paradies, das aus der Hölle, die sie gerade durchmachen, entstehen soll. Eine ungezählte Menge Menschen, mit Wunden bedeckt, einfach geopfert, um die fruchtbare Erde zu sein für die neuen Bäume des Lebens? Das ist unmöglich, sagt Iwan, es wäre eine fürchterliche und erbarmungslose Ungerechtigkeit.
Und er hat recht.
In jedem Menschen, gleich welchen Glauben er hat, steckt der Sinn für Gerechtigkeit. Dieser fordert, daß es einen Lohn gibt für das Gute und eine Entschädigung für das Leid; daß der Hunger nach Leben, der in jedem steckt, gesättigt wird. Wo und wie soll das geschehen, wenn nicht in einem anderen Leben? Und durch wen, wenn nicht durch Gott? Und von welchem Gott, wenn nicht von dem, über den Franz von Sales schreibt: „Habt keine Angst vor Gott, er will euch kein Leid zufügen. Liebt ihn vielmehr, er möchte euch Gutes tun."
Das, was viele bekämpfen, ist nicht der wahre Gott, sondern eine falsche Vorstellung von Gott: Ein Gott, der die Reichen schützt; der nur fordert und verlangt; der neidisch auf unseren wachsenden Wohlstand schaut; der andauernd nach unseren Sünden Ausschau hält und sich ein Vergnügen daraus macht, uns zu bestrafen!
Lieber Chesterton, Du weißt, Gott ist nicht so. Er ist gut und gerecht. Er ist auch Vater der verlorenen Söhne. Er will sie nicht erbärmlich und armselig, sondern groß und frei, fähig, ihr eige-

nes Schicksal zu meistern. Unser Gott ist so wenig Rivale des Menschen, daß er ihn sogar zum Freund haben will. Er läßt ihn teilhaben an seiner eigenen, göttlichen Natur und an seinem ewigen Glück. Es stimmt auch nicht, daß er übertriebene Anforderungen stellt: im Gegenteil, er begnügt sich mit wenig, denn er weiß wohl, wie wenig wir haben.

Lieber Chesterton, so wie Du bin auch ich überzeugt, daß dieser Gott einmal von allen erkannt und geliebt wird. Auch von denen, die ihn heute zurückweisen. Denn nicht weil sie schlecht sind, weisen sie ihn zurück (sie sind vielleicht besser als wir beide!), sondern weil sie ihn nicht richtig erkannt haben. Auch wenn sie weiterhin nicht an ihn glauben, so sagt er doch zu ihnen: „Ich aber glaube an euch!"

DIE RATSCHLÄGE EINER MUTTER

Juli 1971

Königliche und Kaiserliche Hoheit!

Ich kenne Euch nur aus den Büchern. Als typische Herrscherin des „aufgeklärten Zeitalters" habt Ihr auf patriarchalische Weise regiert: Ihr nanntet Euch „Mutter" Eurer Länder. Aber ich glaube, daß Ihr vor allem Wert darauf legtet, aus „Euren Kindern" gehorsame Untertanen zu machen.

Das ist nicht verwunderlich: Auch von einer Königin kann man nicht erwarten, daß sie auf prophetische Weise ihrer Zeit voraus wäre. Doch trotz allem seid Ihr unter den Herrschern Eurer Zeit vielleicht diejenige, die am wenigsten eine häßliche Figur abgegeben hat: Dirigentin eines großen Staatsorchesters, ohne den Anspruch, alle Instrumente zu beherrschen.

Noch besser habt Ihr Eure Aufgabe als Ehefrau und Mutter gemeistert. Den Ehemann habt Ihr geliebt und bei seinem Tod ehrlich beweint, obwohl er Euch mehrfach untreu geworden war. Eure Residenz war wie ein Glashaus, in dem die Untertanen die makellosen Sitten ihrer Herrscherin beobachten konnten. Sechzehn Kinder, darunter der berühmte Joseph II. – vom preußischen König „Mesnerkönig" genannt – und die unglückliche Marie-Antoinette, zuerst Dauphine, dann Königin von Frankreich. An sie habt Ihr mit dem Feingefühl einer Frau und Mutter einige Briefe über die Art und Weise geschrieben, wie man sich kleiden soll.

In Paris flüsterte man, daß die Dauphine ihre äußere Erscheinung vernachlässige. Das kam Euch in Wien zu Ohren. Sogleich nahmt Ihr die Feder und schriebt mahnend: „Ich höre, daß Ihr schlecht gekleidet seid und daß Eure Hofdamen es nicht wagen, Euch darauf hinzuweisen."

Als Königin verfällt Marie-Antoinette dann ins andere Extrem. Sie schickt Euch ein Gemälde, auf dem sie mit einem riesigen „Katafalk" auf dem Kopf dargestellt ist, bestehend aus Früchten, Blumen, Federn und gut zehn Metern Stoff. Aufs neue setztet Ihr Euch hin und schriebt: „Ich bin nicht der Meinung, daß sich die Herrscherin einer großen Nation so kleiden muß. Man muß mit der Mode gehen, aber man darf nicht übertreiben. Eine hübsche Königin hat es nicht nötig, solche Verrücktheiten auf dem Kopf zu tragen."
Hieraus spricht die Weisheit einer großen Frau: Die Schönheit kommt nicht dadurch ans Licht, daß man sich verrückt kleidet.

Majestät, Ihr werdet es mir vielleicht nicht glauben, aber es gibt einen Kollegen von mir, der kennt sich in solchen Fragen noch besser aus als Ihr: Der heilige Franz von Sales. Dieser Mann hatte eine verständnisvolle Nachsicht mit den kleinen unvermeidlichen Schwächen der Menschen, die vor allem die Frauen dazu bringen, immer neue Muster, Schnitte und Kleider zu erfinden. Besonders großzügig zeigte er sich gegenüber der koketten Eleganz der Damen. „Diese", schreibt er, „spüren die angeborene Notwendigkeit, den anderen zu gefallen." Und er fährt fort: „Sie dürfen den Wunsch haben, vielen zu gefallen, wenn sie es in der Absicht tun, damit jemanden für die Ehe einzufangen."
Da er nun einmal Bischof ist, muß er auch den Eifer der Gräfin von Chantal mäßigen, die eine zu strenge Aufsicht über die Kleidung ihrer Töchter führt. Er schreibt ihr: „Was wollen Sie? Es ist doch nur gut, wenn sich die Mädchen ein wenig hübsch anziehen." Wenn es notwendig war, konnte er auch mit Taktgefühl die kleinen (damals waren sie klein) Kühnheiten der Mädchen seiner Verwandtschaft tadeln. Als eines Tages Franziska Rabutin ein bißchen großzügig dekolletiert erscheint, bietet er ihr lächelnd einige Stecknadeln an.
Für Männer und Frauen gilt in der Mode die gleiche Zurückhaltung. Frau Charmoisy hatte einen Sohn, der unglücklich war, weil alle seine Freunde besser gekleidet waren als er. „Das geht

nicht", schreibt der Heilige, „denn da wir in der Welt leben, müssen wir den Gesetzen der Welt folgen in dem, was nicht Sünde ist." Frau Le Blanc de Mions hatte einen anderen Skrupel: Darf sie, gläubig wie sie ist, ihre Haare nach der Mode einpudern? „Mein Gott", antwortet Franz, „pudern Sie sich nur Ihre Haare ein: auch ein Pfau putzt seine Federn."
Franz von Sales wollte einfach Ratschläge aus christlichem Geist geben, er wollte dem christlichen Leben die Rosen bewahren, ohne deshalb die Dornen zu entfernen. Aber da wurde er ganz schön mißverstanden. Majestät, selbst der große Bossuet schreibt über ihn, daß er auf diese Art und Weise nichts anderes tat, als „Polster unter die Ellbogen der Sünder zu schieben". Ein Ordensmann wetterte sogar einmal von der Kanzel aus gegen seine „Einführung in das christliche Leben", in welchem der Heilige die oben erwähnten Gedanken dargelegt hat. Am Ende der Predigt ließ er sich mit großem Zeremoniell eine brennende Kerze bringen, zog aus dem Ärmel seiner Kutte das Buch hervor und hielt es in die Flamme. Dann zerstreute er die Asche in alle vier Himmelsrichtungen.

Majestät, Ihr habt verstanden, daß ich nicht auf der Seite des Ordensmannes stehe. Ich fühle mich mit Euch und mit Franz von Sales in der gemäßigten und gerechten Position dessen, der das Schöne in der Mode versteht und fördert.
Ich bin aber auch auf Eurer Seite, wenn Übertreibungen zu verurteilen sind. Und wie viele Verrücktheiten gibt es in unseren Tagen in der Kleidung und in allem, was damit zusammenhängt! Ich spreche gar nicht vom Strandleben und der Art und Weise, wie sich dort einige aufführen.
Eure Marie-Antoinette trug zehn Meter Stoff um den Kopf und weitere -zig Meter waren für Kleid und Schleppe nötig. Heute sieht man oft genau das Gegenteil: Frauen mit spärlicher Bekleidung verlangen sogar, daß sie in dieser Aufmachung die Kirchen betreten dürfen.
An Eurem Hof weilte zwischen Kavalieren mit Perücken und

Damen mit gepudertem Haar Pietro Metastasio. Er dichtete Operntexte, darunter auch diesen Vers:

„Der Liebenden Treue
ist wie Arabiens Phönix:
Daß es ihn gibt, sagt jeder,
aber niemand weiß, wo."

Er wagte nicht, mehr zu schreiben. Heute kennt man oft keine Hemmungen, sei es in der Kleidung, in der Musik, beim Schreiben, beim Fotografieren, in Theateraufführungen und im allgemeinen Verhalten.

Hier in Venedig sagte zu Eurer Zeit Margarita in Goldonis „Il Campiello": „Meine Mutter begleitete uns in die Oper oder in die Komödie. Sie bezahlte uns einen Sperrsitz auf der Galerie. Damit sie auch ihre Töchter mitnehmen konnte, wählte sie immer nur gute Stücke aus. Sie kam mit uns, und wir haben uns köstlich amüsiert. Manchmal gingen wir zum Ridotto, ein kurzes Stück auf der Liston-Straße, oder auf den Stròleghe-Platz zu den Clowns, ein andermal gingen wir zu den Buden. Zu Hause haben wir uns dann über alles unterhalten. Es kamen auch die Verwandten, die Freunde, die jungen Leute: alles ohne Gefahren."

Und heute? Manches Töchterchen aus guter Familie ist oft tagelang außer Haus. Wo ist es? Unterwegs mit seinem „Freund", allein mit ihm im Auto, im Hotel. Manche verschicken Einladungen für einen Ball mit der Anmerkung: Ohne großen Anhang. Gemeint sind die Eltern. Man liest in den Tageszeitungen, daß einige Betriebe ganz beträchtlich den Rhythmus und die Qualität der Produktion gesenkt hätten, weil sie zu sehr damit beschäftigt sind, über die Röcke im Miniformat zu „meditieren". Eine Regierung soll sogar mit großen Verkehrszeichen die Autofahrer davor warnen, sich während der Fahrt von Mädchen im Minirock ablenken zu lassen.

Majestät, Ihr fandet die richtigen Worte: „Eine Frau braucht nicht viel, um den anderen zu gefallen.“ Es kommt aber darauf an, daß man weiß, wem man gefallen will und mit welcher Absicht. An und für sich ist es nicht schlecht, allen gefallen zu wollen. Schlecht ist es nur, wenn man in „jener bestimmten Art“ gefallen will. Ich glaube, eine Frau sollte versuchen, vor allem den Eltern, den Brüdern und Schwestern zu gefallen. Dann natürlich dem Mann, der ihr Ehemann wird und der Vater ihrer Söhne sein soll. Natürlich wollen alle die Frau elegant und anziehend sehen, aber in einer Kleidung, die sie noch eleganter und würdiger erscheinen läßt.

Majestät, entschuldigt, wenn ich Euch mein Herz ausgeschüttet habe. Ich habe mich mit Euch unterhalten, weil Ihr die gleichen Gedanken habt. Ich will damit nicht sagen, daß es heute keine Frauen mehr gibt, die diese Ideen mit uns teilen. Doch es gibt viele, die diese Auffassung für veraltet und überholt halten. Ihr hingegen wißt, daß sie nicht der Mode unterworfen ist, sondern immer gültig bleibt, weil sie Gottes Gedanken widerspiegelt. Er hat den heiligen Paulus schreiben lassen: „Die Frauen sollen sich würdig, bescheiden und mit Zurückhaltung kleiden.“

WIR SIND DAS STAUNEN GOTTES

August 1971

Lieber Péguy,

Deine Begeisterung, Deine Leidenschaft, die Menschen aufzurütteln und zu führen, haben mir immer gefallen; etwas weniger einige Deiner literarischen Erzeugnisse, die bald bitter ironisch, bald übertrieben feurig gegen die irrenden Menschen Deiner Zeit kämpfen. In Deinen religiösen Werken gibt es einige Stellen, die vom dichterischen – nicht vom theologischen – Standpunkt her gelungen sind: zum Beispiel dort, wo Du Gott über die Hoffnung sprechen läßt.

„Der Glaube der Menschen, sagt Gott, verwundert mich nicht; er ist keine Überraschung für mich: Ich bin so sehr in meiner Schöpfung gegenwärtig, daß die Menschen wirklich blind sein müßten, um mich nicht zu finden. Die Liebe der Menschen verwundert mich nicht, sagt Gott, sie ist keine Überraschung für mich: diese Geschöpfe sind dermaßen unglücklich, daß sie, wenn sie nicht ein Herz aus Stein haben, nicht anders können als Liebe zueinander zu haben. Die Hoffnung aber, die verwundert mich."

Ich stimme mit Dir, lieber Péguy, überein, daß die Hoffnung Verwunderung hervorruft. Auch Dante hat recht, wenn er sagt, daß sie ein „Warten in Gewißheit" ist. Ich glaube auch an das, was die Bibel von denen erzählt, die Hoffnung hatten. Abraham wußte nicht, warum Gott von ihm verlangte, daß er seinen einzigen Sohn töten solle. Er verstand nicht, wo die zahlreiche Nachkommenschaft, die ihm versprochen war, herkommen sollte. Trotzdem wartete er mit Gewißheit.

Im Kampf gegen Goliat wußte David sehr gut, daß fünf Steine, auch wenn sie von einer Hand geführt wurden, die mit der

Schleuder umzugehen wußte, viel zu wenig waren gegenüber einem Riesen in Ritterrüstung. Doch er wartete mit Gewißheit und rief dem gerüsteten Koloß zu: „Ich komme im Namen des Herrn. In wenigen Augenblicken werde ich dir das Haupt vom Körper trennen!"

Mit den Psalmen bete ich, lieber Péguy, und ich fühle mich in einen Menschen verwandelt, der mit Gewißheit wartet: „Der Herr ist mein Licht und mein Heil, wen sollte ich fürchten? Mag ein Heer mich belagern: mein Herz wird nicht verzagen. Mag Krieg gegen mich toben: Ich bleibe dennoch voll Zuversicht."

Lieber Péguy, welchen Fehler begehen doch diejenigen, die keine Hoffnung haben. Judas hat eine große Dummheit begangen, als er Jesus für dreißig Silberlinge verriet. Aber es war noch dümmer von ihm, als er dachte, seine Sünde sei zu groß, um verziehen zu werden. Keine Sünde ist zu groß. Eine Schlechtigkeit, wie groß sie auch sein mag, kann immer von der unendlichen Barmherzigkeit ausgelöscht werden.

Es ist nie zu spät: Gott ist der Vater des Verlorenen Sohnes, der uns entdeckt, wenn wir noch weit entfernt sind, der von Rührung überwältigt wird, uns entgegenläuft, uns um den Hals fällt und uns küßt.

Wir dürfen uns nicht von einer vielleicht schlechten Vergangenheit abschrecken lassen. Die Fehler der Vergangenheit werden in der Gegenwart zu etwas Gutem, wenn sie uns dazu bringen, die Heilmittel für unsere Besserung zu suchen. Sie werden zu Juwelen, wenn wir sie Gott schenken; denn er freut sich, wenn wir ihn um Verzeihung bitten.

Das Evangelium nennt unter den Vorfahren Jesu auch vier Frauen. Drei davon kann man nicht gerade als Vorbilder bezeichnen: Rahab, die Kurtisane; Tamar, deren Sohn Perez von ihrem Schwager Juda stammt, und Batseba, die mit David Ehebruch beging. Es ist ein Geheimnis der Demut, daß Christus diese Verwandten akzeptiert hat und daß sie in seinen Stammbaum aufgenommen wurden. Ich denke mir, daß Gott uns damit ver-

sichert, daß wir heilig werden können, gleich wie die Geschichten unserer Familien sind, gleich wie das Temperament ist, das wir geerbt haben, gleich wie unsere Vergangenheit aussieht.
Lieber Péguy, es wäre sicher falsch, immer nur zu warten, immer alles aufzuschieben. Wer sich auf den Weg des „Später" begibt, endet auf dem Weg des „Nie". Ich kenne jemand, der aus seinem Leben einen Warteraum gemacht hat. Die Züge kommen an und fahren ab, und er sagt sich: „Ich nehme den nächsten Zug. Ich werde erst am Ende meines Lebens umkehren."
Von Anselm sagte Visconti-Venosta: „Tag um Tag vergeht, und nie kehrt Anselm zurück."
Mein Bekannter ist genau das Gegenteil: Ein Anselm, der nie abfährt.
Ein solches Verhalten ist nicht ungefährlich. Nehmen wir einmal an, die Barbaren wollten Italien überfallen und rücken mit Verwüstungen und Totschlag an. Alle fliehen. Flugzeuge, Autos und Züge werden gestürmt. „Komm!" schreie ich Anselm zu, „es gibt noch einen Platz im Zug. Steig sofort ein!" Und er: „Aber bist du wirklich sicher, daß die Barbaren mich umbringen, wenn ich hierbleibe?" – „Sicher bin ich nicht, sie können dich auch am Leben lassen. Vielleicht gibt es auch noch einen anderen Zug, bevor sie hier sind. Aber das sind vage Möglichkeiten. Jetzt geht es um Leben oder Tod. Warten wäre eine unverzeihliche Dummheit."
„Warum kann ich mich nicht später bekehren?" – „Sicher kannst du, aber es wird schwieriger sein als jetzt. Die wiederholten Sünden werden zur Gewohnheit, zu einer Kette, die man nur schwer durchbrechen kann. Bitte, jetzt! Sofort!"

Lieber Péguy, Du weißt, das richtige Warten stützt sich auf die Güte Gottes, die vor allem in der Haltung Jesu zum Ausdruck kommt, der im Evangelium „Freund der Sünder" genannt wird. Die Dimension dieser Freundschaft ist bekannt: Bei Verlust eines Schafes macht sich der Herr auf die Suche, bis er es findet. Hat er es gefunden, legt er es sich vor Freude über die Schultern,

bringt es nach Hause zurück und sagt zu allen: „Im Himmel wird mehr Freude sein über einen einzigen Sünder, der seine Fehler bereut, als über neunundneunzig Gerechte, die der Umkehr nicht bedürfen."
Die Samariterin, die Ehebrecherin, Zachäus, der Schächer zu seiner Rechten am Kreuz, der Gelähmte und auch wir werden von ihm gesucht, wiedergefunden und genauso behandelt. Auch das ruft Verwunderung hervor.

Auch das „Warten in Gewißheit auf die zukünftige Herrlichkeit", wie Dante sagt, erregt Erstaunen. Diese Sicherheit ist neben der Zukünftigkeit die Situation von uns Hoffenden.
Wir befinden uns auf der Linie des Abraham, der von Gott ein fruchtbares Land versprochen bekommt, gehorcht und „aufbricht, ohne zu wissen, wohin er gehen soll". Aber in der Gewißheit und im Vertrauen auf Gott. Wir sind in der Situation, die der Evangelist Johannes beschreibt: „Jetzt schon sind wir Kinder Gottes, aber das, was wir sein werden, ist noch nicht offenbar geworden." Wir sind, wie Manzoni Napoleon sagen läßt, „aufgebrochen auf den blühenden Wegen der Hoffnung", auch wenn wir das Land, in das die Wege münden, nicht genau kennen.
Kennen wir es wenigstens ungefähr? Oder „erfindet" Dante, wenn er versucht, dieses Land als Licht, Liebe und Freude zu beschreiben? „Licht des Geistes", weil unser Geist dort klar erkennen wird, was er hier auf Erden nur erahnt hat: Gott. „Liebe zum wahren Gut", denn die Güter, die wir hier lieben, sind nur ein Tropfen, Krümel, Bruchstücke, während Gott das Gute schlechthin ist. „Freude, die jede Fröhlichkeit übersteigt", weil es keinen Vergleich gibt zwischen der Schönheit dieser und jener Welt.
Augustinus stimmt dem zu, wenn er Gott „ewig alte und ewig neue Schönheit" nennt. Auch Manzoni meint: „Dort oben ist Schweigen und Finsternis der Ruhm, der verging." Jesaia stimmt damit überein in dem bekannten Wort: „Rufe! – Was soll ich ru-

fen? – Jeder Mensch ist wie Gras, und seine Herrlichkeit wie die Blume des Feldes. Das Gras verdorrt und die Blume verwelkt."
Mit diesen Großen, lieber Péguy, stimmen auch wir überein. Man wird uns „entfremdete" Dichterlinge nennen, Theoretiker. Wir werden antworten: Wir sind Kinder der Hoffnung, wir sind das Staunen Gottes.

DER KERN DES GEHEIMNISSES

September 1971

Lieber Trilussa,

wieder einmal habe ich Dein schwermütiges autobiographisches Gedicht gelesen, in dem Du erzählst, wie Du Dich eines Nachts in einem Wald verirrtest und plötzlich auf eine blinde, alte Frau trafst. „Den Weg", sprach sie, „den kennst du nicht? Ich kenn' ihn gut, so folge mir." Du warst erstaunt: „Nur zu, doch scheint's mir sonderbar, wenn jemand mir vorangehn soll, der gar nicht sieht." Die Blinde ergriff Deine Hand und seufzte leise: „So komm!" – Es war der Glaube.

Ich stimme Dir zu, allerdings nur teilweise: Der Glaube ist zwar ein guter Führer, wie eine liebe, weise Alte, die sagt: „Setz deinen Fuß hierhin, nimm diesen Weg, der dich hinaufführt." Aber das geschieht erst in einem zweiten Moment, wenn der Glaube bereits zur Überzeugung geworden ist, wenn er Wurzeln im Denken geschlagen hat und von dort aus das Handeln des einzelnen steuert und lenkt.

Doch zunächst muß sich diese Überzeugung überhaupt einmal bilden und im Geist festsetzen. Und hierin, mein lieber Trilussa, liegt gerade die Schwierigkeit. Denn da enthüllt sich der Weg des Glaubens nicht als ein romantischer Waldspaziergang, sondern als eine manchmal recht schwierige, bisweilen dramatische und immer geheimnisvolle Reise.

Es ist schon schwierig genug, anderen Menschen zu glauben und ihre Beteuerungen anzunehmen. Der Schüler hört zum Beispiel von seinem Lehrer, daß die Erde 148 Millionen Kilometer von der Sonne entfernt ist. Er möchte dies überprüfen, aber wie soll er es anstellen? Mutig setzt er einen Akt des Vertrauens: Der Lehrer ist ehrlich und kennt sich aus, also vertraue ich ihm.

Eine Mutter erzählt ihrem Sohn von der Zeit, die schon weit zurückliegt, von den Opfern, die sie auf sich genommen hat, um für ihn zu sorgen und um ihm in der Krankheit beizustehen. Zum Schluß fragt sie ihn: ,,Glaubst du mir das? Wirst du dich später daran erinnern, was ich alles aus Liebe zu dir getan habe?" – ,,Wie sollte ich dir nicht glauben", antwortete der Sohn, ,,ich will alles daransetzen, um deine Liebe nicht mit Undank zu vergelten." Wenn der Sohn dann nicht nur Vertrauen, sondern auch Mitgefühl und Liebe aufbringt, wird in ihm der Wunsch aufkommen, sein Leben für die Mutter einzusetzen. Ähnlich ist es mit dem Glauben an Gott: Er ist wie ein kindliches Ja, das wir zu Gott sagen, nachdem er uns etwas von seinem inneren Leben erzählt hat. Ein Ja zu dem, *was* Gott sagt, und zugleich ein Ja zu dem, *der* es sagt. Wer dieses Ja ausspricht, muß nicht nur Vertrauen besitzen, sondern auch Feinfühligkeit und Liebe, er muß demütig eingestehen: Ich bin nicht derjenige, der alles weiß, der bei allem das letzte Wort hat, der alles nachprüfen kann. Vielleicht bin ich gewohnt, mit exakten Forschungsdaten zu wissenschaftlichen Ergebnissen zu kommen. Hier hingegen muß ich mich mit einer nicht-naturwissenschaftlichen, nicht-mathematischen Sicherheit begnügen. Aber es ist eine Gewißheit, die dem gesunden Menschenverstand entspricht. Nicht nur das: Wenn ich mich Gott anvertraue, muß ich damit rechnen, daß er in mein Leben eingreifen, es lenken und verändern kann.

Augustinus zeigt sich in seinen ,,Bekenntnissen" bei der Beschreibung seines Wegs zum Glauben viel ,,ergriffener" als Du, lieber Trilussa. Bevor er Gott sein volles Ja gibt, erschaudert er und wird von quälenden Konflikten geplagt. Auf der einen Seite steht Gott, der ihn einlädt, und auf der anderen stehen die alten Gewohnheiten, ,,die alten Freundinnen", die ihn ,,sanft am Gewand des Fleisches zupfen" und ihm zuflüstern: ,,Wie, Augustinus, du willst uns aufgeben? Bedenke, daß du dann dies und jenes nicht mehr tun kannst, und zwar für immer!"

Gott drängt ihn zur Eile, doch Augustinus bettelt: ,,Nicht sofort, noch einen Augenblick!" Wochenlange Unentschlossenheit. Er quält sich so lange, bis Gott ihm einen mächtigen Stoß gibt. Da nimmt er sein Herz in die Hand und fällt seine Entscheidung.

Du siehst, Trilussa, in das Glaubensdrama des Menschen fügt sich ein geheimnisvolles Element ein: das Eingreifen Gottes. Paulus von Tarsus hat es auf der Straße nach Damaskus erlebt. Er beschreibt es so: „Damals hat mich Gott gepackt." – „Mit seiner Gnade bin ich, was ich bin."

Hier kommen wir zum Kern des Geheimnisses: Worin besteht die Gnade Gottes, und wie wirkt sie? Das auszudrücken, ist äußerst schwierig.

Du, Trilussa, gehst davon aus, daß der Ungläubige ein Schläfer ist, zu dem Gott sagt: „Steh auf!" Weiter nimmst Du an, er sei ein Kranker, dem Gott eine Medizin in die Hand drückt: „Nimm sie!"

Und es stimmt auch, der Ungläubige ertappt sich in einem bestimmten Augenblick seines Lebens dabei, wie er unversehens über den Glauben nachdenkt, er ist potentiell aufnahmebereit für den Glauben.

Nach diesem Eingriff, der „ohne unser Zutun" geschieht, ändert Gott seine Taktik, er wirkt „mit uns", das heißt, wir können seine freien Mitarbeiter werden. Gott hat den Schläfer aufgeweckt; ob dieser dann aus dem Bett aufsteht, das ist seine Sache (auch wenn er dabei erneut Gottes Hilfe braucht). Die Gnade Gottes ist wirklich mächtig, aber sie will nichts mit Macht aufzwingen. Sie hat eine heilige Gewalt, die dazu führt, daß wir uns in die Wahrheit verlieben, aber sie raubt uns nicht die Freiheit. Es kann durchaus vorkommen, daß jemand, der geweckt wird, sich auf die andere Seite dreht und sagt: „Laß mich doch weiterschlafen."

All das kommt auch im Evangelium vor. „Komm und folge mir!" sagt Christus, und Levi läßt seinen Zolltisch und folgt ihm. Ein anderer hingegen antwortet auf die Einladung: „Ich möchte erst noch meinen Vater begraben", und er läßt sich nicht mehr blicken. „Das sind Leute", sagt sich Jesus traurig, „die Hand an

den Pflug legen und zurückschauen.“ Man sieht also, daß es im Glauben eine ganze Skala von Menschen gibt. Sie reicht von denen, die nie den Glauben besessen haben, über die, die ihn in ungenügendem Maß besitzen, bis zu denen, die von einem lebendigen und konkreten Glauben erfüllt sind.
Warum einige von uns nicht glauben, ist nicht ganz zu erklären. Gott hat ihnen nicht die Gnade gegeben. Aber warum hat er ihnen diese Gnade nicht geschenkt? Weil sie seiner Stimme nicht gefolgt sind. Und warum sind sie ihr nicht gefolgt? Weil sie frei sind und ihre Freiheit mißbraucht haben. Warum haben sie die Freiheit mißbraucht? Das ist der Kern der Frage, lieber Trilussa, hier gebe ich es auf, verstehen zu wollen.
Ich denke lieber an die Zukunft als an die Vergangenheit und nehme mir vor, der Einladung des heiligen Paulus zu folgen: „Wir ermahnen euch, (künftig) die Gnade Gottes nicht vergebens zu empfangen.“

Lieber Trilussa! Manzoni nennt die Rückkehr des „Ungenannten“ zum Glauben ein „freudiges Wunder, ein Mahl der Gnade“. Er kannte sich aus, denn er selbst ist „zurückgekehrt“. Dieses Mahl ist immer bereitet und steht allen offen. Ich selbst versuche, jeden Tag daran teilzunehmen, um heute das Glaubensleben wieder aufzurichten, das ich gestern mit meinen Sünden umgeworfen habe. Ob sich wohl auch andere Christen, die sich so wie ich bald als gut, bald als Sünder empfinden, entschließen können, die Einladung anzunehmen?

WENN DU REGIERST, SEI KLUG

Oktober 1971

An den Abt von Clairvaux.

Ihr wart ein großer Mönch, und auf eine originelle Weise auch ein großer Staatsmann. Es gab einen Augenblick, in dem Clairvaux bedeutender war als Rom: Kaiser, Päpste, Könige, Lehnsherren und Vasallen wandten sich an Euch. Ihr habt einen Kreuzzug organisiert; er ist zwar heute sehr umstritten, aber damals war das schon eine große Sache.

Ihr habt die Juden freimütig verteidigt und tratet wie ein Prophet gegen den Antisemitismus Eurer Zeit auf. Ihr nahmt kein Blatt vor den Mund. Einem Papst habt Ihr geschrieben: „Ich fürchte für Dich nicht Eisen und Gift, sondern den Herrscherstolz." Und dem König von Frankreich, der einen Abt zum Seneschall, das heißt Oberbefehlshaber, ernannt hatte, schriebt Ihr: „Was wird nun passieren? Wird der neue Seneschall mit Helm, Panzer und Harnisch die Messe feiern oder wird er in Kutte und Stola die Truppen anführen?"

Andere haben im Mittelalter Europa mit dem Schwert geleitet. Ihr tatet es mit der Feder; mit Briefen, die in alle Welt gingen. Leider ist uns von ihnen nur ein Teil erhalten, etwa 500. Sie behandeln meist aszetische Themen. Aber einer ist darunter, der 24. in der Sammlung, der Eure christliche Sicht vom Regieren enthält, und der einmal in einer besonderen Situation eine wichtige Rolle spielen sollte.

Es war in einem Konklave. Die Kardinäle schwankten unschlüssig zwischen drei Kandidaten, von denen der eine sich hervortat durch seine Heiligkeit, der zweite durch seine hohe Bildung, der dritte durch seine praktische Vernunft.

Ein Kardinal machte der Unentschiedenheit ein Ende, indem er ausgerechnet Euren Brief zitierte: „Was sollen wir noch zögern", sagte er, „unser Fall ist schon behandelt im 24. Brief des Doctor Mellifluus. Wir brauchen ihn nur anzuwenden, und alles ist in Butter. Der erste Kandidat ist heilig? Gut, dann soll er für uns beten, er soll einige Vaterunser für uns arme Sünder beten. Der zweite ist gelehrt? Das gefällt uns, er soll uns belehren, er soll ein paar gelehrte Bücher schreiben. Der dritte ist klug? *Der soll uns regieren* und soll Papst werden."

Wenn man das bedenkt, lieber Abt – warum wollt Ihr Euer altes Handwerk nicht fortsetzen und den einen oder anderen Brief mit nützlichen Ratschlägen an mich armen Bischof schreiben und an andere Christen, die wie ich in ihrer öffentlichen Stellung mit vielen Schwierigkeiten zu kämpfen haben? Die Stimme eines Mönches aus dem tiefsten Mittelalter, in den Wirrwarr und die Hektik des modernen Lebens hineingesprochen! Eine Möglichkeit, Gutes zu tun! Nützt sie aus, Vater Abt!

Euer Albino Luciani

An den Patriarchen von Venedig.

Ich nehme das Angebot an, und ich beginne damit, daß ich meinen eigenen Satz umkehre.

„Wenn er klug ist, soll er regieren", schrieb ich damals. „Wenn er regiert, soll er klug sein", schreibe ich jetzt. Und damit meine ich: er soll einige grundlegende Prinzipien fest im Kopf haben und soll sie auf die verschiedenen Lebensumstände anwenden können.

Was für Prinzipien? Ich nenne aufs Geratewohl einige: ein offensichtlicher Erfolg, auch ein ganz spektakulärer, ist in Wirklichkeit ein Mißerfolg, wenn er durch Unterdrückung der Wahrheit, der Gerechtigkeit oder der Liebe erreicht wurde. – Wer oben steht, ist zum Dienst an dem da, der unten steht; es gibt also so viele Herren, als es Untergebene gibt. – Je größer die Verantwortung, desto notwendiger ist Gottes Hilfe. Das sagt auch Euer Dichter Metastasio:

„Große Werke zu schaffen,
Der Kunst und der Klugheit bedarf's.
Doch vergeblich sind Klugheit und Kunst,
Wenn der Himmel nicht Freund ist."

Die großen Prinzipien aber müssen in das Leben der Menschen übertragen werden. Die Menschen sind wie die Blätter an einem Baum: alle einander ähnlich, aber keines dem anderen völlig gleich. Sie sind einer vom anderen verschieden durch ihre Bildung, ihr Temperament, durch ihre Lebensumstände, ihre seelische Verfassung.

Also ein Auge haben auf die verschiedenen Gegebenheiten. Wenn die sich ändern, dann ändert auch Ihr – nicht die Prinzipien, wohl aber die Anwendung der Prinzipien auf die gegenwärtige Situation. Christus floh einmal vor dem Volk, das ihn mit Gewalt zum König machen wollte. Als die Umstände sich jedoch geändert hatten, vor Beginn der Passion, bereitete er sich selbst den bescheidenen Festzug nach Jerusalem.

Die Sucht, alles leichthin verändern zu wollen, halte ich nicht für Klugheit. Die Taktik der richtigen Dosierung und Anpassung hat nichts zu tun mit Opportunismus oder Schmeichelei; man darf nicht dem, der unterlegen ist, den Rücken zukehren oder mit der eigenen Seele und mit seinen Prinzipien herumjonglieren. Kaum ist ein Minister oder Bürgermeister abgesetzt, schon kennt ihn keiner mehr. Wie oft weht das Fähnchen nach dem Wind!

Ich führe einen Fall an, der zwar zeitlich weiter zurückliegt, aber klassisch ist. Der Moniteur, eine amtliche französische Zeitung, teilte seinen Lesern im Jahre 1815 über Napoleon nacheinander folgendes mit: Der Räuber ist von der Insel Elba geflohen. – Der Usurpator hat Grenoble erreicht. – Napoleon ist in Lyon angekommen. – Der Kaiser zieht heute abend in Paris ein! – Ein wirklich unbefangenes Crescendo.

Nicht klug ist auch das Verhalten dessen, der hartnäckig auf seiner Meinung besteht und offensichtliche Tatsachen nicht zur Kenntnis nehmen will, der dem Integralismus verfällt, royalistischer wird als der König oder päpstlicher als der Papst.
Das gibt es. Manche Leute sind so von einer Idee besessen, daß sie sie wie einen Schatz vergraben. Sie bewachen sie dann ihr Leben lang, verteidigen sie eifersüchtig, ohne jemals nachzuprüfen, ob sich nach so vielen Ereignissen nichts Neues getan hat.
Auch die laufen Gefahr, nicht klug zu sein, die in der Stratosphäre herumfliegen, nur mit Bücherweisheit bepackt sind, und sich auch nicht für einen Augenblick von dem losmachen können, was geschrieben ist. Sie sind wie der Rechtsanwalt in den „Verlobten" Manzonis, der immer auf Spitzfindigkeiten aus ist, immer auf der Suche nach Haaren, die er in vier Teile spalten kann.
Das Leben ist anders. Lord Palmerston beobachtete richtig, daß ein Brieföffner aus Bein sich viel besser dazu eignet, die Blätter eines Buches aufzuschneiden, als ein scharfes Rasiermesser. Clemenceau, der Tiger, war derselben Meinung, als er über zwei Minister seines Kabinetts folgendes Urteil gab: „Poincaré weiß alles, aber er versteht nichts. Briand weiß nichts, aber er versteht alles."
Ich würde sagen: Versucht beides zusammen: zu wissen und zu verstehen. Wie ich eingangs sagte: Prinzipien haben und sie auf die Realität anwenden – das ist der Anfang der Klugheit.

Euer Bernhard von Clairvaux

An den Abt von Clairvaux.

Danke für den Brief. Wertvoll war vor allem die Anregung, immer wieder mal die Situation zu überprüfen, um Hand anlegen zu können an notwendige Reformen. Das gilt für die Kirche, das gilt für den Staat und die Gemeinde.
„Wissen Sie, was bei uns passiert ist?" fragte mich ein Bürgermeister. „Ein neu eingestellter Beamter bemerkt, daß eine Zi-

vilwache täglich einige Bänke im öffentlichen Park bewacht. Welche Unvernunft, denkt er. Es wäre zu verstehen, wenn es sich um die Bank von Italien handelte. Aber bei einem Dutzend bescheidener Gartenbänke! Er geht der Sache auf den Grund, und . . . was stellt er fest? Vor Jahren waren die Bänke neu lakkiert worden. Damit nun keiner den frischen Lack beschädigt, wurde Anweisung gegeben, eine Wache an diesen Platz zu stellen. Man vergaß, die Anweisung zurückzunehmen. Der Lack trocknete, aber die Wache blieb stehen."

Um nun auf die Klugheit dessen, der ein Regierungsamt hat, zurückzukommen – findet Ihr nicht, Vater Abt, daß sie etwas Dynamisches sein muß? Platon nannte die Klugheit den Kutscher der Tugenden. Nun wohl, der Kutscher versucht, an das Ziel zu kommen, indem er das Pferd schont, so gut er kann. Aber wenn es nottut, gebraucht er die Peitsche und strapaziert das Pferd, um rechtzeitig anzukommen. Mit anderen Worten: ich möchte nicht, daß man die Klugheit mit der Untätigkeit, der Faulheit, der Schlafmützigkeit, der Passivität verwechselt. Klugheit schließt blinden Eifer und Tollkühnheit aus. Aber sie will die freie, entschiedene, mutige Tat. Einmal dient sie als Zügel, einmal als Antrieb; einmal drängt sie, daß man sich schont, einmal, daß man sich ganz verausgabt; einmal hält sie die Zunge und die Zornausbrüche zurück, einmal läßt sie sie mit Wissen und Willen explodieren.

In den Jahren, in denen die Abgesandten des Grafen Cavour in der Romagna arbeiteten, kam Paolo Ferrari, der berühmte italienische Lustspieldichter, nach Turin und sagte zu ihm: „Graf, drunten wissen wir nicht mehr, wem wir glauben sollen: Compagni predigt die Klugheit, Farina die Kühnheit. Wer von den beiden vertritt Ihre Meinung und ist Ihr wahrer Gesandter?"

„Alle beide", antwortete Cavour, „denn man muß eine kluge Kühnheit und eine kühne Klugheit besitzen."

In der Erwartung genauerer Darlegungen

Euer Albino Luciani

Wenn ich auch einige Bedenken habe über die Ernsthaftigkeit der Antwort Cavours, so finde ich es doch richtig, daß die Klugheit dynamisch ist und also zur Tat drängt. Aber es sind drei Phasen zu bedenken: das Überlegen, das Entscheiden und das Ausführen.

Überlegen bedeutet: nach Mitteln suchen, die zum Ziel führen. Man handelt, nachdem man nachgedacht, Ratschläge eingeholt und alles aufmerksam geprüft hat. Pius XI. sagte oft: „Laßt mich erst nachdenken.“ Die volkstümlichen Sprichwörter drücken das plastisch aus: „Vier Augen sehen mehr als zwei.“ „Wer in Eile fällt, weint lange Zeit.“ „Eile mit Weile!“

Entscheiden bedeutet: Nachdem man die Mittel untersucht hat, gilt es, eines auszuwählen. „Dies wähle ich, es ist das geeignetste oder einzig realisierbare.“ Nicht klug ist das ewige Schwanken, das alles in der Schwebe läßt und die Seele krank macht; auch nicht das ewige Warten auf das Beste, um sich dann zu entscheiden. Man sagt, die Politik sei die Kunst des Möglichen, und in einem gewissen Sinne ist das richtig.

Ausführen ist die wichtigste der drei Phasen. Die Klugheit verbindet sich hier mit der Festigkeit und läßt vor Schwierigkeiten und Hindernissen keine Entmutigung aufkommen. Es ist der Augenblick, in dem sich einer als Führernatur offenbart. Auf diesen Augenblick spielte Philipp der Makedonier an, als er sagte: „Besser ein Heer furchtsamer Rehe, angeführt von einem Löwen, als ein Heer starker Löwen, angeführt von einem Reh.“

Als Mönch, der ich bin, drängt es mich zu betonen, daß die Klugheit vor allem eine Tugend ist, sich also nur für edle Ziele einsetzt und sich nur erlaubter Mittel bedient.

Bei Plutarch liest man, daß Alkibiades besessen war von maßlosem Ehrgeiz. Er wollte um jeden Preis die Aufmerksamkeit auf sich ziehen. Alkibiades besaß einen sehr schönen Hund, für den er den horrenden Preis von siebzig Minen bezahlt hatte. Als einmal das Interesse der Öffentlichkeit nachließ, schnitt er dem

Hund den Schwanz ab, und so hatte Athen wieder einen Grund, über ihn zu reden, über seinen Reichtum und seine kostspieligen Extravaganzen.
Aber das ist kein Fall von Klugheit, sondern von Schlauheit. Sie arbeitet in Eurer Zeit mit anderen Mitteln: Man weiß sich der Presse richtig zu bedienen, bringt entsprechende Fotos in die Zeitungen, versteht seine Reden geschickt aufzubauen und bringt Gerüchte unter das Volk. Wenn die Schlauheit noch mit unehrenhaften Mitteln arbeitet, dann sehe ich Euch in die Schule gehen beim Fuchs, bei Odysseus und Macchiavelli.
Der Schlaue spricht, und seine Worte sind nicht Träger des Gedankens, sondern dessen Verschleierung; sie lassen das Wahre als falsch und das Falsche als wahr erscheinen. Der Schlaue hat manchmal Erfolg. Für gewöhnlich aber hält die Sache nicht an. Im Pelzwarengeschäft landen mehr Fuchs- als Eselsfelle. Machen die Gerissenen eine Prozession, geht der Teufel mit dem Kreuz voran!
Entschuldigt meine Offenheit,

Bernhard von Clairvaux

An den Abt von Clairvaux.

Nach Eurem letzten Brief wären die lügenhafte Schlauheit und List, die Ihr beschrieben habt, Pseudoklugheiten. Manchmal jedoch kann man nicht leugnen, daß es Menschen im öffentlichen Leben schwer haben ohne die Hilfe von List und Verstellung. Denkt nur an die Kandidaten im Wahlkampf. Sie müssen die Wähler davon überzeugen, daß gerade sie unter allen Konkurrenten die besten sind; oder denkt an die Gewählten, die ihren Wahlkreis pflegen müssen im Blick auf die Wiederwahl.
Wißt Ihr, daß gerade bei Euch in Frankreich vor kurzem ein Büchlein herausgekommen ist zu diesem Thema? Als erstes fin-

det man darin eine Abhandlung über das *Bla-bla* oder über die Kunst zu reden, zu reden und zu reden, bis sich etwas gefunden hat, worüber es sich zu sprechen lohnt. Dann wird darin die Technik erklärt, wie man Statistiken präsentiert, prozentual und absolut, speziell nützlich für die Interpretation von Wahlen. Im Hinblick auf die absoluten Zahlen wird da gesagt: „Die Demokratie wird nicht nur vom Gesetz der Zahlen , sondern auch von dem der *Ziffer* regiert." An dritter Stelle wird eine Obduktion der wohlklingenden hohlen Phrasen gemacht.

Um derartige Mißstände zu vermeiden, ist ein anderes Buch herausgekommen, ein richtiges *Vademekum* für Reden und Ansprachen von Politikern. Verschiedene schön ausgearbeitete Vorlagen, um verstorbene Leute zu kommemorieren, siebzehn Beileidsbezeugungen im Familien- und Freundeskreis, achtzehn Einleitungen und vierzehn Abschlüsse bei Trinksprüchen! Für die Trinksprüche sind Normen angegeben: Sie werden mit dem Glas in der Hand gehalten, die Dauer der Ansprache darf variieren je nach der Begeisterung des Redners, nach der Bedeutung der geehrten Person und je nach der Qualität des Likörs. Normen auch für die Lobreden: Nicht übertrieben loben, nicht zu wenig loben, in einer netten Weise und nicht schief loben.

Im ganzen ein Handbuch, das kleine und unschuldige Listen lehrt. Man wird so etwas doch zulassen müssen, meint Ihr nicht?

Euer Albino Luciani

An den Patriarchen von Venedig

Ich nehme an, daß Ihr scherzen wollt mit dem, was Ihr da zuletzt anführt. Ich bin dafür, daß die Menschen im öffentlichen Leben eine korrekte und konsequente Linie einhalten. Schließlich beeinflussen sie durch ihr Beispiel die Erziehung, beziehungsweise Verziehung der Jugendlichen. Im übrigen können sie sich mit erlaubten und viel wirksameren Mitteln helfen als den von Euch angeführten.

Mit dem *Scharfsinn* zum Beispiel. Der Scharfsinnige läßt sich nicht vom äußeren Schein und von Schmeicheleien täuschen: er errät die Gefühle und die Absichten des anderen aus seinem Gesichtsausdruck, aus seinen Gesten; er merkt, ob er sofort eingreifen soll oder ob es noch Zeit ist; er spürt, daß es besser ist, abzuwarten, oder er wittert mit einem sechsten Sinn, daß schnell gehandelt werden muß, und die Tatsachen geben ihm später recht.

Eine andere Hilfe: die *Methodik.* Sie bewirkt, daß wir das Ziel über die Mittel stellen, daß wir die Mittel miteinander in Einklang bringen und jedem Mittel die Bedeutung geben, die ihm zukommt. Die Normen, die die Methodik eingibt, sind besser als die in dem von Euch zitierten Buch. Hier sind sie:

1. Bei der Überlegung haltet Euch nur an gesicherte Tatsachen. Ich sage *Tatsachen,* und nicht Meinungen oder Redereien. Ich sage *gesicherte,* und nicht nur gewisse. Denn wenn ich ein leitendes Amt habe, genügen nicht Beweise, die für mich gelten; man braucht Beweise, die für alle gelten, die morgen vorgewiesen werden können und die Feuerprobe bestehen. Die Engländer sagen: „Es ist so sicher wie der Bürgermeister von London" – er ist da, darüber wird nicht diskutiert.

2. Haltet Euch an einen bei uns im Mittelalter sehr gebräuchlichen Leitsatz: *Unterscheide häufig!* Am Hof des Sonnenkönigs war eine Dame, die mit einer einzigen Verneigung an die zehn Personen zu grüßen verstand. Die Verneigung war nur eine, aber ihr Blick warf verschiedene und vielfältige Blitze, um jedem einzelnen – Fürst, Marquis oder Graf, wer er auch sein mochte – zu geben, was ihm zukam. Indem man unterscheidet, sagt man: die Sache ist wichtig, der gebe ich absoluten Vorrang. Die andere ist weniger wichtig, die stelle ich an den zweiten Platz. Das berühmte „Prioritäten-setzen"!

3. Das *divide ed impera* (teile und herrsche) der Römer kann Euch auch helfen. Hier geht es allerdings darum, eine Handlung in mehrere Zeitabschnitte einzuteilen, nicht aber die Menschen

zu trennen. Der Grund? Man kann schlecht mehr als eine Sache auf einmal tun!

Das *Teile* muß man auch auf die Arbeit anwenden. Teilen, die Aufgaben an die verschiedenen Mitarbeiter verteilen und diese Mitarbeiter einsetzen! Es darf nicht so gehen wie in den Zeiten der Dreierallianz, als man sagte: Die Dreier- ist die Zweierallianz, und die heißt Bismarck! Es scheint doch, daß bei der demokratischen Luft, die bei Euch weht, die Bismarcks heute nicht sehr gefragt sind, oder?

Noch eine andere Hilfe? Die *Vorsorge.* Bevor Napoleon im Jahre 1800 von Paris aus nach Italien aufbrach, heftete er eine Stecknadel auf einen geographischen Punkt der Landkarte zwischen Alessandria und Tortona und sagte: Vielleicht werden sich hier die Österreicher sammeln. Er war ein Prophet; sie sammelten sich genau dort, bei Marengo.

So ein prophetischer Finger wird nicht jedermanns Gabe sein; aber wir alle müssen versuchen, die Wirkungen unserer Taten auf lange Sicht vorauszusehen und auch im voraus die Anstrengungen und die Mittel einzukalkulieren, die für eine bestimmte Initiative erforderlich sind.

Euer Minister Sonnino war eine Autorität auf dem Gebiet der Klugheit, die sich im Schweigen zeigt. Als er einmal ganz in Gedanken versunken war, sagte ihm ein Freund: „Ich wette, daß du daran denkst, was du morgen in der Kammer sagen sollst." „O nein", antwortete er, „ich denke darüber nach, was ich nicht sagen soll." Sein Zeitgenosse Luzzatti sagte von ihm: „In Versailles spricht Orlando alle Sprachen, die er nicht kennt, und Sonnino schweigt in allen Sprachen, die er kennt."

Es kann jedoch vorkommen, daß trotz aller getroffenen Vorsorge eine Sache schlecht ausgeht. Auch auf einen solchen Fall muß man in geeigneter Weise vorbereitet sein. Der Bauer denkt daran, daß es Hagel geben kann, und schließt eine Versicherung ab. Der General richtet alles auf den Sieg aus, aber irgend etwas hält er auch bereit für den Fall einer Niederlage oder eines Rückzugs.

Plutarch erzählt, daß Diogenes eines Tages eine Marmorstatue um Almosen anbettelte. Natürlich bekam er keinen einzigen Pfennig, aber er bettelte weiter. „Ist das keine verlorene Zeit?" fragte ihn jemand. ,,Keineswegs", gab er zur Anwort, ,,ich gewöhne mich daran, abgewiesen zu werden." Auch das ist Klugheit.

Ein letzter Ratschlag: Laßt Euch nicht zu sehr entmutigen. „Seit Jahren arbeite ich mich ab für die Gemeinde. Ich habe alles in diese Aufgabe hineingesteckt, ich habe meine eigenen Interessen und meine Familie vernachlässigt und habe mir das Leben mit den großen und permanenten Sorgen verkürzt. Und was ist der Dank? Ich werde angegriffen und fertiggemacht. Ich bin alleingelassen. Sie sollen machen, was sie wollen, ich ziehe mich zurück." Diese Versuchung ist groß, aber nicht immer ist es klug, ihr nachzugeben. Es ist wahr, daß ein Wechsel guttut, aber es ist auch wahr, daß es manchmal für das Ganze besser ist, daß der, der A gesagt hat, auch B sagt, und daß der, der die Fähigkeit und die Erfahrung hat, bleibt.

Wenn es auch unsere Pflicht ist, sich einer gerechtfertigten Kritik zu stellen, so darf man doch auch daran denken, daß selbst Christus es nicht fertigbrachte, alle zufriedenzustellen. Wenn man für die Öffentlichkeit arbeitet, darf man nicht zuviel von Anerkennung und Beifall träumen, sondern muß sich auf Gleichgültigkeit und Kritik gefaßt machen. Dazu hat Aristide Briand, mehrmaliger französischer Premierminister, folgendes geschrieben: Ein Verrückter kommt mit einem Knüppel in der Hand in ein Geschäft und schlägt blindlings das Geschirr in Stücke. Von allen Seiten laufen die Leute zusammen und bewundern seinen Mut. Einige Stunden später kommt zufällig ein alter Mann in das Geschäft mit einer Büchse Klebstoff unter dem Arm. Er zieht den Mantel aus, setzt die Brille auf, und mitten in diesem Scherbenhaufen beginnt er mit der Geduld eines Kartäusers die zerbrochenen Gefäße zu flicken. Seid sicher, daß keiner der Passanten anhält, um ihn zu beachten.

Euer Bernhard von Clairvaux

ADEL VERPFLICHTET

Dezember 1971

Hochverehrter Dichter,

das letzte Filmfestival, das in den höchsten Tonlagen gelobt wurde, hat mich – ich weiß nicht, wieso – an Euch erinnert. Vielleicht wegen der Eindrücke, die aus meinem Unterbewußtsein auftauchten. Bei der Lektüre der damaligen Tageszeitungen mußte ich an Euch, den Ästheten, den Künstler und Kunstkritiker denken.

Ihr wart der große Ästhet, fähig, das „natürlich Schöne", das in der Welt verstreut ist, tiefgründig und mit weitem Herzen aufzunehmen, angefangen von den Naturereignissen bis hin zu den heftigen Leidenschaften des menschlichen Gemüts. Ihr wart ein großer Künstler, fähig, den anderen machtvoll sowohl das geschaute Schöne zu vermitteln als auch den Gemütszustand, mit welchem Ihr es geschaut habt. Ihr wart ein hervorragender Kunstkritiker; denn Ihr wandtet Euch mit Sachverstand und Leidenschaft den künstlerischen Werken anderer zu.

Bewunderte Euch Deutschland nicht als langjährigen Theaterdirektor in Weimar? Nanntet Ihr es nicht Eure zweite Geburt, als Ihr Euren Fuß in das antike Rom setztet? Wurdet Ihr nicht fast ohnmächtig vor Beglückung beim Betrachten des Apoll von Belvedere?

Schade, daß Ihr nicht die Filme des Festivals sehen konntet – und ich folglich nicht Eure Reaktion kenne. Ich bin deshalb darauf angewiesen, sie mir vorzustellen.

Als Ästhet hättet Ihr eine Menge schöner Dinge entdeckt, die für Euch neu gewesen wären.

Der Film an sich, eine Zusammensetzung aus Licht, Bewegung, Farben, Musik und Handlung, ist etwas Schönes.

Ihr setzt Euch vor die Leinwand, und wenn die Filmmontage gut gemacht ist, werdet Ihr von den Ereignissen so mitgerissen, daß Euch die Stunden wie Minuten vorkommen. Die Großaufnahmen, durch die die Leinwand mit einem einzigen Gesicht ausgefüllt wird, werden Euch die Figuren unbeschreiblich nahebringen; Menschen, die aufgewühlt werden von tiefen Gefühlen. Zwischen Euch und den Darstellern wird ein tiefes inneres Verhältnis entstehen. Die starken Verkürzungen, die Ihr bei Mantegna und Caravaggio bewundert habt, werdet Ihr dank der Aufnahmetechnik riesenhaft vergrößert sehen.

Ein Verbrecher wird zum Beispiel von unten her aufgenommen und durch Schatten von links so verzerrt, daß er Euch schrecklich und bedrohlich erscheinen muß. Das nur, um Euch einige Elemente anzudeuten.

Ob Ihr beim Film auch das „künstlerisch Schöne" finden werdet? Ich glaube schon. Der Kunstkritiker in Euch muß sich allerdings auf Überraschungen gefaßt machen. Ihr wart gewöhnt an Betrachtungen, die über das Vordergründige hinausgehen, an klassische Leidenschaften, an eine Sprache, die zu Euch redete aus Bauwerken, aus Marmor und Fresken, aus Handschriften-Miniaturen. Ihr beurteiltet die einzelnen, den Baumeister, den Maler, den Schauspieler.

Im Film dagegen wirken verschiedene Künstler mit: Produzent, Bühnenbildner, Regisseur, Schauspieler; jeder arbeitet in Übereinstimmung und Harmonie mit den anderen, um einen einzigen Film zu machen.

Damit wird es schwierig, das eigentlich kreative Moment des Werkes herauszufinden: Es liegt bei jedem Film in einem anderen Bereich. Es kann schon Kunst dabei sein, wiederhole ich, auch höchste Kunst, aber sie läßt sich nicht einfangen in den einen oder anderen Teilbereich, sie streift und schweift durch alle Bereiche. Eine Kunst, die in ihrer Art einzig ist; man nennt sie die „zehnte Muse".

Was ihren Einfluß angeht, wird sie aber zur „fünften Gewalt", nach Parlament, Regierung, Verwaltung und Presse. Bezüglich

ihrer Verbreitung könnte man sie manchmal sogar die „erste Gewalt" nennen. Es wurde nämlich ausgerechnet, daß im Laufe einiger Jahre mancher Film Milliarden von Zuschauern beeinflußt hat.
Seinerseits wiederum ist der Film auf Industrie und Handel angewiesen, also auf das Geld. Der Regisseur, die Schauspieler wünschen oft die Produktion von Werken mit hohem künstlerischen Niveau, die ihnen die Möglichkeit geben, ihr Können zu zeigen. Doch der Produzent, der das Geld herausholen muß, rechnet anders; er will Erfolgs- oder Kassenfilme. Gäbe es einen Hexenmeister, zum Beispiel Euren Doktor Faust oder sogar Mephisto, der durch bloßes Antippen mit dem Zauberstab oder mit einer Wundermixtur von vornherein für den Erfolg des künstlerischen Films garantierte, dann würde der Produzent auch künstlerische Filme machen. Mangels Hexenmeister muß sich der Produzent mühsam andere Wege suchen.
Zu seiner Zeit war Terenz bitter überrascht, als er sah, wie seine Zuschauer wegliefen zu den Seiltänzern und Mimen, die in der Nähe des Theaters eine Vorstellung gaben.
Dieses Phänomen wiederholt sich auch heute: Die Filmproduzenten neigen dazu, Filme herzustellen, die den weniger edlen Instinkten der Zuschauer angepaßt sind. Denn diese gehen normalerweise nicht ins Kino, um sich über sich selbst zu erheben, sondern um sich zu amüsieren.
Das wäre also etwas, was den Kunstkritiker Goethe beim Filmfestival hätte betrüben können: die Feststellung, daß zwar die Mittel und Personen vorhanden waren, um Meisterwerke zu schaffen, aber daß sich doch manchmal nur Mittelmäßiges finden ließ, weil die wirtschaftlichen Belange die Oberhand hatten.

Noch etwas anderes hätte Euch treffen können: daß in einigen Filmen zwar echte Kunst zu finden war, jedoch verbunden mit – genauso echter – Unsittlichkeit. Vielleicht wundert Ihr Euch, daß ich von Werken spreche, die unsittlich und zugleich künstlerisch wertvoll sind.

Das Adjektiv „künstlerisch" bezieht sich auf das Werk, das Adjektiv „unsittlich" hingegen auf das Verhalten des Künstler-Menschen und -Christen. Gewisse unsittliche Novellen von Boccaccio sind künstlerisch schön, aber Boccaccio hat moralisch schlecht gehandelt, als er diese Bücher schrieb. Das wirkte sich dann zum Schaden vieler Leser aus. Auch Ihr versteht einiges davon, denn als Ihr die „Leiden des jungen Werther" geschrieben hattet, wart Ihr beunruhigt und verwirrt angesichts der negativen Wirkung, die das Buch auf schwärmerische und überspannte Jugendliche in Deutschland ausübte.

Aber wie kann ich nur Kritik üben an einem Goethe, der über einen seiner Kritiker schrieb: „Wie jede Rose, so hat jeder Künstler sein Insekt: Ich habe Tieck!" Gut, dann habt Ihr jetzt auch mich, der ich zwar Euren Genius bewundere, aber nicht alle Eure Gedanken teilen kann. Diesen zum Beispiel: Weil das Gebiet der Kunst die ganze Wirklichkeit einbeziehe, könne der Künstler legitim und freizügigst alles erzählen, alles beschreiben, auch das Schlechte. Sicher kann der Künstler auch das Schlechte darstellen, aber so, daß man das Schlechte als etwas erkennt, was man vermeiden soll. Es darf nicht beschönigt werden oder sogar andere dazu verleiten, es nachzumachen.
In „König Ödipus" von Sophokles ist die Blutschande das zentrale Thema. Sie wird aber mit so grausamen klaren Worten beschrieben, daß von Anfang bis Ende der Abscheu offensichtlich wird. Auch die Strafen für die Schuldigen fallen so furchtbar aus, daß der Leser am Schluß alles andere als von der Blutschande begeistert ist.
Ich sagte: „Von Anfang bis Ende." Es gibt nämlich Regisseure und Kritiker, die meinen, man könne einen pornographischen Film mit einer einzigen moralischen Bemerkung oder einem Schlußakzent retten, wie mit einem Spritzer Weihwasser auf Exorzismus und Hexerei. Das würde uns gerade noch fehlen!

Einen anderen Gedanken von Euch kann ich nicht teilen: Ein

Genie sei nahezu ein Halbgott. Also ein Star, der über der allgemeinen Moral steht. Ihr habt diesen Gedanken besonders zu der Zeit ausgedrückt, als Ihr mit Frau von Stein Spinoza studiertet und Gott im All suchtet. Ihr glaubtet, wenn der intelligente Mensch sich mit Hilfe der Kultur immer mehr erhebe, könne er Stück für Stück von Gott aufgesogen werden, sich mit ihm verbinden und so Herr über sich selbst sein.

Heutzutage teilen nicht wenige Menschen diese Idee, zumindest in der Praxis. Leider! Die hohe Bestimmung und die enormen Möglichkeiten des Menschen gelten aber für jeden Menschen, auch für den armen, den unwissenden und leidenden. Gott wollte, daß alle seine Kinder werden und alle in gewisser Weise die gleiche Bestimmung hätten wie er. Aber es geht um ein Aufsteigen mit seiner Hilfe und unter Beachtung seines Gesetzes, dem alle verpflichtet sind: Große und Kleine, auch die Künstler, Ihr, großer Dichter, die Künstler, die mit ihren Arbeiten bei dem Festival vertreten waren, wir, die kleinen Leute von der Straße, die weniger begabt sind. Wir alle sind in dieser Hinsicht vor Gott gleich. Wenn jemand dann die Gabe der Kunst bekommen hat, des Ruhms oder des Reichtums, dann hat er umso mehr die Pflicht, durch ein gutes Leben Gott seine Dankbarkeit zu zeigen. Zu den „Großen" zu gehören, ist ein Geschenk Gottes. Das soll dem Menschen aber nicht in den Kopf steigen, sondern zu Bescheidenheit und Tugend anspornen.

Noch einmal: Noblesse oblige! Adel verpflichtet!

EIN REQUIEM FÜR DEN STOLZ

Februar 1972

Hochverehrter König, Dichter und Musiker!

In verschiedenster Hinsicht seid Ihr den Leuten bekannt: einmal mit der Zither, dann mit der Schleuder vor Goliath, einmal mit dem Zepter auf dem Thron, dann in der Höhle von En-Gedi, während Ihr dem Saul den Mantel zerschneidet.
Die Jungen schätzen vor allem Euren Kampf mit Goliath und Eure Abenteuer als feuriger und großmütiger Bandenchef. Die Liturgie erinnert sich Eurer vor allem als Vorfahre Christi.
Die Bibel zeigt die vielfältigen Eigenschaften Eurer Persönlichkeit: Dichter und Musiker; hervorragender Offizier; weitsichtiger König, verwickelt – nicht immer glücklich – in Frauengeschichten und Intrigen mit anschließender Familientragödie; und trotz alledem Freund Gottes, dank der tiefen Frömmigkeit, die Euch immer Eure Kleinheit vor Gott vor Augen hielt.
Diese letztgenannte Eigenschaft ist mir ganz besonders sympathisch, und ich bin glücklich, wenn ich ihr begegne, zum Beispiel in dem kurzen Psalm 131, den Ihr komponiert habt.

Ihr sagt in diesem Psalm: „Herr, mein Herz ist nicht stolz." Ich versuche, mit Euch Schritt zu halten, verehrter König, aber ich muß mich leider damit begnügen zu beten: Herr, ich wünsche, daß mein Herz nicht stolz wird!
Das ist zu wenig für einen Bischof, werdet Ihr sagen. Ich weiß es, aber glaubt mir, ich habe nun schon hundertmal versucht, meinen Stolz zu beerdigen. Ich hatte mir eingebildet, ihn zwei Meter unter der Erde mit einem großartigen „Requiescat" begraben zu haben. Aber hundertmal habe ich ihn zurückkehren sehen, lebendiger denn je: Ich spürte, daß mir die Kritik noch genauso

unangenehm war, wie mir die Lobsprüche gefielen und daß mir immer noch an dem Urteil der anderen über mich gelegen war. Wenn mir ein Kompliment gemacht wird, müßte ich mich eigentlich mit dem kleinen Esel vergleichen, der Christus am Palmsonntag getragen hat. Und so sage ich mir: ,,Wenn das Eselchen, als es den Applaus der Menge hörte, stolz geworden wäre und begonnen hätte, sich nach rechts und links wie eine Primadonna zu verneigen, wieviel Heiterkeit hätte es hervorgerufen! Also, mach nicht eine ähnliche Figur!"

Wenn Kritik kommt, sollte ich die Haltung des Bruders Cristoforo bei Manzoni einnehmen, der, als er Gegenstand von Ironie und Gelächter war, ruhig blieb und sich sagte: Bruder, erinnere dich, du bist nicht deinetwegen hier!

Der gleiche Bruder Cristoforo in einem anderen Zusammenhang: ,,Er trat zwei Schritte zurück, legte die rechte Hand an die Hüfte, hob die linke mit dem Zeigefinger ausgestreckt gegen Don Rodrigo" und durchbohrte ihn mit flammendem Blick. So etwas gefällt den Christen von heute. Sie fordern prophetisches Engagement, laute Erklärungen und ein blitzendes Auge à la Napoleon.

Mit gefällt eher, was Ihr geschrieben habt, König David: „Nicht hochmütig blicken meine Augen." Wie Franz von Sales möchte ich sagen können: ,,Wenn der Feind mir das rechte Auge auskratzt, könnte ich ihm immer noch mit dem linken zulächeln. Und wenn er mir alle beide auskratzt, würde mir noch das Herz bleiben, um ihn zu lieben."

Ihr fahrt fort in Eurem Psalm: ,,Ich gehe nicht um mit Dingen, die mir zu wunderbar und zu hoch sind." Eine Haltung, die sehr lobenswert ist, wenn ich sie vergleiche mit dem, was Don Abbondio in „Die Verlobten" sagt: „Die Menschen sind so gemacht: sie wollen immer höher hinauf, immer höher." Leider fürchte ich, daß Don Abbondio recht hat. Diejenigen, die höher stehen als wir, suchen wir zu erreichen; die auf gleicher Höhe stehen wie wir, versuchen wir zu übertreffen und die unten sind, noch weiter hinabzudrücken.

Wir versuchen, die ersten Plätze einzunehmen. Wir tun uns hervor und wollen Anerkennung erhalten, vorrücken und aufsteigen. Nichts Schlechtes, solange es sich um einen gesunden Wettkampf handelt, um vernünftige und gemäßigte Wünsche, die zur Arbeit und zur Forschung anspornen.
Aber wenn es eine Art Krankheit wird? Wenn wir, um vorwärtszukommen, gegen die anderen ungerecht sind und sie verleumden? Wenn wir anderen, die ebenso Karriere machen wollen wie wir, Knüppel zwischen die Beine werfen?
Und was hat man nachher davon? Aus der Entfernung, bevor man das Ziel erreicht hat, macht eine höhere Stellung einen ganz anderen Eindruck als aus der Nähe, wenn man angekommen ist. Das hat einer sehr gut ausgedrückt, der ein Dichter war wie Ihr, aber verrückter als Ihr: Jacopone da Todi. Als er hörte, Petrus von Murrone sei zum Papst gewählt worden, schrieb er: „Was wirst du nun tun, Petrus von Murrone? Wenn du jetzt nicht fechten kannst, kannst du auch dein Lied nicht singen.“!
Ich sage mir oft mitten in den Sorgen des bischöflichen Dienstes: „Jetzt, mein Lieber, singst du das schlechte Lied von Jacopone!“ Aber auch Ihr habt davon gesprochen, im Psalm 52 nämlich, wo Ihr gegen die „bösen Zungen“ sprecht. Diese sind, wenn man Euch hört, wie scharfe Klingen, die zwar nicht den Bart, aber die Ehre abschneiden. Doch wenn das Rasieren vorüber ist, beginnt nach einer kleinen Weile der Bart wieder zu wachsen. Auch die verletzte Ehre und der angegriffene Ruf wachsen nach. Deshalb ist es manchmal klug, zu schweigen und Geduld zu haben. Mit der Zeit heilen alle Wunden von allein.

Man muß also Optimist sein, trotz allem. Das ist es, was Ihr gemeint habt, als Ihr schriebt: „Wie ein entwöhntes Kind in den Armen seiner Mutter . . . so ist meine Seele in dir.“ Das Vertrauen auf Gott muß alle unsere Gedanken und Handlungen durchziehen. Wenn man richtig überlegt, gibt es nämlich in unserem Leben zwei Hauptfiguren: Gott und uns.
Wenn wir diese beiden betrachten, sehen wir immer in Gott die

Güte und in uns das Elend. Wir sehen die göttliche Güte, die sich zu unserem Elend herabneigt; und unser Elend, das zum Gegenstand der göttlichen Güte wird. Lassen wir die Urteile der Menschen aus dem Spiel: Sie können weder ein schuldiges Gewissen befreien, noch ein freies Gewissen verletzen.

Euer Optimismus am Ende dieses kleinen Psalms gipfelt in dem freudigen Ruf: „Auf Gottes Huld vertraue ich immer und ewig."

Während ich das lese, habe ich nicht den Eindruck, daß Ihr ängstlich seid, sondern im Gegenteil mutig und stark; jemand, der aus seiner Seele das Vertrauen auf sich selbst verbannt hat, um sie anzufüllen mit dem Vertrauen und mit der Kraft Gottes. Anders gesagt: die Demut geht Hand in Hand mit der Hochherzigkeit. Gütig sein ist eine große und wunderbare Sache, aber schwierig und hart. Damit der Geist nicht große Dinge in übertriebener Art und Weise anstrebt, deshalb die Demut; damit er nicht Angst vor den Schwierigkeiten bekommt, deshalb die Hochherzigkeit.

Ich denke an den heiligen Paulus: Verachtung, Geißelung und Druck konnten diesen hochherzigen Menschen nicht unterkriegen; Ekstasen, Offenbarungen und Beifall ließen seine Demut nicht überheblich werden. Demütig ist er, wenn er schreibt: „Ich bin der geringste unter den Aposteln." Hochgemut und bereit zu jedem Wagnis, wenn er sagt: „Ich kann alles in dem, der mir Kraft gibt." Demütig, aber je nach Zeit und Ort sich auch seines Auftrages bewußt: „Sie sind Juden? Ich auch . . . Sie sind Jünger Christi – jetzt spreche ich töricht – ich noch mehr . . ." Er stellt sich unter alle, aber in seinem Auftrag läßt er sich durch nichts und niemanden aufhalten.

Die Wellen werfen das Schiff, auf dem er sich befindet, gegen das Felsenriff; er wird von Schlangen gebissen; Heiden, Juden und falsche Christen jagen und verfolgen ihn; er wird mit Ruten geschlagen und in den Kerker geworfen; er ist jeden Tag wie zum Tod verurteilt; man glaubt, ihn abgeschreckt und vernichtet zu haben. Er jedoch erhebt sich froh und spricht: „Non angustiamur, ich bin nicht verzweifelt!“ Und wie eine Herausforderung klingt sein herrliches Wort des Vertrauens und der Zuversicht: „Ich bin sicher, daß weder Tod noch Leben, weder Gegenwart noch Zukunft, weder Höhen noch Tiefen noch irgendeine andere Kreatur mich trennen können von der Liebe Gottes, die in Jesus Christus ist.“

Das ist der Gipfel der christlichen Demut. Sie führt nicht zu Kleinmut, sondern zu frohem Mut, zu hoffnungsvoller Arbeit und zur Hingabe an Gott.

IN GUTEN WIE IN SCHLECHTEN TAGEN

März 1972

Verehrte Königin,

im Fernsehen konnte ich kürzlich das Auf und Ab im Leben der Dido miterleben. Zu der Zeit, als Eure Hoheit mit Odysseus, dem König des steinigen Ithaka vermählt war, regierte sie in Karthago. Ihre menschlich ergreifende Geschichte hat den heiligen Augustinus, der ganz in der Nähe von Karthago Bischof war, als Kind zu Tränen gerührt. Auch ich habe nicht ohne Ergriffenheit ihr Leben mitverfolgt.

Die arme Dido! Sie hatte bei der Asche von Sychäus Treue geschworen. Zunächst versuchte sie mit aller Kraft, die in ihr aufbrechende Zuneigung zu Äneas zu verleugnen, doch schließlich siegte die Liebe.

Dann die Tragödie: Die Liebende ahnt, daß Äneas sich anschickt, von Karthago abzureisen. Erfolglos beschwört sie den geliebten Helden zu bleiben, umsonst wirft sie ihm Undank und Verrat vor: Äneas lichtet die Anker.

Zu groß ist der Schmerz der Verlassenen; die Flammen des Scheiterhaufens, auf dem sie sich verbrennen läßt, werden selbst von den trojanischen Schiffen, die Italien ansteuern, gesehen.

Glücklicher und beispielhafter war das Leben Eurer Hoheit, verehrte Penelope. Der scharfsinnige Odysseus mit seinen unzähligen Einfällen führte Euch als Gattin in seinen königlichen Palast. Mit ihm hattet Ihr einen prächtigen Sohn, den Telemach.

Euer Gatte mußte bald in den langen Trojanischen Krieg ziehen. Als dieser (vor allem dank des berühmten von ihm gebauten Pferdes) zu Ende ging, irrte er viele Jahre auf den Weltmeeren umher. Trotz vieler abenteuerlicher Zwischenfälle gelang es

ihm, auf sein Ithaka und zu Eurer Liebe zurückzukehren, die Ihr in der Zwischenzeit unversehrt bewahrt hattet.
Die lästigen Thronbewerber, die in Eurem Haus saßen und übermütig auf Eure Kosten schmausten, hatten Euch zwar gedrängt, unter ihnen einen neuen Ehemann auszuwählen, doch Ihr wart festgeblieben. Sie hausten in den unteren Gemächern, während Ihr zusammen mit Euren Mägden im Obergeschoß tagsüber Euer so berühmtes Gewebe wirktet. Des Nachts trenntet Ihr es immer wieder auf, um die Freier hinzuhalten und Eure Liebe und Treue zu verteidigen. Das Herz und die Träume sagten Euch, daß der Gatte wieder zurückkäme. Wer hätte auch so mutig sein sollen, das Kissen zu beanspruchen, auf dem Odysseus geschlafen, oder die Tasse, aus der er getrunken hatte, oder wer hätte seinem bereits heranwachsenden Sohn befehlen können, wer hätte es wagen können, sein Pferd zu besteigen oder seinen Hund zu rufen?
Die Freier fielen den Pfeilen zum Opfer, die Treue wurde belohnt, die Familie war wieder vereint, und die eheliche Liebe blühte neu auf.

Diese Liebe, verehrte Königin, die Euch so heilig war, ist uns Christen noch mehr heilig. Es tut uns weh, wenn man sich über sie lustig macht.
Montaigne zum Beispiel stellte die Ehe als einen vergoldeten Käfig dar: Die Vögel außerhalb des Käfigs fliegen hin und her und versuchen hineinzukommen, die Vögel, die drinnen sind, tun alles, um herauszukommen.
Das Zweite Vatikanische Konzil stellte mit Freude fest, daß viele Menschen unserer Zeit „der wahren Liebe zwischen Mann und Frau großen Wert zumessen“. Unter den Bibelstellen, die das Konzil anführt, gibt es auch folgende, die geradezu für Euren zurückgekehrten Odysseus geschrieben zu sein scheint: „Freu dich der Gattin deiner Jugendtage, der lieblichen Hinde, der anmutigen Gazelle“ (Spr 5, 18). Vergiß, Odysseus, die Zauberin Circe, die dich ein Jahr lang mit Festen und Schmausen in ihrem

Palast hingehalten hat; vergiß die Schönheit der Nausikaa, des Mädchens, das du vor kurzem am Flußufer gesehen hast. Sollte es noch einmal notwendig werden, laß dich wieder an den Mast des Schiffes binden, damit dich das Lied der Sirenen nicht verführt.
Auf Eure Hochzeit paßt, was das Konzil über die eheliche Liebe sagt: Sie „bedeutet unlösliche Treue, die in Glück und Unglück Leib und Seele umfaßt und darum unvereinbar ist mit jedem Ehebruch und jeder Ehescheidung". Dieses Ziel habt Ihr erreicht, indem Ihr Euch in „ungewöhnlicher Tugend", in „Seelengröße und Opfergeist" übtet, auf welche das Konzil hinweist. Dadurch habt Ihr viele Hindernisse überwunden, die sich der ehelichen Liebe in den Weg stellen können.

Da ist als erstes Hindernis *das kleine Herz,* das so schwankend und unberechenbar ist. Nur ein umsichtiger Ehegatte kann es unter Kontrolle halten. Vielleicht glaubt man hin und wieder, es weniger überwachen zu müssen – und schon wird es von irgend etwas angelockt. Man sagt sich: „Es ist nur für einen Augenblick! Ich will mein Gehege ja nicht verlassen, nur einen Blick über den Zaun will ich tun und etwas sehen von dem Leben da draußen." Wenn sich dann einmal im Zaun eine Öffnung zeigt, kann aus dem Augenblick eine Stunde werden, und aus der Stunde Verrat...
„Ihr wollt", schreibt der heilige Franz von Sales, „anfangen zu lieben, nicht wahr? Paßt auf, daß ihr dabei nicht unfrei werdet; denn in diesem Spiel ist der, welcher nimmt, der Gefangengenommene ... ‚Nur etwas möchte ich mir nehmen', wird mir jemand entgegnen, ‚nicht zuviel.' Doch das Feuer der Liebe ist zu vital und zu drängend. Ihr wollt nur einen Funken und seid dann überrascht, wenn euer Herz plötzlich in Brand gerät, wenn eure Vorsätze zu Asche werden und euer Ruf zu Rauch ..."

Ein zweites Hindernis: die *Eintönigkeit.* Tagtäglich sind die Ehegatten von denselben nüchternen Angelegenheiten des

Haushalts und der Arbeit in Beschlag genommen. *Er* fürchtet, vor seinen Freunden als Schwächling zu gelten, wenn er auf ein Spiel verzichtet, um seiner Frau Gesellschaft zu leisten. *Sie* glaubt, Zeit zu verlieren, wenn sie ihre Arbeit unterbricht, um sich mit ihm zu unterhalten. Schließlich müssen sie sich eingestehen, daß sie kaum noch etwas füreinander fühlen. Ihre Liebe ist vom Gedanken an die Vergangenheit und ihre Liebesbezeugungen sind von der Erinnerung getragen. Das ist die Gefahr des Lebensabschnitts um die Vierzig, die Paul Bourget in seinem Roman „Le démon de midi" so klar analysiert hat. Venus oder Adonis begegnen uns in der Person des Kollegen oder der Kollegin. Man hat den Eindruck, in vielen Fragen mehr mit ihnen übereinzustimmen als mit dem eigenen Ehepartner.

Oder es überkommt einen die Neugier: „Ich möchte einmal ausprobieren, ob ich heute noch so attraktiv bin wie früher." Hat man dann eine Bestätigung erfahren, ist es fast unmöglich, sich nicht fortreißen zu lassen. Wenn man keine gesunde und feste Überzeugung mehr hat, dann läßt man sich leicht von modernen Ideen beeinflussen. „Alle machen es so! – Ich betrüge den Ehegatten? Muß man denn gleich das Wort ‚Betrug' gebrauchen? Es ist doch nur ein kleiner Seitensprung. Man ist zur Treue verpflichtet? Ja, mindert das denn die Liebe zu meiner Frau und zu der guten Mutter meiner Kinder, wenn ich einmal mit einer Freundin gehe?"

Was für Mittel gibt es gegen solche Gefahren? Ich denke, wir müssen ein starkes Bewußtsein unserer Abhängigkeit von Gott haben und fest glauben, durch das Gebet erhalten zu können, was uns in unserer Schwachheit fehlt. Und weiter müssen wir die Kunst lernen, unsere Liebe immer neu und immer jung zu erhalten. Der Mann soll nie aufhören, seiner Frau den Hof zu machen, und die Frau soll immer versuchen, ihren Mann mit liebenswürdigen Aufmerksamkeiten für sich zu gewinnen.

Franz von Sales schreibt: „Wenn Liebe und Treue miteinander verbunden sind, bringen sie Vertrauen und Vertrautheit hervor.

Deshalb haben sich heilige Männer und Frauen in ihrer Ehe viele Zärtlichkeiten ausgetauscht.
Isaak und Rebekka waren das keuscheste Ehepaar im alten Israel. An der Art und Weise, wie sie voller Zärtlichkeit und doch mit Zurückhaltung sich einmal umarmten, erkannte Abimelech, daß sie Mann und Frau waren.
Der heilige Ludwig, der große König, erhielt sogar einmal die Anweisung, in diesen Aufmerksamkeiten, die für die Aufrechterhaltung der ehelichen Liebe so notwendig sind, nicht zu übertreiben."

Ein drittes Hindernis: die *Eifersucht.* Sie ist nichts Edles, wie man einmal glaubte, sondern erniedrigt und verdirbt die Liebe. „Es wäre eine Dummheit, die Liebe eines Mannes zu rühmen, indem man seine Eifersucht hervorhebt; die Eifersucht zeigt zwar die Größe und die Kraft der Zuneigung an, aber nicht ihre Tiefe, ihre Reinheit und Vollkommenheit. Wer eine vollkommene Liebe hat, vertraut fest darauf, daß die geliebte Person tugendhaft und treu ist. Der Eifersüchtige dagegen zweifelt an der Treue der Geliebten." Der heilige Franz von Sales fährt fort: „Letzten Endes zerstört die Eifersucht das Wesen der Liebe, denn sie ruft Gegensätze und Meinungsverschiedenheiten hervor."

Gegensätze und Meinungsverschiedenheiten stellen ein viertes Hindernis für die eheliche Liebe dar. Auch bei den besten Eheleuten gibt es Augenblicke der Müdigkeit und der schlechten Laune. Da muß man Abhilfe schaffen, damit der Friede erhalten bleibt. Ist *er* verärgert und schaut finster drein, dann soll *sie* besonders liebevoll und zärtlich sein. Ist *sie* nervös und müde, soll *er* ruhig bleiben und warten, bis die Sonne wieder scheint. Wichtig ist, daß nicht beide gleichzeitig nervös sind, sonst endet es mit einem Kurzschluß, Funken sprühen, und ein Wort gibt das andere. Die Worte, die dann fallen, drücken manchmal allzu kraß die Wahrheit aus, eine bittere Wahrheit, die dann Enttäuschungen, Groll und verborgene Wunden hinterläßt.

Der Gerechtigkeit halber müßten sich – wenn diese unguten Augenblicke wirklich nicht zu vermeiden sind – die beiden Eheleute in ihrer schlechten Laune abwechseln. Es kann vorkommen, daß einer von ihnen eine Monopolstellung auf diesem Gebiet einnimmt. Dann bleibt dem andern nichts übrig, als sich ein Herz zu fassen und zu versuchen, seinerseits die Monopolstellung der Geduld einzunehmen.

Verehrte Königin, vielleicht habe ich Praxis und Theorie einander nähergebracht und sie miteinander verbunden. Ich habe die Liebe und die Treue, die Ihr als Nichtchristin aus einem angeborenen Empfinden heraus gelebt habt, mit dem verbunden, was der Bischof Franz von Sales aus dem Licht der Bibel und aus großer psychologischer Einfühlung heraus gelehrt hat. Ob es den Eheleuten von heute, die sich unbestreitbar in großen Schwierigkeiten befinden, etwas helfen kann?
Ich würde es mir wünschen.

DIE REVOLUTION FÜR DIE REVOLUTION

April 1972

Lieber Figaro,

da seid Ihr wieder! Auf dem Bildschirm habe ich Eure Hochzeit miterlebt. Ihr wart ein Kind des Volkes, das mit den Hochprivilegierten wie mit seinesgleichen verkehrte und sich behauptete. Zusammen mit Eurer Susanna vertratet Ihr eine Jugend, die um das Recht auf Leben, auf Liebe, auf Familie, auf wahre Freiheit kämpfte. Auf dem Hintergrund Eures unternehmungslustigen künstlerischen Flairs, Eurer aggressiv jugendlichen Aufgewecktheit machte der Adel eine klägliche Figur: eine abgetakelte Klasse auf dem besten Weg zur Dekadenz.

Immer wieder habe ich Euren berühmten Monolog angehört, in dem Ihr ungefähr folgendes sagt: Wer und was bin ich, ich, Figaro, angesichts dieser bornierten Adligen, dieser spießbürgerlichen Advokaten? Im Grunde sind sie weder besser noch schlechter als ich, der Barbier, der Ehevermittler, der Berater von Pseudo-Diplomaten, der Jawohl-mein-Herr-Sager, etc. Ich spüre aber auch, daß ich im Vergleich zu ihnen etwas Neues bin, etwas Großes. Sie erwarten, daß ich allein ehrlich bin in einer Welt, in der es von Betrügern und Spitzbuben nur so wimmelt! Das kann ich nicht akzeptieren, dagegen lehne ich mich auf. Ich will schließlich ein richtiger Bürger dieser Welt sein!

An jenem Abend in Paris geriet das Theater in Aufregung. Die Ränge applaudierten, der Adel aber hielt sich verärgert die Ohren zu. Einmal machte Euch sogar der König mundtot und warf Euch ins Gefängnis. Doch vergebens. Von der Bühne und vom Gefängnis aus habt Ihr die öffentlichen Plätze erobert und gerufen: „Meine Herren! Das Spiel ist aus, die Revolution beginnt!" Und tatsächlich begann die Französische Revolution.

Wenn Ihr jetzt wiederkämet, würdet Ihr leicht feststellen können, daß überall Millionen junger Menschen das gleiche tun, was Ihr vor zweihundert Jahren getan habt. Sie nehmen die Gesellschaft unter die Lupe, finden sie überholt, rebellieren gegen sie und ziehen auf die öffentlichen Plätze.
In Liverpool steht in einem Kellerlokal geschrieben: „Hier wurden die Beatles geboren! Hier hat alles begonnen!" Wenn Ihr es noch nicht wissen solltet: Es handelt sich um vier zerzauste Pilzköpfe mit gutem Sound. Sie waren Künstlertypen wie Ihr. Die Königin von England hat sie aber nicht nur nicht mundtot gemacht, sonder sie sogar mit einem Orden ausgezeichnet.
Sie haben Millionen von Schallplatten verkauft und eine Stange Geld kassiert. Sie ließen sich auf Bühnen feiern, die bedeutender und größer waren als die Eurigen. Es geht auf ihr Konto, daß in der ganzen Welt eine Unzahl von Bands aus dem Boden schossen: Junge Sänger, von Schlagzeug und elektrischen Gitarren begleitet, die sich im grellen Licht mächtiger Scheinwerfer die Glieder verrenken. Sie heizen die Zuschauer auf und versetzen sie in geradezu ekstatische Erregung.

Schaut Euch einmal um: Nicht wenige von diesen jungen Männern tragen die Haare wie Ihr. Sie pflegen ihre Frisur mit geradezu weiblicher Sorgfalt, mit Shampoos und Haarwasser aller Art, ja sie lassen sich sogar beim Damenfriseur Wellen und Löckchen legen. Und dann ihre Bärte: Voll-, Schnauz- und Schnurrbärte! Dazu die bunten Farben ihrer Kleidung: Ein wahres Gemisch von Altem und Neuem, von weiblich und männlich, von östlich und westlich! Manchmal nur ein Paar Blue jeans mit einem T-Shirt oder einer Lederjacke darüber. Manchmal Strümpfe wie aus der Zeit der Renaissance, luftige Jäckchen, an Napoleons Offiziere erinnernd, mit Spitzen wie aus dem 17. Jahrhundert und Schuhe mit Bischofsschnallen. Oder Hosen und Hemden in knalligen Farben, in blumiger Fantasie, und weite Zigeunerröcke. Manchmal die Kleidung bewußt zerrissen, so daß man unwillkürlich an die sagenumwobene Stadt „Chlochardien" denken muß. Für die Mädchen Miniröcke, Shorts, Maxi- und Midimäntel und anderen Klimbim.

Wie würdet Ihr diese Phänomene beurteilen? Ich, der ich weder kompetent noch vom Fach bin, stehe alldem amüsiert und neugierig gegenüber, aber auch ein wenig skeptisch. Es heißt nämlich, dies sei die „Musik der Jugend", aber ich beobachte, daß der Schallplattenmarkt Millionen für schlaue Alte zusammenscheffelt. Die Jugendlichen nehmen Spontaneität für sich in Anspruch, Antikonformismus und Originalität, und in Wirklichkeit werden sie von raffinierten Bekleidungsfabrikanten manövriert. Man hält sich für revolutionär, ist aber so sehr mit der Pflege der Frisur und Kleidung beschäftigt, daß man sich leicht „dämlich" benimmt.

Die Mädchen, die sich sehr gewagt kleiden, möchten elegant und modisch erscheinen. Ich möchte kein Spielverderber sein, aber manchmal befällt mich eine gewisse Traurigkeit, wenn ich daran denke, daß sie dadurch keineswegs den Jungen in ihrer Entwicklung helfen.

Natürlich sympathisieren die jungen Leute mit der Revolution, sie verstehen sie als ein Mittel, um die Ausbeutung des Menschen durch den Menschen zu überwinden.

Einige halten Reformen für ungeeignet und unproduktiv; die Revolution sei der einzige Weg zu sozialer Gerechtigkeit. Andere wollen soziale Reformen mutig und schnell vorantreiben, sie akzeptieren nur als äußerstes Mittel, in ganz besonderen Ausnahmefällen die Anwendung von Gewalt. Wieder andere werfen jeden Skrupel über Bord: Die Gewalt rechtfertige sich selbst, man müsse Revolution um der Revolution willen machen.

Mao Tse-tung sagte zu den Chinesen: „Auf zur Kulturrevolution, machen wir reinen Tisch mit der bürgerlichen Ideologie, die noch im Marxismus steckt."

Der Franzose Régis Debray sagte zu den Südamerikanern: „Eure Revolution kann nicht so aussehen wie anderswo, mit einer Partei an der Spitze. Der Guerillakrieg des ganzes Volkes, das ist die wahre Revolution!"

„Das Ziel der Studentenrevolution", sagte Cohn-Bendit, „besteht nicht darin, die Gesellschaft umzuformen, sondern sie auf den Kopf zu stellen."
Lieber Figaro, diese Revolutionäre gehen offensichtlich weit über Euch und Eure Nachfolger wie Castro, Che Guevara und Ho Tschi Minh hinaus. Viele Jugendliche träumen davon, Guerillas und Desperados zu werden. In guter Absicht natürlich. Aber unterdessen werden sie von anderen manipuliert und merken nicht, daß es eine Utopie ist, radikal und säuberlich klar die Guten von den Bösen zu scheiden, Recht von Unrecht, Progressive von Konservativen. Sie erfassen nicht, daß kraft der „Spirale der Gewalt" die Unordnung den Fortschritt hemmt, weil Unzufriedenheit und Haß gesät werden.

Und doch kann man von ihnen – wie von Euch – einiges lernen. Wir müssen einfach zugeben, daß zum Beispiel wir Eltern, Erzieher, Arbeitgeber, Autoritätspersonen und Priester nicht immer vollkommen waren im Umgang mit und im Engagement für die Jugendlichen. Wir müssen im Geist der Demut und des wahren Dienstes neu anfangen; wir müssen uns auf eine mühsame und schwierige Arbeit einstellen. Sie wird lange Zeit in Anspruch nehmen und keine besonderen Lorbeeren ernten.
Ein Halbverrückter hatte einmal in einer Stadt Schaufenster und Inneneinrichtung eines Geschäftes sinnlos zertrümmert. Sofort wimmelte es von Neugierigen. Interessierte Blicke und interessante Bemerkungen. Wenig später geht ein alter Mann in das Geschäft, unter dem Arm eine Dose mit Klebstoff. Er zieht die Jacke aus und macht sich mit unendlicher Geduld daran, Scherben und Splitter einzusammeln und wieder zusammenzuleimen. Diesmal blieb kein einziger auf der Straße stehen, niemand zeigte Interesse für seine Arbeit.
Ähnlich ist es bei Jugendlichen. Sie machen Lärm, veranstalten Demonstrationen – und alle gaffen und reden darüber. Nach und nach, mit Mühe und Geduld, bringen Eltern und Erzieher alles wieder in Ordnung, füllen Lücken aus und rücken verschrobene

Vorstellungen zurecht. Niemand sieht es, niemand spendet Beifall.

Es ist ratsam, sich sehr offen und verständnisvoll gegenüber den Jugendlichen und ihren Fehlern zu verhalten, ohne dabei etwas zu beschönigen. Stellen wir das Evangelium unverfälscht vor, ohne etwas hinzuzufügen und ohne etwas abzuschneiden, um dadurch besser „anzukommen". Es gibt eine Art von Anerkennung, die nichts taugt. „Wehe euch", sagt Christus, „wenn euch alle Menschen loben; denn ebenso haben ihre Väter die falschen Propheten behandelt" (Lk 6,26). Außerdem ist es den Jugendlichen lieber, wenn man ihnen offen die Wahrheit sagt. Sie spüren die Liebe, die in einem Wort steckt, das liebevoll, freimütig und manchmal auch mahnend gesagt wird.
Wir müssen auch anerkennen, daß die Jugendlichen anders sind als wir Älteren. Sie urteilen anders, sie benehmen sich anders, sie lieben und beten anders. So wie Ihr, Figaro, haben auch sie der Welt ein Wort zu sagen. Und ihr Wort verdient es, gehört und respektiert zu werden.
Es ist angebracht, daß wir uns gemeinsam mit ihnen an die Arbeit machen, um die Gesellschaft zu verbessern. Eines muß man allerdings berücksichtigen: Sie drücken mehr auf das Gaspedal, wir auf die Bremse. Aber auf keinen Fall darf das Problem der Jugendlichen losgelöst werden vom Problem der Gesellschaft. Ihre Krise ist zu einem guten Teil die Krise der Gesellschaft.

Figaro, Ihr hattet eine sehr spitze Zunge, wenn es darum ging, Mißstände und Fehler anzuprangern. Bei der Verordnung von Heilmitteln wart Ihr allerdings weniger tüchtig. Eure Diagnose der Gesellschaft – wenn auch etwas übertrieben – traf ins Schwarze. Die Therapie jedoch blieb mangelhaft.
Für die jungen Leute von heute wie für die Jugend aller Zeiten gibt es eine Therapie. Sie besteht darin, ihnen aufzuzeigen, daß jemand eine bessere Antwort auf ihre bedrängenden Fragen gegeben hat als Marcuse, Debray oder Mao: Christus.

Sie wollen Brüderlichkeit. Christus hat gesagt: „Ihr alle seid Brüder!" Sie verlangen nach Aufrichtigkeit. Wie hat Christus jede Heuchelei verurteilt! Sie sind gegen jede willkürliche Ausübung von Autorität. Für Christus ist Autorität gleich Dienst. Sie lehnen sich gegen jeden Formalismus auf. Christus hat sich entschieden gegen das mechanische Herunterleiern von Gebeten gewehrt, er war gegen Almosen, die nur der Zurschaustellung dienen, er war gegen gute Werke mit Hintergedanken. Sie fordern Religionsfreiheit. Christus wollte zwar, daß alle Menschen die Wahrheit finden, aber er hat nichts mit Gewalt aufgezwungen, er verhinderte auch die Propaganda der Gegenseite nicht. Er ließ die Feigheit der Apostel zu, die Verleugnung des Petrus, den Zweifel des Thomas. Gewiß, er möchte, daß man ihn als Mensch und Gott annimmt, aber nicht unüberlegt und ohne freie Entscheidung.

Nun, lieber Figaro, was meint Ihr dazu? Wäre es nicht denkbar, daß der Protest eines Figaro sich verbindet mit der Antwort eines Christus? Könnte das nicht den Jugendlichen und der Gesellschaft helfen? Ich persönlich habe großes Vertrauen . . .

An die vier Mitglieder des Pickwickclubs

HÄRTER ALS EIN DIAMANT

Mai 1972

Werte Herren!

Ihr wart mir immer schon sehr sympathisch. Ihr, Herr Präsident Pickwick, ritterlich wie Don Quichotte, immer den heiteren und treuen Burschen Sam Weller zur Seite, der voller Erfindungsgeist war und weise wie Sancho Pansa. Und Ihr, Tupman und Winkle, mit Euren spaßigen Eigenwilligkeiten. Ihr alle seid mir sehr sympathisch.

Dickens hat Eure Gestalten zum Leben erweckt und mich zum Schmunzeln gebracht. Ich konnte sogar den Leser verstehen, der auf dem Sterbebett Gott um die Gnade bat, er möge ihn noch zehn Tage am Leben lassen, damit er das Buch auslesen könne.

Da kniet Ihr also, Herr Präsident Pickwick, vor einem verwitterten Stein, der nahe beim Eingang eines Hauses aus dem Boden ragt. „Du liebe Güte!" ruft Ihr aus und reibt den Stein mit dem Taschentuch sauber. Auf der Oberfläche werden einige Buchstaben sichtbar. Ihr habt sofort das untrügliche Gefühl, daß es sich hier um ein archäologisches Stück aus sehr früher Zeit handelt. Ihr ersteht vom Besitzer des Hauses den Stein für zehn Pfund und tragt ihn wie eine Reliquie zu Euren Freunden.

Der Stein wird auf den Tisch gelegt und von den glückstrahlenden Augen aller Umstehenden regelrecht verschlungen.

Danach wird er in einer andächtigen Prozession zum Sitz des Clubs gebracht. Verschiedene unangefochtene Autoritäten stellen vor der eigens einberufenen Generalversammlung die erfindungsreichsten und scharfsinnigsten Spekulationen über die Inschrift an.

Ihr selbst, Herr Präsident, verfaßt mit der Euch eigenen Gelehr-

samkeit ein Bändchen mit siebenundzwanzig möglichen Interpretationen. Eine Mühe, die ihren wohlverdienten Lohn findet: Sechzehn wissenschaftliche Gesellschaften aus dem In- und Ausland ernennen Euch in Würdigung Eurer Entdeckung zu ihrem Ehrenmitglied.
Aber da stellt sich heraus, daß es in der Person des Clubmitglieds Blotton einen Neider gibt. Dieser nimmt an Ort und Stelle eine Untersuchung vor, befragt den Mann, der Euch den Stein verkauft hat und berichtet dem Zirkel: „Der Stein ist zwar sehr alt, aber die Inschrift ist neu. Der Mann, der ihn Euch verkauft hat, hat sie selbst eingemeißelt. Er behauptet, daß er ausschließlich diese Worte zu schreiben beabsichtigt hatte: BILL STUMP – MEINE UNTERSCHRIFT. Das können alle nachlesen." Der Club reagiert ohne Zaudern: Blotton wird als Verleumder und Aufschneider ausgeschlossen. Widmung und Überreichung einer Goldrandbrille als Zeichen der Zustimmung und Verehrung für den Präsidenten Pickwick. Die sechzehn Gesellschaften sprechen Blotton gegenüber ihren Tadel aus.
So etwas kann vorkommen. Damit es aber möglichst selten vorkommt, hat Thomas von Aquin, ein Kirchenlehrer, ein ganzes Werk über solche Täuschungen geschrieben: „De fallaciis".
Ich nehme an, daß Ihr mir erlaubt, mit Euch einige Punkte daraus zu überprüfen. Was Euch da unterlaufen ist, Herr Präsident, würde Thomas von Aquin einen Trugschluß nennen, eine falsche Beweisführung, wenn auch ohne schlechte Absicht.
So etwas kommt auch heute vor. Hin und wieder werden solche Trugschlüsse von Leuten begangen, die in gutem Glauben die Kirche bekämpfen. Einerseits tut mir dies aus Liebe zur Wahrheit sehr weh: Die Kirche ist nämlich ganz anders, als diese Leute sie sich vorstellen. Andererseits tröste ich mich ein wenig, weil ich glaube, daß sie oft weniger gegen die Kirche selbst sind als vielmehr gegen die Vorstellung, die sie sich von der Kirche gemacht haben.
Im allgemeinen verfällt man auf solche Trugschlüsse aufgrund von weitverbreiteten Vorurteilen, oder aufgrund einer Propa-

ganda, welche einprägsame Slogans in Umlauf setzt: Kirche der Armen, Reichtum des Vatikans, Bündnis der Kirche mit der Macht u. a. Diese Schlagwörter wiegeln selbst Leute gegen die Kirche auf, die gestern noch die Kirche liebten und schätzten. Wenn man diese Leute fragt, was sie unter ,,Kirche der Armen" verstehen, sind sie oft um eine Antwort verlegen. Wenn sie hören, daß die famosen ,,Reichtümer des Vatikans" keinen Handelswert haben, daß für den Heiligen Stuhl beträchtliche Jahreseinkünfte notwendig sind, damit sich die Kirche um die vielen Nöte und Probleme auch und vor allem der Armen kümmern kann, dann geben sie sich vielleicht zufrieden.
Inzwischen geht die Propaganda weiter. Die Vorurteile verfestigen sich, man fällt immer wieder darauf herein. Zum Glück wird Gott eines Tages sein Urteil über die Menschen fällen, nachdem er sie geprüft hat, und er wird sie – so hoffe ich – trotz ihrer falschen Vorstellung retten.

Allerdings sind nicht alle, die unrichtige Behauptungen aufstellen, so gut gesinnt wie Ihr, Herr Präsident. Manch einer nimmt sich absichtlich vor, Gerüchte zu verbreiten. Hier kann man nicht mehr von Irrtum sprechen, sondern von Verleumdung. Und dabei spielen viele häßliche Emotionen mit:
Zu allererst der Geist des Widerspruchs. Man will immer genau das Gegenteil. Du sagst etwas, und der andere fühlt sich verpflichtet, dagegen zu sein. Du unterhältst dich mit ihm, und noch während du sprichst, denkt er darüber nach, wie er dir widersprechen und sich selbst durchsetzen kann.
Auf einem schmalen Steg, der über einen Wildbach führte, war einmal ein Maulesel stehengeblieben und hatte sich mit seinen Hufen festgestemmt. Man versuchte ihn am Zaum zu zerren und ihm die Rippen mit einem Stock zu bearbeiten, doch er ließ sich durch nichts bewegen weiterzugehen. Auf beiden Seiten der Brücke warteten immer mehr ungeduldige Leute.
,,Ich schaffe das schon", sagte einer, der es verdient hätte, zum Club der Pickwicker zu gehören. Er ging hin, faßte den Esel am

Schwanz und zog mit allen Kräften. Als das Vieh merkte, daß man es nach hinten ziehen wollte, schoß es wie ein Blitz nach vorn und gab damit den Weg frei.
So geht es manchmal auch uns, lieber Herr Präsident. Wir tun genau das, was die anderen nicht von uns möchten. Und wir tun genau das nicht, was sie von uns erwarten. Doch wenn wir uns so verhalten, ist unser Denken und Reden nicht frei und aufrichtig.

Habt Ihr eigentlich nie von Mohs gehört, Herr Präsident, von diesem Wissenschaftler, der genau zwei Jahre nach der Veröffentlichung der Protokolle Eures Zirkels gestorben ist? Er ist der Erfinder der „Mohsschen Skala", welche die Härte von Mineralien mißt. Von Puder und Gips führt sie mit zunehmender Härte bis hin zum Diamanten. Nun, Herr Präsident, könntet Ihr nicht Herrn Mohs sagen, daß mancher Kopf noch härter zu sein scheint als ein Diamant? Er gibt nie nach, versteift sich aus Trotz auf eine falsche Meinung, auch wenn alles dagegen spricht. Er will unbedingt mit dem Kopf durch die Wand.
Andere Köpfe sind superkritisch: Sie finden immer ein Haar in der Suppe, schauen jedem genau auf die Finger und können sich mit nichts und niemandem zufriedengeben.
Wieder andere glauben, immer Recht haben zu müssen. Weil sie ein paar Zeitungen gelesen haben, etwas herumgekommen sind oder Erfahrungen gesammelt haben, glauben sie, alle belehren zu können. Ihre Nasenspitze wird zum Zentrum des Universums. Einer von ihnen wagte sogar zu behaupten:

> Das Rathaus? Habe ich begonnen.
> Das Parlament? Halte ich aufrecht.
> Der Herrgott? Den habe ich geschaffen!

Es liegt auf der Hand, daß Dickköpfe, Superkritiker und Rechthaber für Trugschlüsse und Verfälschungen besonders anfällig sind. Umgekehrt führen Bescheidenheit und der Wunsch, auch auf die anderen zu hören, dazu, die Wahrheit zu sagen.

Diese guten Eigenschaften hatte Mochi, der florentinische Völkerkundler und Zeitgenosse von Euch, Herr Präsident, der sehr viel herumgereist war und zu sagen pflegte: „Paris? Ja, das kenne ich. Wie Florenz, nur größer. Sobald Florenz zu Ende ist, fängt ein anderes Florenz an, dann noch eins. Mehrere Florenz zusammen machen Paris. Massaua? Ja, das kenne ich. Wie Florenz, nur viel kleiner, ohne Denkmäler, ohne den Viale dei Colli und ohne die Zeitung ‚Nuovo Giornale'." – Sehr bescheiden, wie Ihr seht, dieser Mochi. Je weniger überheblich einer ist, desto gesicherter ist er gegen Unaufrichtigkeit und Irrtum.

Nun kann außer dem persönlichen Stolz auch kollektiver Hochmut Verfälschungen bewirken. Nehmt die Partei, die Klasse, das Land: Man läuft Gefahr, sich eine bestimmte Meinung nicht deswegen zu eigen zu machen, weil man sie für richtig hält, sondern weil sie die Idee der Gruppe, der Partei ist. So kann es dann zu den Irrtümern des Rassenhasses kommen, des Nationalismus, der Kirchturmspolitik, des Imperialismus, Irrtümer, denen Millionen Menschen verfallen sind.

Auch ein opportunistisches Denken kann zu Verfälschungen führen. Man läuft aus Bequemlichkeit oder Berechnung den anderen nach, wie ein Blatt im Wind, wie ein Treibholz in der Gewalt des Stromes.

In diesen Sog seid auch Ihr, Herr Präsident, bei den berühmten Wahlversammlungen geraten, in denen sich „blaue" und „gelbe" Kandidaten und Wähler der Stadt „Iß und Trink" gegenüberstanden. Kaum hattet Ihr die Beziehung zu Euren Freunden verloren, da saht Ihr Euch schon von einer erregten Menge von „Blauen" umgeben, die Euch sogleich fragten, ob Ihr zu ihrem Kandidaten Slunkey haltet. Ich zitiere das Protokoll des Clubs:

„Ein Hoch auf Slunkey!" brüllten die „Blauen".

„Ein Hoch auf Slunkey!" echote Herr Pickwick und zog den Hut.

„Nieder mit Fizkin!" brüllten die „Blauen".

„Nieder!" wiederholte Herr Pickwick, und mit einem Mal erscholl ein Gebrüll, wie wenn ein ganzer Zoo zur Fütterung gerufen würde. ,,Wer ist Slunkey?" flüsterte an dieser Stelle Tupman.

,,Weiß ich nicht!" antwortete Pickwick im selben Ton. ,,Aber sei still, unterbrich uns nicht. In manchen Fällen ist es besser, das zu tun, was die Menge tut."

,,Aber wenn es hier zwei Mengen gäbe?" gab Herr Snodgrass zu bedenken.

,,Dann muß man mit denen schreien, die am lautesten schreien . . ." erwiderte Herr Pickwick.

Herr Präsident, mit diesem Satz habt Ihr mehr gesagt als mit einem ganzen Buch. Wenn man erst einmal so weit ist, daß man schreit mit dem, der am lautesten schreit, dann steht dem Irrtum Tür und Tor offen. Oft ist es nicht leicht, den angerichteten Schaden wieder gutzumachen. Ihr wißt, es genügt ein Verrückter, um ein kostbares Armband in den Brunnen zu werfen. Aber nicht immer genügen zwanzig Weise, um es wieder herauszuholen.

Mögen doch alle diese Lektion begreifen, so daß niemand mehr den Verrückten spielt!

WENN DU DICH MAL VERLIEBST ...

Juni 1972

Lieber Pinocchio!

Mit sieben Jahren las ich zum ersten Mal Deine „Abenteuer". Ich kann Dir nicht sagen, wie sehr sie mir gefallen und wie oft ich sie verschlungen habe. Ich habe in Dir mich selbst als Kind wiedererkannt, in Deiner Umgebung die meinige.
Wie oft liefst Du im Wald herum, durch die Felder, über den Strand, auf den Straßen! Der Fuchs, die Katze, der Hund Cedovo und die Helden der Bücherschlacht begleiteten Dich. Es schien, als wäre es mein Herumtollen, meine Spielgefährten, die Straßen und die Felder meines Dorfes. Du gingst die angekommenen Kutschen auf dem Dorfplatz bestaunen, genauso wie ich. Du stöhntest, verzogst den Mund, stecktest den Kopf unter die Decke, bevor Du den Becher mit der bitteren Medizin nahmst, – wie ich. Die Brotschnitte, auf beiden Seiten mit Butter bestrichen, die gefüllte Schokolade, die „Zuckerkugel" und, bei gewissen Gelegenheiten, sogar ein Ei, sogar eine Birne, oder auch eine Birnenschale, stellten für Dich, Naschkätzchen, und immer hungrig wie Du warst, eine wunderbare Welt dar. Genauso war es für mich.
Auch ich wurde auf dem Schulweg in „Schlachten" verwickelt: im Winter besonders mit Schneebällen, sonst mit Schlägen und ähnlichem, das ganze Jahr hindurch. Ein wenig steckte ich ein, ein wenig teilte ich aus, wobei ich versuchte, „Einnahmen" und „Ausgaben" gleich groß zu halten und daheim nicht zu jammern, weil ich dort vielleicht noch eine Zugabe bekommen hätte.
Jetzt bist Du zurückgekehrt. Du hast nicht mehr aus den Seiten des Buches gesprochen, sondern vom Bildschirm. Doch Du bist das gleiche Kind wie früher.

Ich hingegen bin alt geworden und befinde mich, wenn man so sagen darf, auf der anderen Seite der Barrikade: nicht mehr in Dir finde ich mich wieder, sondern in Deinen Ratgebern, wie dem Meister Geppetto, der sprechenden Grille, der Amsel, dem Papagei, dem Glühwürmchen, dem Krebs, dem Murmeltier.
Sie haben versucht, auch wenn sie, außer im Fall des Thunfisches, nicht angehört wurden, Dir Ratschläge für Dein Kinderleben zu geben.
Ich möchte Dir welche für Dein Leben als Bub und junger Mann geben. Paß aber auf: Versuch' ja nicht, den üblichen Hammer nach mir zu werfen. Ich will nicht dasselbe Schicksal wie die arme sprechende Grille erleiden.

Hast Du gemerkt, daß ich unter Deinen „Ratgebern" die Fee nicht aufgezählt habe? Ihre Methode gefällt mir nicht. Als Du von Mördern verfolgt wirst, klopfst Du verzweifelt an die Türe ihres Hauses. Sie blickt mit bleichem Wachsgesicht aus dem Fenster, öffnete Dir aber nicht und läßt zu, daß man Dich aufhängt. Später holt sie Dich zwar von der Eiche herunter, spielt Dir dann aber einen bösen Streich, als Du krank bist: Sie läßt vier tiefschwarze Kaninchen eine kleine Totenbahre in Dein Zimmer tragen.
Nicht genug damit: Du fliehst wie durch ein Wunder aus der Pfanne des Grünen Fischers und kommst in stockfinsterer Nacht und bei strömendem Regen starr vor Kälte nach Hause. Die Fee läßt Dich vor verschlossener Türe stehen und, nachdem Du lange verzweifelt geklopft hast, schickt sie Dir die Schnecke, die neun Stunden braucht, um vom vierten Stock herunterzukommen. Sie bringt Dir, der Du vor Hunger halbtot bist, ein Stück Brot aus Gips, ein Hähnchen aus Pappkarton und vier naturgetreu angemalte Aprikosen aus Alabaster.
Nein, so geht man nicht um mit Jungen, die Fehler gemacht haben, besonders, wenn sie in das sogenannte „schwierige" Alter kommen, oder schon drin sind, das von 13 bis 16 Jahren geht und Dir, Pinocchio, jetzt bevorsteht.

Du wirst es selbst erleben: Dieses Alter ist „schwierig", sowohl für Dich, als auch für Deine Erzieher. Du bist kein Kind mehr und verachtest den Umgang, die Lektüre und die Spiele der Kleinen; Du bist aber auch noch kein Mann und fühlst Dich von den Erwachsenen unverstanden, ja fast zurückgestoßen.
Überwältigt von den Anstrengungen des raschen körperlichen Wachstums scheint es Dir plötzlich, kilometerlange Beine zu haben, schlaksige Arme und eine seltsam veränderte, krächzende Stimme.
Übermächtig spürst Du den Drang, Dein Ich zu bestätigen: auf der einen Seite wirst Du zur familiären und zur schulischen Umgebung in Gegensatz geraten; auf der anderen Seite läufst Du mit fliegenden Fahnen in die Gemeinschaft von Cliquen. Einerseits verlangst Du nach Unabhängigkeit von der Familie; andererseits sehnst Du Dich danach, von den Gleichaltrigen angenommen und abhängig zu sein.
Du hast Angst, Dich von den anderen zu unterscheiden! Wo Deine Clique hingeht, dort willst auch Du hin. Wo Deine Clique bleibt, da willst auch Du bleiben. Die Späße, die Redensarten, die Hobbys der anderen machst Du zu den Deinen. So wie sie sich kleiden, kleidest auch Du Dich: einen Monat lang laufen die Jungen mit Pullover und Blue jeans herum; einen Monat später tragen sie Lederjacken, bunte Hosen, weiße Schnürsenkel in schwarzen Schuhen. Ihr lehnt es ab, Euch an gewisse Dinge anzupassen, bei anderen seid Ihr, ohne es zu merken, völlige Konformisten. Auch die Laune ist sehr wechselhaft! Heute fröhlich und sanft, wie Du mit 10 Jahren warst; morgen mürrisch wie ein 60jähriger Griesgram. Heute willst Du Flieger werden, morgen bist Du entschlossen, als Schauspieler Dein Geld zu verdienen. Heute draufgängerisch und unbefangen, morgen schüchtern und fast voll ängstlicher Unruhe. Wieviel Geduld und Nachsicht, wieviel Liebe und Verständnis wird Meister Geppetto für Dich aufbringen müssen!
Mehr noch: Du wirst Dich selbst beobachten, die Welt in Deinem Inneren betrachten und viele neue Dinge entdecken: Du

wirst melancholisch werden, mit offenen Augen träumen, dein Gemüt wird wach, aber auch die Sentimentalität. Und es kann sein, daß Du Dich schon mit 14 Jahren „verknallst", nicht wie es einem Ministranten passiert, sondern wie zum Beispiel dem jungen David Copperfield, der erzählt:
„Ich verehre Miß Shephard. Sie ist ein Mädchen mit einer kurzen Jacke, einem runden Gesicht und gekräuseltem Haar. In der Kirche schweifen meine Augen immer vom Gebetbuch zu Miß Shephard. Für mich gehört Miß Shephard zur Königlichen Familie . . . In meinem Zimmer spüre ich oftmals den Drang, ihren Namen auszurufen! Ich möchte wissen, warum ich Miß Shephard heimlich zwölf Erdnüsse schenke. Sie sind kein Symbol der Zuneigung . . . trotzdem spüre ich, daß sie zu Miß Shephard passen. Ebenso lasse ich ihr Kekse zukommen, obwohl sie schon zerbröselt und geschmacklos sind; dazu noch ungezählte Orangen . . . Miß Shephard ist die einzige Erscheinung, die mein Leben durchdringt.
Warum aber dauert es nur wenige Wochen, bis ich mit ihr breche? Man tuschelt, sie bevorzugt den jungen Jones . . . Eines Tages verzieht Miß Shephard den Mund, als sie an mir vorübergeht und kichert mit ihrer Freundin. Alles ist aus. Die Verehrung eines ganzen Lebens ist vorbei. Miß Shephard verschwindet aus den kirchlichen Funktionen des Sonntagvormittags und die Königliche Familie versagt ihr die Anerkennung!"
Das ist dem Copperfield passiert, und passiert einem jeden. Es wird auch Dir passieren, Pinocchio!

Wie werden Dir Deine „Ratgeber" beistehen?
Was das „Wachstums-Problem" betrifft, so müßte Deine neue sprechende Grille wie der alte Vittorino de Feltre sein. Der war ein Pädagoge, der die Jungen Deines Alters besonders gern gehabt hat und bei ihrer Erziehung enormen Wert auf Übungen im Freien legte.
Reiten, Schwimmen, Hochsprung, Fechten, Jagen, Fischen, Laufen, Bogenschießen, Singen. Er wollte durch diese Mittel

eine gelöste Atmosphäre für sein „Heiteres Haus“ schaffen und so den Kräfteüberschuß seiner jungen Schüler in nützliche Bahnen lenken. Gern hätte er das gesagt, was später Parini meinte: „Was vollbringt nicht alles eine feurige Seele, wenn in kräftigen Gliedern das Leben pulst?“

Dein Freund, der Thunfisch, der Dich auf seinem Rücken gesund und unversehrt ans Ufer gebracht hat nach der Rettung aus dem Bauch des Haies, könnte Dir helfen – gelassen und überzeugend wie er ist – im oben erwähnten Kampf um die Selbstbestätigung.

Der Traum von Euch Jugendlichen ist heutzutage nicht nur das Auto: Ihr träumt von einem ganzen Parkplatz von „Autos“: autoscelta (Selbstwahl), autodecisione (Selbstbestimmung), autogoverno (Selbstverwaltung), Autonomie (Selbständigkeit). Neulich haben Jugendliche in Bozen sogar eine „autoscuola“ versucht, das heißt eine von ihnen selbst geführte Schule.

Es ist gerechtfertigt – würde der Thunfisch in seiner Besonnenheit sagen – zur Selbstbestimmung zu gelangen. Aber langsam, Schritt für Schritt. Man kann nicht von heute auf morgen vom völligen Gehorchen eines Kindes übergehen zur vollen Selbständigkeit des Erwachsenen. Auch kann man heute nicht überall dieselben harten Methoden anwenden, wie früher. Je älter Du wirst, desto stärker wird in Dir, Pinocchio, der Wunsch nach Selbständigkeit. Das ist gut so, laß nur in Dir – vielleicht helfen Dir tüchtige Erzieher dabei – das volle Bewußtsein Deiner Rechte und Pflichten wachsen; auch das Verantwortungsgefühl, damit Du die ersehnte Selbständigkeit gut nützen kannst, muß wachsen.

Höre, wie vor einem Jahrhundert die beiden Brüder Visconti-Venosta erzogen wurden. Der eine, Giovanni, wurde Schriftsteller, der andere, Emilio, Politiker im Kampf um die italienische Einheit: „Einer der Erziehungsgrundsätze meines Vaters war, so viel Zeit wie nur möglich mit uns Söhnen zu verbringen. Er forderte von uns unbegrenztes Vertrauen und erwiderte es, soweit er konnte. Außerdem behandelte er uns immer so, als ob wir schon etwas älter wären. Das gab uns Verantwortungs- und Pflichtgefühl. Wir wurden als kleine Erwachsene behandelt, und das schmeichelte uns sehr; deshalb strengten wir uns gewaltig an, dieses Niveau zu halten.“

Auf dem Weg zur Selbständigkeit wirst Du, lieber Pinocchio, wie fast alle Jugendlichen zwischen 17 und 20 Jahren, vielleicht auf ein hartes Riff stoßen: das Problem des Glaubens.

Es werden Dir in der Schule, in der Fabrik, im Kino usw. Einwände gegen die Religion begegnen. Wenn Dein Glaube ein Berg von gutem Getreide ist, wird sich ein Heer von Mäusen darauf stürzen. Wenn er ein Anzug ist, werden hundert Hände versuchen, ihn Dir auszuziehen. Wenn er ein Haus ist, wird es die Spitzhacke Stück für Stück abreißen wollen. Du wirst Dich verteidigen müssen: heute behältst Du vom Glauben nur das, was Du verteidigst.

Auf viele Einwände gibt es eine überzeugende Antwort. Auf andere hat man noch keine ausreichende Antwort gefunden. Was also tun? Wirf den Glauben nicht weg! „Zehntausend Schwierigkeiten – sagte Newman – bilden noch keinen Zweifel.“ Und dann denk an zwei Dinge.

Erstens: Man muß vor jeder Gewißheit Achtung haben, auch wenn es nicht die mathematisch abgesicherte Gewißheit ist. Daß Napoleon, Cäsar, Karl der Große gelebt haben, ist nicht so gewiß, wie 2 + 2 = 4. Aber es ist von einer menschlichen, geschichtlichen Gewißheit. Auf die gleiche Weise ist es gewiß, daß Christus gelebt hat, daß die Apostel sahen, daß er starb und daß er auferstand.

Zweitens: Dem Menschen wohnt ein Sinn für das Geheimnis inne. Pascal sagte: „Von nichts wissen wir alles.“ Ich weiß viel über mich, aber nicht alles; ich weiß nicht genau, was mein Leben eigentlich ist, meine Intelligenz, der Grad meiner Gesundheit, usw.; wie kann ich da verlangen, alles von Gott zu verstehen und zu wissen.

Am häufigsten wirst Du Einwände gegen die Kirche vernehmen.

Vielleicht kann Dir eine Episode helfen, die Pitigilli erzählt. Im Hyde Park in London spricht ein Prediger unter freiem Himmel, wird aber immer wieder von einem schmutzigen und unfrisierten Kerl unterbrochen. – „Seit 2000 Jahren gibt es die Kirche", – schimpft der Kerl los – „und die Welt ist noch immer voll von Dieben, Ehebrechern und Mördern!"
„Ihr habt recht", gab ihm der Prediger zur Antwort, „seit zwei Millionen von Jahrhunderten gibt es das Wasser auf der Erde, und schauen Sie, in welchem Zustand sich Ihr Kragen befindet!"
Anders gesagt: es hat schlechte Päpste gegeben, schlechte Priester, schlechte Katholiken. Aber was bedeutet das? Daß das Evangelium gelebt wurde? Nein, im Gegenteil, in eben diesen Fällen ist das Evangelium nicht gelebt worden!
Mein lieber Pinocchio, über die Jugendlichen gibt es zwei ganz berühmte Aussprüche. Den ersten, von Lacordaire, lege ich Dir ans Herz: „Habt eine Meinung und setzt sie durch!" Der andere ist von Clemençeau und überhaupt nicht empfehlenswert: „Er hat keine Ideen, dafür verteidigt er sie glühend!"

Darf ich auf David Copperfield zurückkommen? Die Erinnerung an Miß Shephard liegt einige Jahre zurück und er, inzwischen 17 Jahre alt, verliebt sich wieder neu; dieses Mal verehrt er das Fräulein Lavkins. Er ist glücklich, auch wenn er sie nur einmal am Tag mit einer Verneigung grüßen darf. Er zieht die besten Kleider an und läßt sich andauernd die Schuhe putzen. Er träumt: „Ach, wenn morgen früh der Vater Lavkins käme und mir sagen würde: ‚Meine Tochter hat mir alles erzählt. Hier sind zwanzigtausend Sterling. Seid glücklich!.'" Er träumt, daß seine Tante weich wird und diese Ehe segnet. Aber während er träumt, heiratet die Lavkins einen Hopfenbauern.
David ist für zwei Wochen am Boden zerstört: er nimmt den Ring vom Finger, zieht die schlechtesten Kleider an, verwendet keine Haarcreme mehr, läßt die Schuhe nicht mehr putzen!
Später trifft ihn der Blitz als er Dora begegnet: „Sie war ein übernatürliches Wesen für mich. Eine Fee . . . ich weiß nicht,

was sie war . . . all das, was niemand je gesehen hat . . . In einem einzigen Augenblick war ich von einem Abgrund der Liebe verschlungen . . . kopfüber hinabgestürzt, ehe ich ihr auch nur ein Wort hätte sagen können!"

Du verstehst, was ich meine: Probleme der Liebe und der Freundschaft, auf die auch Du Dich vorbereiten mußt, lieber Pinocchio.

Auf diesem Gebiet gibt es Leute, die heutzutage eine extrem freizügige Moral vorschlagen. Man muß zugeben, daß man in der Vergangenheit in einigen Punkten zu engherzig war, trotzdem dürfen die Jugendlichen diese freizügige Moral nicht annehmen. Ihre Liebe muß groß geschrieben werden, schön wie eine Blume, wertvoll wie ein Edelstein und nicht gemein wie ein billiges Stück Glas.

Es zahlt sich aus, Opfer zu bringen und von Personen, Plätzen und Vergnügungen fernzubleiben, die zum Schlechten verführen können. „Habt Ihr denn kein Vertrauen zu mir?", fragst Du jetzt. „Sicher haben wir Vertrauen, es bedeutet doch kein Mißtrauen, wenn man daran erinnert, daß jeder von uns Versuchungen ausgesetzt ist; die Liebe will Dir wenigstens die unnötigen Versuchungen aus dem Weg räumen!

Denk an die Autofahrer: sie begegnen der Polizei, sie stoßen auf Ampeln, Straßenmarkierungen, Einbahnstraßen, Halteverbotsschilder, alles lästig scheinende Dinge, die auf den ersten Blick den Eindruck erwecken, zum Nachteil des Autofahrers zu sein. Dabei sind sie nur zu seinem Vorteil, weil sie ihm helfen, sicherer und angenehmer zu fahren!"

Wenn Du eines Tages eine Verlobte haben solltest, ob sie nun Shephard, Lavkins oder Dora heißt, dann achte sie! Verteidige sie gegen Dich selbst! Du verlangst, daß sie rein bleibt für Dich, das ist richtig, aber Du mußt das gleiche für sie tun. Höre nicht auf gewisse Freunde, die sich ihrer „Heldentaten" rühmen und sich wegen ihrer Frauenabenteuer interessant vorkommen. Interessant und stark ist der Mann, der sich selbst erobert hat und zu der Jugend gehören will, die sich in der Hand hat. Solange

man verlobt ist, muß die Liebe vor allem in ihrer geistigen Dimension vertieft werden, was sich sehr wohl auch durch Zärtlichkeiten ausdrücken kann, aber verantwortungsvoll, ohne die Würde zu verletzen. Dieselben Ratschläge gelten auch für die andere Seite, vorausgesetzt, daß sie eine „Predigt“ aushält.
„Liebe Dora Shephard, Lavkins (oder wer es auch sei)“ sagt ihre Mutter zu ihr – „ich möchte dich an ein biologisches Gesetz erinnern. Normalerweise hat das Mädchen auf dem sexuellen Gebiet eine größere Selbstbeherrschung als der Junge. Wenn der Mann körperlich stärker ist, so ist es die Frau geistig: Es scheint sogar, daß Gott das Gutsein des Mannes von dem der Frau abhängig sein läßt. Morgen wird auch von dir die Haltung des Mannes und der Kinder abhängen, heute ist es die deiner Freundinnen und deines Freundes. Deshalb mußt Du gesunden Menschenverstand für zwei haben und fähig sein, bei gewissen Dingen nein zu sagen, auch wenn scheinbar alles einlädt, ja zu sagen. Dein Freund – wenn er ein anständiger Kerl ist – wird dir in seinen besten Stunden dankbar sein und sich eingestehen: ‚Meine Dora hat recht gehabt: sie hat ein Gewissen und handelt danach: auch in Zukunft wird sie mir treu sein!‘ Eine leichtsinnige Verlobte gibt diese Garantie nicht. Sie geht das Risiko ein, von Anfang an, durch eine zu gedankenlose Bereitschaft, eine gefährliche Basis zu legen, aus der später bei ihrem Mann Eifersucht und Mißtrauen entstehen können.“
Damit höre ich auf, Pinocchio, sag' aber jetzt nicht, es sei fehl am Platz gewesen, von Dora zu sprechen. Als Kind hast Du die Fee neben Dir gehabt, meist als Schwester, dann als Mutter. Als junger Mann kannst Du keine andere Fee neben Dir haben, als eine Freundin oder Braut. Außer, Du gehst ins Kloster!
Aber dazu scheinst Du mir nicht berufen!

ENDLICH FERIEN!

Juli 1972

Hochverehrter Schriftsteller und Geschichtsschreiber,

da der Eucharistische Kongreß Italiens in diesem Jahr stattfindet, dachte ich an Euch; denn auch wenn Ihr langobardischer Abstammung seid und mit viel Liebe über Euer eigenes Volk geschrieben habt, so seid Ihr doch immerhin in Friaul geboren.

Als die Langobarden vor etwa zwölfhundert Jahren nach Italien kamen, zählten sie einige hunderttausend Mann. Ihr schreibt, daß sie, einem marschierenden Ameisenhaufen gleich, die Via Postumia entlangzogen.

Heute hingegen könntet Ihr Euch an einem Juli- oder Augustwochenende vor die Stadt Fadalto begeben, um sämtliche italienischen und ausländischen Autos zu zählen. Entweder sind sie in Richtung Caorle, Jesolo und Venedig unterwegs, oder sie wollen das Cadoregebiet in den östlichen Dolomiten aufsuchen. Interessanter als bei Fadalto ist es wahrscheinlich noch am Brenner oder an manch anderen überfüllten Paßstraßen.

Dazu kann ich Euch verraten, daß allein in den Tagen um den 15. August rund eine Million Mailänder und ebenso viele Römer ihre Stadt verlassen und daß Tag und Nacht endlose Fahrzeugkolonnen Italien durchkreuzen.

Verwundert, so denke ich mir, werdet Ihr fragen: „Ja, wohin sind die denn alle unterwegs?“

„Nun, einige ans Meer oder in die Berge, andere sind auf Sehenswürdigkeiten aus oder wollen die Natur kennenlernen; sie brauchen eben frische Luft, grüne Landschaft, einen Sandstrand . . . sie wollen ganz einfach einmal abschalten.“

„Und wo wohnen sie?“

„Eigentlich überall: in Hotels, Pensionen, Ferienhäusern, Motels, Zeltstädten, in Luftkurorten und auf Campingplätzen. Seht Ihr zufällig jenes Ding dort, das von einem Auto gezogen wird? Das ist ein Wohnwagen, ein kleines Haus auf Rädern.
Sicher, zu Eurer Zeit brauchtet Ihr nur vom Pferd abzuspringen und es an den nächsten Baum anzubinden. Heutzutage hält man mit seinem Auto und Wohnwagen zwischen ein paar schattigen Bäumen an einem Bach an, holt eine Gasflasche mit Kocher und einen tragbaren Kühlschrank hervor, bereitet das Essen und setzt sich dazu ins Gras. Dabei genießt man dann das Rauschen der Bäume, das Summen der Bienen und Insekten, den schönen Himmel und nicht zuletzt den direkten Kontakt zur Natur, die berauschend und beruhigend zugleich wirkt. Im Wohnwagen befinden sich unter hundert anderen Sachen Klappbetten mit Schaumgummimatratzen. Abends zieht man sie einfach hervor, legt sich darauf und schläft die ganze Nacht hindurch, bis man morgens vom Gezwitscher der Vögel geweckt wird. Ach ja, wenigstens für einige Zeit wollen diese Leute die freie Natur erleben, ihre Sorgen und Nöte vergessen und vor allen Dingen ihre eintönige Stadt einmal hinter sich lassen; diese steinerne und graue Zementwüste hatte sie lange genug verschlungen und wird sie sowieso später wieder verschlingen."
Allzugut kann ich mir vorstellen, wie Ihr nun nachdenklich dasitzt und vor Euch hinsagt: „Was sich doch alles verändert! Die alten Völkerwanderungen waren wirklich nichts dagegen. Wie die Hennen ihre Küken, so ziehen heute die Menschen ihre Häuser hinter sich her. Andere wiederum transportieren auf dem Gepäckträger ihres Motorrads zusammengelegte Stoffbahnen, die man auseinanderfalten und wie ein kleines Zimmer aufbauen kann. Darüberhinaus gibt es große farbige Zelte mit elektrischem Licht, Radio, Fernsehen und was alles sonst noch dazugehört. Menschen aller Herren Länder wohnen hier, sie sprechen die verschiedensten Sprachen . . . Ein neues Babel! – Nein, ich höre lieber auf zu schreiben!"
Ihr habt's gut! Ich hingegen muß schon schreiben, denn da ich

Seelsorger bin, erwartet man von mir einige Gedanken über das eine oder andere Problem dieses Herumvagabundierens. Mit anderen Worten nennt man dieses ewige Hin und Her auch Urlaub, Sommerfrische oder Wochenende. Seid doch bitte so nett und folgt ein wenig meinen Ausführungen, während ich mich an meine Leser wende!

Für uns Italiener ist Petrarka das klassische Beispiel eines Touristen. Unter anderem war er Bergsteiger und reiste überall herum, sowohl in Italien, als auch im Ausland: „auf der Suche nach schönen Orten, guten Freunden und Büchern". Die Reisen befriedigten seine Neugier und seinen Wissensdurst; die Kasse war allerdings immer leer. Sein Verwalter Monte beklagte sich oft und meinte eines Tages: „Ewig bist du unterwegs auf Reisen, nur werden deine Taschen davon auch nicht voller."

Da kommt mir auch bereits der erste Gedanke: Vergeudet man für bestimmte Reisen nicht manchmal einfach zu viel? Tatsächlich, die „Ferienmanie" bewahrheitet sich heute wie zur Zeit Goldonis: man gibt mehr aus, als man sich erlauben kann. Dabei wird das Gewissen oft überstrapaziert, die Finanzen geraten durcheinander, man kennt keinerlei Grenzen mehr, und – die Ersparnisse schmelzen dahin.

Vielfach rechtfertigt man seine Unternehmungen mit der Begründung, man wolle seinen eigenen Horizont erweitern, sich weiterbilden, bei passender Gelegenheit Rede und Antwort stehen können, ausländische Kunstwerke kennenlernen, Naturwunder bestaunen . . . Alles gut und schön, vorausgesetzt die Reise ist gut vorbereitet, das Programm auf die wichtigsten und nützlichsten Dinge beschränkt, und es sind ausreichend Pausen eingeplant. Wenn es so ist, sind auch die Voraussetzungen für einen moralischen Neuauftrieb geschaffen, und man erfährt die große weite Welt aus der rechten Sicht. Außerdem ist die Chance gegeben, Gott näherzukommen, ihm einmal ausgiebig zu danken und mit den Menschen, unseren Brüdern, enger verbunden zu sein.

Natürlich vertrödeln auch einige ihre kostbare Urlaubszeit für nichts. Ich denke an manchen Romfahrer, der sich zu Hause einzig und allein an den hervorragenden Wein der Castelli und die ausgezeichneten Speisekarten aus Trastevere erinnert . . .
Nicht jedermann – auch nicht jedem Reiseleiter sind die historischen Hintergründe geschichtsträchtiger Orte bekannt. Dem Schriftsteller Fucini soll mit seinem Reiseleiter von Sorrent einmal folgendes zugestoßen sein: „Und jetzt", sagte Fucini, „jetzt, während ich zu Mittag esse, erkundigen Sie sich doch bitte, wo das Haus von Tasso steht!" Der Reiseleiter ging, kehrte zurück und sagte: „Wissen Sie, der Herr Tasso wohnt nicht mehr hier!"
Natürlich spielt sich auch häufig ein Tourist daheim als Prahlhans auf: er prahlt, erfindet, verblüfft seine Zuhörer, schildert mit großen Worten riesige Unfälle oder andere außergewöhnliche Dinge, als ob er Marco Polo, Pigafetta oder Caboto selbst wäre . . .

Urlaub heißt Erholung, Entspannung. Einige verstehen das, andere nicht. Es ist wie beim Staubwischen: hin und wieder glaubt eine Hausfrau den Staub wegzuwischen, während sie ihn in Wirklichkeit nur besser verteilt.
Die Familie – um dem allgemeinen Trend zu entsprechen – kommt mitten in der Hochsaison in einem überfüllten Hotel an und läßt sich dann erst einmal sozusagen in ein Zimmer hineinpferchen. Haben sie Glück, finden sie genügend Betten vor, ansonsten nehmen sie in solchen Situationen auch mit Liegestühlen und – warum denn eigentlich nicht – auch einmal mit einem Billardtisch vorlieb. Man erholt sich natürlich nicht, fällt dafür aber rasch von einer Müdigkeit in die andere, von einer Unannehmlichkeit in die andere.
Da fährt nun jemand am Sonntag 150 km auf einer vollgestopften Straße nach Cortina oder Jesolo. Dort angekommen, geht er in die Kirche, ißt anschließend zu Mittag, hält noch ein Schwätzchen, und sofort geht es in einer endlosen Autokolonne wieder ab

nach Hause. Um schneller anzukommen, riskiert er gefährliche Überholmanöver, weicht entgegenkommenden Kotflügeln gerade noch aus und passiert die unübersichtlichsten Kurven beinahe ohne Geschwindigkeitsdrosselung. „Wenn Sie gesund daheim ankommen, danken Sie bitte Gott; erzählen Sie von mir aus auch noch, daß der Verkehr stärker als sonst gewesen ist; behaupten Sie aber auf keinen Fall, Sie hätten sich erholt!"

Viele kehren müde und gelangweilt aus dem Urlaub zurück. Wahrscheinlich war der Ort zu mondän oder zu laut, vielleicht haben sie sich auch ganz einfach übernommen und sind in Gesellschaften geraten, die sie in anstrengende Vergnügungen und Diskussionen hineingezogen haben.

Bisher habe ich von überfüllten Straßen, gefährlichen Kurven und komplizierten Überholmanövern gesprochen. Alles große Probleme! Seltsam jedoch, es gibt kaum einen Autofahrer, der bei der Beichte zugibt: „Ich habe mein eigenes und das Leben anderer riskiert." Oder daß jemand sagen würde: „Beim Fahren war ich unvorsichtig und ehrgeizig."

Dabei gibt es eine ganze Reihe von Fahrern, die nur in der Ferne ein Auto vor sich zu sehen brauchen und sofort zu sich selbst sagen: „Den überhole ich!" Das versuchen sie dann auch, egal ob es sich um einen Rennwagen handelt oder nicht. Sie haben's eben im Blut. Vielleicht beabsichtigen sie, als „Überholkünstler" in die Geschichte einzugehen. Andere wiederum setzen sich übermüdet oder gar im betrunkenen oder depressiven Zustand ans Steuer. Hier steht eindeutig das fünfte Gebot auf dem Spiel. Man darf nie aufhören, die große Verantwortung der Kraftfahrer zu betonen, die mit ihren oftmals riesigen Wagen von morgen über die armseligen, engen und ausgefahrenen Straßen von gestern fahren.

Das fünfte Gebot betrifft aber nicht nur unseren Körper, sondern auch die Seele. Der Urlauber wird nicht selten gerade von den einfachen Leuten und den Jüngeren bewundert oder zumindest doch neugierig beobachtet. In der Regel geht er leider davon aus: „Jetzt, da ich aus meiner gewohnten Umgebung weg bin und mich hier keiner kennt, fühle ich mich vollkommen frei und moralisch ungebunden."

Nein, ganz anders sollte man denken: ,,Gerade weil ich woanders bin und gerade weil die anderen mit ihren Blicken ständig hinter mir her sind, muß ich besonders auf mich achten."

Daß die Einheimischen die Urlauber beobachten, erfuhr Renato Fucini in Sorrent. Der bereits oben erwähnte Reiseleiter brüstete sich in Gegenwart von Fucini und versicherte, er könne den Herkunftsort eines jeden Fremden bestimmen. ,,Sie zum Beispiel", sagte er, ,,kommen aus dem Piemont!" – ,,Aber nein, aber nein, ich bin aus der Toskana! Haben Sie das wirklich nicht herausgehört?" – ,,Aber Exzellenz, Sie haben ja nicht ein einziges Mal geflucht oder unanständige Wörter gebraucht; wie kann ich da wissen, daß Sie aus der Toskana kommen?"

Immerhin, unter diesem Gesichtspunkt wäre es schön, wenn alle Urlauber aus dem Piemont kämen. Andererseits wünschte ich mir überall recht christliche Erholungsgebiete, in denen der Glaube lebendig ist, um von ihnen etwa das sagen zu können, was die heilige Elisabeth Seton, die erste Heilige Nordamerikas, die vorher Protestantin war, nach einem kurzen Aufenthalt in einem toskanischen Dorf schrieb: ,,Ich bin katholisch geworden, weil ich in einem katholischen Land gewesen bin."

Außer dem fünften steht auch das sechste Gebot auf dem Spiel. Mir kommt da die Art der Kleidung in den Sinn, gemischte Jugendgruppen auf Reisen, anstößige Vergnügungen, lang ausgedehnte Reisen zu zweit im Auto, sei man nun verlobt oder nicht. In bezug auf die Kleidung bekommt man zu hören: ,,Es machen doch alle so!" Das stimmt nicht, auch wenn man zugeben muß, daß unbegreiflicherweise auch gute Familien in dieser Beziehung immer mehr nachgeben. Vielleicht machen es wirklich alle so, aber was nicht gut ist, wird auch dadurch nicht besser, daß es alle tun.

Dann wird argumentiert: ,,Es ist doch so heiß!" Aber wozu gibt es denn heute die schöne leichte Kleidung, um sich vor zu starker Sonne zu schützen? Ein paar Zentimeter mehr Stoff machen da überhaupt nichts mehr aus! Noch einmal zu den langen Reisen zu zweit. Es ist doch kein Geheimnis, daß hierin Gelegenheiten zu Entgleisungen bestehen. „Meine Tochter ist auf der Hut, sie weiß, wie weit sie gehen kann", sagte mir eine Mutter. „Gute Frau, Ihre Tochter ist genauso schwach wie alle, und man sollte sie vor ihrer eigenen Schwachheit und Unerfahrenheit in Schutz nehmen. Die Ursünde ist leider kein Märchen, sondern eine schmerzvolle Wirklichkeit!"

Nun zum siebten Gebot. Vor einigen Jahren hat sich ein deutscher Bischof gegen das Ausbeuten der Urlauber gewandt. Er hatte vollkommen recht. Kürzlich hörte ich, daß ein Verkehrsamt vor ein Bergdorf eine Gummikuh zum Aufblasen mit einer Glocke um den Hals (genauso echt wie die Kuh selbst) aufstellen ließ, um Urlauber und Vorbeireisende anzulocken. Zugegeben, hier ist mehr Naivität als Schwindelei im Spiel. Trotzdem ist es wahr, daß an einigen Orten in der Hauptsaison die Preise bis ins Unermeßliche steigen und daß die Gäste nicht selten erst einmal nach wirtschaftlichen Gesichtspunkten beurteilt werden: „Die bringen's, die haben's ja, die können doch zahlen . . ." Leider übersieht man, daß die Urlauber das ganze Jahr über in unfreundlichen Fabriken und Büros, in feuchten und kalten Großstädten gearbeitet haben; daß sie nur zwei oder drei Wochen Urlaub pro Jahr machen können und wirklich Erholung, frische Luft und Sonne brauchen. Man erinnert sich nie genug daran, daß sie unsere Brüder sind und ein Anrecht auf spürbare Liebe und Gastfreundschaft haben.

Uns Christen fordert der Apostel Petrus eindringlich zur gegenseitigen Gastfreundschaft auf und fügt hinzu: „ohne Murren". Bei dieser Gelegenheit könnte man vervollständigen: „Ohne zu murren und ohne zu – schröpfen!"

Letzter Gedanke: Auch wenn wir Urlaub machen, Gott macht bestimmt keine Ferien.

Seinen Tag, den Sonntag, den will er auf alle Fälle geheiligt wissen, sowohl zu seiner Ehre, als auch für uns Menschen. „Sein

Tag" meint nicht etwa den Bruchteil eines Tages, an dem man vielleicht in die Kirche geht. Der christliche Sonntag hat seine 24 Stunden und beinhaltet eine ganze Menge: aktive Teilnahme am Gottesdienst (nicht nur zuhören!), für seine Seele einen Augenblick der Ruhe einschalten, zu den Sakramenten gehen; weiterhin fordert er uns zur religiösen Unterweisung durch die Predigt, die Heilige Schrift oder auch ein anderes gutes Buch auf, verlangt Gemeinschaft mit den Pfarrangehörigen, praktizierte Liebe zu den Armen, den Kranken, den Kleinen; leitet uns zu gegenseitigem guten Beispiel an und ist schließlich Preis und Garantie für ein echtes christliches Leben.
Wenn wir also den Sonntag gut leben, können wir fast schon sicher sein, den Rest der Woche auch gut zu leben. Aus diesem Grund legt Gott einen so großen Wert auf diesen Tag, und wir sollten alles daransetzen, ihn nicht ausfallen zu lassen. Tourismus oder kein Tourismus, im Urlaub oder außerhalb des Urlaubs: vor allem steht unsere Seele.

Zurück zu Euch, Paulus Diakonus! Was haltet Ihr von meiner Schlußfolgerung? Ist sie überholt?
Sie ist alt, aber sie ist weise und wahr, sie verhilft uns dazu, echte, gute Menschen zu werden oder zu bleiben. Und darauf kommt es schließlich an.

WER DIENT, WIRD FREI

August 1972

Verehrter Don Gonzalo,

eigentlich kenne ich Euch nur aus Manzonis Roman „Die Verlobten".

Ihr wart spanischer Statthalter von Mailand, als die Stadt in den Krieg von Casale verwickelt war und als 1630 die Pest ausbrach. Euer Wappen zeigt einen gefesselten Maurenkönig, vor dessen Bild es Renzo im Gasthaus „Zum Vollmond" entschlüpfte: „Ich weiß, was dieses Ketzergesicht besagen will: Es befiehlt, wer kann, und gehorcht, wer will."

Armer Renzo! Bald darauf hatte es ihn erwischt, und er fiel den Häschern in die Hände. Nachdem ihm trotz aller Schwierigkeiten die Flucht gelang, ließt Ihr ihn unter viel Aufsehen als Straßenräuber, als Rädelsführer – kurzum, als Aufrührer und Revolutionär suchen.

Heute wäre das anders! Hätte er jenen Satz heute gesagt, so hielte man ihn für einen Propheten, einen Charismatiker oder einen Theologen. Ihr hingegen, verehrter Don Gonzalo, würdet als machtlüsterner Unterdrücker dastehen, der die menschliche Würde und Freiheit mit Füßen tritt. Der Aufstand gegen Euren Proviantverweser wäre nur eine unbedeutende Abart einer Revolution, absolut nichts im Hinblick auf die einzig echte Revolution, die das System auf den Kopf stellen möchte.

Man hat heute den Eindruck, daß einige Philosophen und Theologen für jegliche Autorität ein Totengeläut, für Freiheit und Revolution aber ein Festgeläut anstimmen wollen. Euer Zeitgenosse Bossuet würde hier wahrscheinlich sagen: „Wo alle tun, was sie wollen, macht keiner, was er will; wo keiner befiehlt, befehlen alle; wo jeder befiehlt, befiehlt keiner."

Aber wen interessiert schon Bossuet? Das „Licht auf dem Berge“, zu dem vor allem studentische Kreise aufschauen, ist Mao. Er hat ihnen gesagt: „Löscht durch die Kulturrevolution alles aus, was bürgerlich ist. Die alte Kultur schafft nur Trennung, und die ‚Revolution in sich‘ ist die einzige Kultur, die ihren Namen zu Recht trägt.“ Diese Gedanken haben auch bei uns Fuß gefaßt. Die maoistischen Studenten proklamieren: „Wir sind der Zündstoff, der die alte Gesellschaft auseinandersprengt! Wir wollen keine Eliteschulen mehr, in denen ja doch nur die Privilegierten bevorzugt werden! Schluß mit der Leistungsgesellschaft, die bereits in der Schule mit zweierlei Maß mißt!“

Diese Leute machen mit ihren Ideen ernst: sie besetzen Schulen, leugnen jeden Unterschied zwischen Dante und Bertoldino, sie beherrschen die Taktik der Stadtguerilla bis in alle Einzelheiten; sie sind in der Lage, die marxistische Analyse der Klassengesellschaft nachzuvollziehen; sie haben Erfahrungen mit Rauschgift hinter sich, machen Andersdenkende lächerlich, beherrschen die Studenten, die in der Mehrheit sind, aber schweigen, durch Terror und unterwandern sogar christliche Studentenverbindungen.

Es ist erstaunlich, wie diese Ideen übernommen, bejubelt und nicht zuletzt – vertheologisiert werden. Mao ist der neue Mose, der die Völker in ein neues Gelobtes Land führt. Die sogenannte westliche Demokratie ist nur noch ein öder Trümmerhaufen, und auch der sowjetische Kommunismus ist längst überholt.

Der dritte Weg, der Weg Maos, befreit wirklich, denn – so sagt man – er ist der Weg des Evangeliums. Weiter behauptet man, daß Palästina zur Zeit Jesu ein umkämpftes Guerillagebiet gewesen sei. Die Guerilleros – die Zeloten – kämpften gegen Rom. Römische Vergeltungsmaßnahmen bestanden normalerweise in der Kreuzigung. Noch bevor das Kreuz als christliches Symbol auftrat, galt es als Schreckenszeichen römischer Gewaltherrschaft. Jesus, seitens der Römer seiner bürgerlichen Rechte beraubt, als Jude mehr oder weniger abseitsstehend, konnte doch nur ein Revolutionär sein!

Die Evangelisten zeigen das natürlich nicht eindeutig auf – so bekommt man weiter zu hören –, sie verfaßten ihre Evangelien schließlich auch erst nach dem Aufstand gegen Rom. Markus, der sich in seinem Evangelium vornehmlich an die Römer wandte, hat den Gehalt der Texte zugunsten der Römer verwässert; der römische Bürger Paulus war zu sehr von Rom beeinflußt . . .

Paulus und die Evangelien sind also nicht glaubwürdig, man muß sie neu interpretieren.

Es steht geschrieben: „Gebt dem Kaiser, was des Kaisers ist!" Verbessert müßte es heißen: „Dem Kaiser darf man überhaupt nichts geben, denn in Palästina gehört alles Gott allein!" Dann heißt es: „Selig die Friedensstifter"; „geh und versöhne dich mit deinem Bruder"; „vergebt"; „wer zum Schwert greift, kommt durch das Schwert um"; „halte deine rechte Wange hin"; „liebe deine Feinde". Sind das nicht pazifistische Worte? Nicht doch! In bezug auf Menschen, die unter dem römischen Joch zu leiden haben und die um ihre politische Unabhängigkeit bemüht sind, klingen sie absurd und feig. Man muß sie eben neu auslegen, beispielsweise so: „Du darfst keine Feinde haben; dazu mußt du durch die Revolution die herrschenden Machtverhältnisse verändern, die Gegner der menschlichen Würde bekämpfen, die ökonomische Ungleichheit beseitigen und die ungerechte Machtverteilung zerstören, denn letztere bedeutet Unterdrükkung!"

Der echte Christus – so lautet die Schlußfolgerung – ist Revolutionär und Guerillakämpfer; gegen die Kaufleute im Tempel hat er Macht angewandt und ist mit den Synagogenvorstehern in Konflikt geraten. Um ihm zu folgen, ist es notwendig, im Namen von Freiheit, Dialog und Charisma vor jeglicher staatlichen und kirchlichen Autorität als Revolutionär aufzutreten.

Was soll man da sagen? Wenn Christus auch keinem unterlegen ist, auch nicht dem Vater, so ist er doch ein Vorbild der Ehrfurcht vor der menschlichen Autorität. In Nazaret war er Maria und Josef „untertan"; in Kafarnaum wirkt er sogar ein Wunder, um die Tempelsteuer bezahlen zu können.

Die Stellung Christi zur Synagoge ist in keinerlei Weise mit unserer Stellung zur staatlichen oder kirchlichen Autorität vergleichbar. Christus war ,,Herr des Gesetzes"; als Sohn des Vaters stand er über dem Gesetz. Die Synagoge war gewissermaßen Empfänger des Gesetzes. Im Konflikt mit ihr berief sich Christus nicht auf ein Recht oder ein Gesetz, er berief sich vielmehr auf seine Pflicht, dem Vater zu gehorchen. Er vertrieb die Händler aus dem Tempel: Diese Handlung war wohl durchdacht, denn er verletzte oder tötete niemanden, er zündete den Tempel nicht an, er stürzte nur die Tische der Geldwechsler um und vertrieb die Tiere. Sein Auftreten aber beinhaltete eine Lektion: Jesus wollte niemandem Unannehmlichkeiten bereiten, er wollte den Menschen lediglich Achtung vor dem Haus des Vaters nahelegen.

Das Konzil hat betont, daß das Volk Gottes nicht zuerst hierarchisch, sondern von der Gemeinschaft her geprägt ist. Als Christus die Kirche gründete, hatte er vor allen Dingen die Menschen im Sinn, denen sein Heilswerk gelten sollte. Die mit besonderen Vollmachten ausgestatteten Apostel und Bischöfe sollten im Dienst am Menschen stehen. Um schließlich die Einheit der Bischöfe zu garantieren, hat er das Petrusamt eingesetzt. Papst und Bischöfe stehen also nicht über dem Volk, sondern haben ihm zu dienen. In der Konstitution über die Kirche sagt das Konzil: ,,Die Bischöfe leiten die ihnen zugewiesenen Teilkirchen als Stellvertreter und Gesandte Christi durch Rat, Zuspruch, Beispiel, aber auch in Autorität und heiliger Vollmacht, . . . Kraft dieser Gewalt haben die Bischöfe das heilige Recht und vor dem Herrn die Pflicht, Gesetze für ihre Untergebenen zu erlassen, Urteile zu fällen, und alles, was zur Ordnung des Gottesdienstes und des Apostolats gehört, zu regeln." (Lumen gentium, 27)

Diese Autorität richtig auszuüben ist schwierig, das ist wahr. Daß von seiten der Hierarchie Fehler gemacht worden sind und wahrscheinlich auch noch gemacht werden, ist auch wahr. Wenn die Kirchenväter von einer ,,aussätzigen" oder ,,hinkenden" Kirche sprechen, so berühren sie eine offene Wunde.

Diese Wunde hängt jedoch mit unserer menschlichen Begrenztheit zusammen. Man kann sich um sie kümmern, sie teilweise heilen, wahrscheinlich aber nie ganz beseitigen. Die Laien und Priester, die aus echter Sorge heraus manchmal Protest erheben, sollten dies immer klar vor Augen haben. Weiterhin muß man in der Lage sein, auf dem bereits Vorhandenen aufzubauen, natürlich immer mit Ausrichtung auf die Zukunft und ohne durch den Protest die schon vorhandenen Keime einer künftigen Entwicklung zu zerstören.

Rücksichtnahme auf die anderen? Selbstverständlich; nur können die Bischöfe nicht aus Rücksichtnahme einzelnen gegenüber das Allgemeinwohl der Kirche vernachlässigen und dadurch Disziplinlosigkeit und Gesetzlosigkeit begünstigen. Der heilige Augustinus sagt: „Wir Bischöfe sind nur dann Vorsteher, wenn wir dienen." Er fügt hinzu: „Ein Bischof, der nicht der Allgemeinheit dient, gleicht einer Vogelscheuche, die im Weinberg steht, damit die Vögel nicht an die Trauben gehen." Mehr Geist, mehr Charismen und weniger Institutionen? Nun, einige Institutionen kommen von Christus selbst; man kann sie nicht aufheben, ohne dabei das Wesen der Kirche zu verändern. Dies gilt für den Primat des Papstes, für das Bischofskollegium und das Amtspriestertum.

Andere Institutionen sind menschlicher Natur und müssen von Zeit zu Zeit verändert werden, besonders wenn sie überholt sind. Unter Beachtung der Gesetzmäßigkeit der Geschichte kann das für die Bischöfe heißen: nichts Menschliches ist unveränderbar, nicht einmal die Art des christlichen Gehorsams. Die anderen dürfen ihrerseits allerdings auch nicht glauben, der Lauf der Geschichte könne durch ungeduldige Rebellion beschleunigt werden. Auch der bereits erwähnte Bertoldino hatte mit dem Schlüpfen der Küken größte Eile: Er verjagte die Henne und brütete selbst. Aber er bekam dadurch nur Eierkuchen auf dem Hosenboden!

Mehr Freiheit, weniger Gesetze? Richtig! Christus wollte Innerlichkeit; er verurteilte die fanatische Gesetzestreue der Pharisäer.

Paulus pries die Freiheit des Geistes. Vergessen wir aber nicht die Kehrseite der Medaille! Christus gab Gebote und verlangte von seinen Jüngern deren Einhaltung. Er schuf auch die Autorität in der Kirche. Paulus mahnt: „Ihr seid zur Freiheit berufen; laßt diese Freiheit aber nicht zu einem Vorwand für das Fleisch werden!"

Mitverantwortung? Die Konzilsväter unterstreichen, daß nicht allein den Bischöfen das Werk der Kirche anvertraut ist, sondern daß gerade die Laien einen entscheidenden Beitrag leisten können. Verständlicherweise kann sich eine sinnvolle Mitverantwortung nicht nur auf einen bequemen Protest beschränken. Unter der Leitung des Lehramtes sollten die Laien Vorschläge unterbreiten und an der Verwirklichung derselben wirksam mitarbeiten. Das Lehramt seinerseits wird dann alle Gaben und Charismen achten und anerkennen.

Dialog? Fast fünfzigmal erscheint dieses Wort in den Konzilstexten. Er sollte von allen Seiten mit viel gutem Willen geführt werden. Die Bischöfe dürfen nicht allein auf sich selbst hören, sie sollten ihre Entscheidungen erst nach gemeinsamer Beratung und Überprüfung fällen. Die Gläubigen haben das Recht, in aller Freiheit und mit Ehrerbietung und Liebe ihre Anliegen vorzutragen.

Der Dialog hat aber nicht die Wirkung eines Zauberstabes. Er ist sinnvoll und gut, wenn ihn die Beteiligten in einem Klima des gegenseitigen Vertrauens führen und die entsprechenden Regeln beachten.

Verehrter Don Gonzalo, die Leute, die behaupten, das Evangelium zu interpretieren, wie ich es oben beschrieben habe, sind auf der Suche nach Freiheit. Leider ist es nicht die Freiheit Christi, der uns gelehrt hat: „Vater, . . . befreie uns von dem Bösen!"

Es ist nicht einmal die Freiheit, von der Augustinus spricht: „Du wirst frei, wenn du zum Diener wirst; frei von der Sünde, Diener der Gerechtigkeit."

„SIEBEN REGELN“ FÜR DAS STUDIUM

September 1972

Lieber lachender Heiliger!

Papst Johannes schätzte Deine Predigten so sehr, daß er Dich zum Kirchenlehrer ernennen wollte. Er starb, und bis heute ist nichts daraus geworden. Schade!

Die Predigten, die der gute Papst so schätzte, waren aber nicht die wohlgesetzten, ausgefallenen und gut gegliedert lateinischen, sondern die Predigten in Italienisch, nach Deinem gesprochenen Wort aufgeschrieben, sprühend von Leben und religiöser Glut, voll Humor und praktischer Lebensweisheit. Papst Johannes hätte Dich vielleicht gern den „Lachenden“ Lehrer genannt, neben dem „Honigfließenden“ Bernhard, dem „Englischen“ Thomas und dem „Seraphischen“ Bonaventura.

In einer Zeit, in der man die kompliziertesten Redewendungen gebraucht, um die einfachsten Dinge der Welt auszudrücken, dachte der Papst, es wäre wohl ganz nützlich, den Lehrer ins Licht zu rücken, der gesagt hat: „Sprich klar und offen. Wer dich hört, soll zufrieden und erleuchtet davongehen und nicht verwirrt.“

Alles andere als verwirrt waren auch die Professoren und Studenten der Universität Siena nach Deiner Predigt im Juni 1427. Du sprachst zu ihnen über die Art und Weise, wie man studieren soll. Du schlugst „Sieben Regeln“ vor und hörtest mit dem Satz auf: „Wenn du diese sieben Regeln beachtest und dich daran hältst, dann wirst du in kurzer Zeit ein tüchtiger Mann oder eine tüchtige Frau.“

Mit Deiner Erlaubnis will ich jetzt versuchen, Deine „Sieben Regeln“ wiederzugeben im Blick auf die Studenten von heute, indem ich sie abkürze und . . . etwas zähme.

Unsere Studenten sind gute und sympathische Leute. Sie sind gar nicht in Gefahr, eingewickelt zu werden, aus dem einfachen Grund, weil sie selber ihre eigene Erfahrung mit den Dingen machen wollen. Weder Dir noch mir gefallen Beispiele des guten Benehmens, die auf einen Kilometer Entfernung nach Moral riechen. Vielleicht werden die Studenten diese Zeilen gar nicht lesen, aber ich schreibe sie trotzdem; ich schreibe sie Dir.
Auch Einaudi hat ,,Nutzlose Predigten" geschrieben, die trotzdem dem einen oder anderen von Nutzen geworden sind.

Erste Regel: *Wertschätzung*
Es kommt einer nicht ernsthaft zum Studieren, wenn er nicht vorher das Studium schätzt. Er wird es nie zu einer wahren Bildung bringen, wenn er nicht vorher die Bildung schätzt.
Da sitzt ein Student mit gebeugtem Rücken über den Büchern. „Gut" schreibst Du: „So hat er keinen Unsinn im Kopf wie die anderen Studenten, die nicht studieren, sondern nur die Zeit vertun wollen." Liebe die Bücher, durch sie kommst du in Kontakt mit den großen Menschen der Vergangenheit. ,,Du sprichst mit ihnen, und sie werden mit dir sprechen, sie werden dich hören, und du wirst sie hören, und du wirst große Freude daraus erfahren."
Was wird hingegen mit dem faulen Studenten? Er wird ,,wie ein Schwein im Stall, das frißt und säuft und schläft". Er wird eine Null; er wird nichts Großes im Leben zuwegebringen.
Verstehen wir uns richtig: zu einer wahren Bildung kommt man außer durch Bücher auch durch Diskussionen, Gruppenarbeit und Erfahrungsaustausch. Alle diese Dinge fördern uns, sie bringen uns dazu, nicht nur passiv, sondern aktiv zu sein. Sie helfen uns, wir selbst zu sein im Lernen und den anderen unsere Gedanken in selbständiger Weise mitzuteilen; sie fördern die Aufmerksamkeit und Offenheit gegenüber dem Nächsten.
Nie jedoch soll die Achtung vor den großen ,,Meistern" abnehmen. Es bedeutet mehr, ein Kenner großer Ideen zu sein als ein Erfinder mittelmäßiger Ideen. Pascal sagt: „Wer auf die

Schultern eines anderen gestiegen ist, kann weiter sehen als der andere, auch wenn er kleiner ist als er."

Zweite Regel: *Absonderung*

Sich absondern, wenigstens etwas! Andernfalls studiert man nicht ernsthaft. Die Sportler müssen sich auch von vielen Dingen fernhalten. Der Student ist wie ein Sportler, und Du, lieber Bruder Bernhardin, hast ihm eine ganze Liste „verbotener" Dinge aufgestellt.

Ich bringe hier nur zwei davon: schlechte Gesellschaft und schlechte Lektüre. „Ein sittenloser Mensch verdirbt alle anderen. Ein fauler Apfel, der bei guten liegt, steckt die anderen an." Aufgepaßt, schreibst Du, auch auf die Bücher des Ovid und „andere Bücher mit Liebesgeschichten". Ohne bei Ovid anzustoßen, würdest Du heute offen von unanständigen Büchern und Zeitschriften, von schlechten Filmen und von der Droge reden. Unverändert könntest Du Deinen Satz stehenlassen: „Vater, wenn du einen Sohn im Studium hast, zu Bologna oder anderswo, und du hörst, daß er sich verliebt hat, dann schick ihm kein Geld mehr. Laß ihn zurückkommen, denn außer Liedern und Gedichten wird er nichts lernen."

Den Brotkorb höher hängen – ein wirksames Mittel. Aber heute zieht das nicht mehr: Der Staat ersetzt, wenn's nottut, den Vater und unterhält die Studenten.

Eine Hoffnung bleibt: daß der Student von sich aus die „Medizin des Billigen Jakob" bei sich anwendet. Kennst Du diese Geschichte? Markttag. Auf einem Stuhl der Billige Jakob, und die Bauern gespannt und mit offenem Mund um ihn herum. Er zeigt eine verschlossene Schachtel: „Hier drin", sagt er, „ist die wirksamste Medizin gegen Maultiertritte. Kostet ganz wenig, fast nichts; ein Glück, wenn man sie kaufen kann." Und wirklich, viele kaufen sie. Doch einer von den Käufern will zuvor die Schachtel öffnen, und was findet er? Einen dünnen Faden von zwei Metern. Laut protestiert er: „Das ist Betrug!"

„Nichts da Betrug", bekommt er zur Antwort, „bleibt so weit

weg, wie der Faden lang ist, und kein Maultiertritt kann dir was tun."

Das ist die klassische und radikale Medizin, die Ihr Prediger anpreist. Sie ist gut für alle, besonders für die Studenten, die heute tausend Nachstellungen ausgesetzt sind. „Absonderung" von all den „Mauleseln", die moralische Huftritte austeilen!

Dritte Regel: *Ruhe*

„Unsere Seele ist wie das Wasser. Es ist klar, wenn es ruhig steht, aber wenn es bewegt wird, dann trübt es sich."

Ruhig und still muß unser Geist werden, wenn er lernen und das Gelernte vertiefen und erhalten will. Wie ist es möglich, sich den Kopf vollzustopfen mit all den Geschichten aus Zeitschriften, Kino, Fernsehen und Sport, die so interessant, aufdringlich und manchmal auch belastend sind, und gleichzeitig den im Vergleich farblosen und blassen Inhalt der Schulbücher aufzunehmen und zu behalten?

Ein Ring des Schweigens muß also um den Geist sein, der studiert, damit er sich ruhig und rein bewahrt. Du, liebster Bruder, rätst, das vom Herrn zu erbitten; Du empfiehlst sogar das passende Stoßgebet: „Herrgott, gib uns einen ruhigen Geist." Unsere Studenten werden an diesem Punkt lachen; sie sind oft an andere „Stoßgebete" gewöhnt. Aber eins ist sicher: ein wenig Schweigen und eine Prise Gebet mitten in soviel täglichem Lärm schaden in keiner Weise!

Vierte Regel: *Ordnung*

Ausgewogenheit, die rechte Mitte in körperlichen wie in geistigen Dingen. Essen? Ja, sagst Du, aber „nicht zuviel und nicht zuwenig. Alle Extreme sind schädlich, der Weg des Mittelmaßes ist der beste . . . Man kann nicht studieren und zuwenig essen, oder zuviel essen und studieren. Das eine macht dich schwindsüchtig und das andere stumpft dein Gehirn ab." Schlafen? Auch, aber „nicht zuviel und nicht zuwenig . . . nützlicher ist es, beizeiten aufzustehen . . . mit klarem Kopf".

Auch der Geist bedarf der Ordnung. Du fährst fort: „Nicht den Wagen vor die Ochsen spannen . . . lerne lieber weniger und beherrsche es gut, als viel und schlecht. Stümperarbeiten, oberflächliches und ungenaues Wissen dienen zu nichts."
Du rätst auch, persönliche Sympathien zu pflegen für bestimmte Autoren oder bestimmte Materien: „Schätze den einen Lehrer mehr als den anderen oder das eine Buch mehr als das andere . . . Aber verachte niemanden."

Fünfte Regel: *Ausdauer*
Die Fliege setzt sich kaum auf eine Blüte, da fliegt sie schon unruhig und hastig auf eine andere. Die Hummel hält etwas länger aus, aber sie brummt gern dabei. Die Biene hingegen hält aus, schweigsam und fleißig, sie saugt den Nektar gründlich auf, trägt ihn heim und gibt uns den süßesten Honig. So schreibt der heilige Franz von Sales, und mir scheint, daß Du voll mit ihm übereinstimmst: Nicht wie die Fliege und nicht wie die Hummel soll der Student sein, sondern Dir gefällt die zähe Anstrengung und der Wille, der sich durchsetzt.
Mit Wünschen allein kommt man nicht durch, weder in der Schule noch im Leben. Es genügt nicht, entschlossen anzufangen, man muß auch entschlossen fortfahren. Und auch das genügt noch nicht: Man muß darüber hinaus den Willen haben, jedesmal neu anzufangen, wenn man versagt oder einen Mißerfolg eingesteckt hat. Schlimmer als ein schlechtes Gedächtnis ist für den Studenten ein schwacher Wille, besser als ein großes Talent ist ein starker und zäher Wille. Aber den härtet man nur an der Glut der Gnade Gottes, man erwärmt ihn am Feuer der großen Ideen und Beispiele!

Sechste Regel: *Bescheidenheit*
Das will sagen: der Schritt muß der Länge der Beine entsprechen; nicht immer nach zu hohen Zielen Ausschau halten; nicht gleichzeitig die Hand an zu viele Dinge legen; nicht die Ergebnisse des Abends schon am Morgen erwarten.

Der Erste in der Klasse sein ist ein verlockendes Ziel, aber nur wenn mir die Gaben eines Genies bereits in die Wiege gelegt wurden. Ich arbeite mit ganzem Einsatz und bin zufrieden, wenn ich auch nur vierter oder fünfter werde. Ich würde gern Violinstunden nehmen, aber ich lasse es, wenn sie mein Studium beeinträchtigen und man von mir sagen müßte: „Wer zur selben Zeit zwei Hasen jagt, der fängt den einen nicht, und der andere läuft ihm davon."

Siebte Regel: *Freude*
Man kann nicht auf lange Sicht studieren, wenn man keine Freude am Studium findet. Der Geschmack kommt aber nicht sofort, sondern erst beim Essen. Zunächst ist immer eine Schwierigkeit da: Man muß seine Faulheit überwinden, es gibt Beschäftigungen, die einem mehr liegen, aber oft ist die Materie schwierig ...
Du schreibst: „Ohne in Paris studiert zu haben, kannst du auch von einer Kuh die Reihenfolge lernen: erst frißt sie und packt ein, und dann käut sie in aller Gemächlichkeit wieder." Wiederkäuen, das bedeutet für Dich, lieber und weiser Heiliger, folgendes: der Ochs frißt das Heu, wenn es schmackhaft und genießbar geworden ist, einen Bissen nach dem andern, und so bis zum Ende. Und so müßte es auch beim Studium mit den Büchern sein, die Speise unseres Geistes sind.

Lieber heiliger Bernhardin! Enea Silvio Piccolomini, Dein Mitbürger und später Papst mit dem Namen Pius II., schrieb, daß nach Deinem Tod die mächtigsten Herren Italiens sich Deine Reliquien unter sich teilten. Den armen Bewohnern von Siena, die Dich so sehr liebten, blieb nichts von Dir übrig. Es blieb nur der Esel, auf dessen Rücken Du in Deinen letzten Lebensjahren manchmal gestiegen bist, wenn Du Dich müde fühltest von der Reise. Die Frauen von Siena sahen eines Tages das arme Tier dahergehen, sie packten es, sie zogen ihm das Fell ab und bewahrten es als Reliquie auf.

Ähnlich wie mit dem Esel habe ich es jetzt mit einer Deiner schönsten Predigten gemacht: Ich habe sie gerupft, wobei ich sie sicher verdorben habe. Die gerupften Federn – werden sie in alle Winde verstreut, oder wird wenigstens eine von irgend jemandem aufgehoben?

AUF DEM SCHIFF GOTTES

November 1972

Liebenswürdiger Heiliger,

kürzlich bin ich von neuem auf ein Buch über Euch gestoßen: „Franz von Sales und unser Herz aus Fleisch". Geschrieben hat es seinerzeit Henry Bordeaux von der Académie Française.
Ihr hattet aber schon selbst geschrieben, daß Ihr ein „Herz aus Fleisch" besitzt, das Rührung empfindet, Verständnis hat, die Wirklichkeit miteinbezieht und weiß, daß die Menschen nicht reiner Geist, sondern empfindsame Wesen sind. Mit diesem menschlichen Herzen habt Ihr Literatur und Kunst geliebt, Ihr schriebt mit größter Sensibilität, ja Ihr habt sogar Euren bischöflichen Freund Camus ermuntert, Romane zu schreiben. Ihr habt Euch allen zugewandt, um allen etwas zu geben.
Schon als Student an der Universität Padua hattet Ihr Euch zur Pflicht gemacht, dem Gespräch mit anderen, auch wenn sie unsympathisch oder lästig waren, weder auszuweichen, noch es vorzeitig zu beenden, bescheiden zu sein ohne Frechheit, frei ohne Härte, sanft und freundlich ohne Getue, elastisch ohne den eigenen Standpunkt aufzugeben.
Und Ihr habt Euer Wort gehalten. Dem Vater, der Euch eine reiche, bildhübsche Erbin als Braut ausgesucht hatte, habt Ihr zur Antwort gegeben: „Vater, ich habe Mademoiselle gesehen, doch sie verdient wirklich etwas Besseres als mich!" Als Priester, Missionar und Bischof habt Ihr Eure Zeit anderen geschenkt: Kindern, Armen, Kranken, Sündern, Häretikern, Bürgern, adeligen Damen, Prälaten, Fürsten.
Wie alle seid Ihr auf Unverständnis und Widerspruch gestoßen: „Das Herz aus Fleisch" litt, aber es fuhr fort, die Gegner zu lieben. „Wenn jemand mir aus Haß das linke Auge herausreißen

würde", sagtet Ihr, „traute ich mir zu, ihn mit dem rechten Auge voll Güte anzuschauen. Und wenn er mir auch das noch herausrisse, bliebe mir immer noch das Herz, um ihn zu lieben."
Viele würden das für den Gipfel der Vollkommenheit halten. Für Euch aber ist die Liebe zu Gott das Ziel, die Vollendung und die höchste Schönheit des Universums. Ihr habt ja geschrieben: „Der Mensch ist die Vollendung des Weltalls, der Geist ist die Vollendung des Menschen, die Liebe ist die Vollendung des Geistes, die göttliche Liebe ist die Vollendung der Liebe."

Ihr seid also für den Primat der göttlichen Liebe. Geht es darum, dafür zu sorgen, daß die Leute gut werden? Die Leute sollen anfangen, Gott zu lieben; wenn diese Liebe einmal im Herzen entzündet und verwurzelt ist, kommt das Übrige von selbst.
Nach der modernen Medizin kann man eine lokale Erkrankung nur heilen, wenn man gleichzeitig die Gesundheit des ganzen Körpers wiederherzustellen sucht. In diese Richtung geht Eure Feststellung: „Der Löwe ist ein starkes Tier mit vielen Kraftreserven; er kann deshalb ohne Furcht genausogut in einer verborgenen Höhle wie am Rand eines Pfades, der von vielen Tieren benutzt wird, einen langen Schlaf halten." Eure Schlußfolgerung war: Werdet also Löwen im geistlichen Leben! Erfüllt Euch mit Kraft, mit Liebe zu Gott, so habt ihr keine Angst vor jenen Tieren, die die Unterlassungen sind.
Das ist, wie Ihr meint, das System der heiligen Elisabeth von Thüringen. Ihren Pflichten entsprechend nahm die Fürstin an Tanzveranstaltungen und Unterhaltungen des Hofes teil, zog jedoch keinen Schaden, sondern geistigen Gewinn daraus. Denn „im Wind (der Versuchungen) weiten sich die großen Feuerbrände (der göttlichen Liebe), während kleine Feuerchen erlöschen!"
Verlobte sagen: „Nur dein Herz und eine Hütte!" Später finden sie, daß die Hütte nicht genügt und wollen nicht mehr darin bleiben, weil das Herz erkaltet ist.

Ihr schreibt: „Sobald bei den Bienen die Königin ausfliegt, wird sie von ihrem Völkchen umgeben; so zieht auch die Liebe Gottes nicht in ein Herz ein, ohne daß sich der ganze Hofstaat der anderen Tugenden dort niederläßt." Einem Menschen, dem die Liebe zu Gott fehlt, ein tugendhaftes Leben vorzuschreiben, wäre dasselbe, wie von einem schlaffen Organismus unvermittelt athletische Leistungen zu fordern. Den Organismus durch die Liebe zu Gott zu stärken, bedeutet hingegen, wahre Meister heranzubilden und ihnen zielsicher den Weg zu den Gipfeln der Heiligkeit zu weisen.

Es gibt nun zwei Arten von Gottesliebe: eine, die aus Seufzern, frommen Klagen und schmachtenden Blicken himmelwärts besteht, und die andere, die mannhaft und frei ist, der Haltung Christi verwandt, als er am Ölberg sagte: „Nicht mein, sondern dein Wille geschehe." Das allein ist die Gottesliebe, die Ihr empfehlt.

Wer Gott liebt, muß sich nach Eurer Meinung auf dem Schiff Gottes einschiffen, entschlossen sein, den Kurs einzuschlagen, den seine Gebote, die Weisungen derer, die ihn vertreten, sowie die von ihm zugelassenen Lebenssituationen und Umstände angeben.

Ihr habt Euch ein Interview mit Königin Margareta vorgestellt in dem Augenblick, in dem sie im Begriff ist, sich mit ihrem Gemahl, dem heiligen Ludwig IX., König von Frankreich, in Richtung Orient einzuschiffen.

– „Wohin fahrt Ihr, Hoheit?"

– „Wohin der König fährt."

– „Aber wißt Ihr genau, wohin der König fährt?"

– „Er hat es mir in groben Zügen gesagt; aber ich bemühe mich nicht zu wissen, wohin er geht. Meine Sorge ist nur, mit ihm zu gehen."

– „Hoheit, Ihr habt also keine klaren Vorstellungen in bezug auf diese Reise?"

– „Nein, überhaupt keine, außer daß ich bei meinem geliebten Herrn und Gemahl bin."

– ,,Euer Gemahl wird nach Ägypten reisen, er wird Damiette, Akkon und viele andere Orte besuchen. Hoheit, habt nicht auch Ihr die Absicht, dorthin zu gehen?"

– ,,Ehrlich gesagt, nein. Ich habe keine andere Absicht als die, in der Nähe meines Königs zu sein. Die Orte, die er besucht, haben für mich keinerlei Bedeutung, außer daß er dort sein wird. Mir geht es nicht um die Reise, sondern mir genügt die Gegenwart des Königs."

Wenn wir Gott ernsthaft lieben, ist Gott dieser König, und wir sind Königin Margareta. Wie oft, in wievielen Formen seid Ihr immer wieder auf diesen Begriff zurückgekommen! „Sich vor Gott fühlen wie ein Kind auf dem Arm seiner Mutter; gleich, ob er uns auf dem linken oder auf dem rechten Arm trägt, wir lassen ihn machen." Wenn die Gottesmutter das Jesuskind einer Ordensfrau anvertrauen würde: ,,Wie verhielte sie sich?" habt Ihr Euch gefragt. Und Eure Antwort war: Die Ordensfrau würde es nicht wieder hergeben wollen; aber das wäre falsch. Der greise Simeon hat das Kind voll Freude auf seine Arme genommen, und mit Freude hat er es wieder zurückgegeben. So dürfen auch wir nicht zu viele Tränen vergießen, wenn wir einen Auftrag, eine Stellung, ein Amt zurückgeben, weil die Zeit abgelaufen ist oder aus anderen Gründen."

Versuchen wir, in der Burg Gottes jeden Platz anzunehmen, als Koch oder als Tellerwäscher, als Kammerdiener, Stallknecht oder Bäcker. Wenn es dem König gefällt, uns zu seinem engsten Beraterkreis zu berufen, nehmen wir es hin, ohne uns davon beeindrucken zu lassen, in dem Wissen, daß der Lohn nicht von der Stellung abhängt, sondern von der Treue, mit der wir dienen. Das ist Eure Auffassung. Mancher wird das für Fatalismus halten, ist es aber nicht. ,,Der menschliche Wille", schreibt Ihr, ,,ist Herr über seine Zuneigungen, so wie eine Frau Herrin ist über ihre Verehrer, bevor sie ihre Wahl getroffen hat; ist aber die Entscheidung gefallen, wendet sich das Blatt: die frühere Herrin wird Untergebene und bleibt dem unterstellt, der vorher ihre Beute gewesen war.

Auch der Wille kann sich nach Belieben für eine Liebe entscheiden. Hat er aber einmal seine Entscheidung getroffen, bleibt er ihr unterworfen. Auf der anderen Seite ist dem Willen eine Freiheit eigen, die die verheiratete Frau nicht besitzt. Der Wille kann nämlich seine Liebe zurückstoßen, wann er will – auch die Gottesliebe."

Wenn das Politiker hören würden! Sie messen das Tun am Erfolg. „Gelingt es", sagen sie, „dann hat es Wert!" Und Ihr dagegen: „Selbst ein nicht gelungenes Werk hat Wert, wenn es aus Liebe zu Gott getan ist. Das Verdienst des Kreuzes, das man getragen hat, hängt nicht von seinem Gewicht ab, sondern von der Art und Weise, wie wir es getragen haben. Es kann verdienstvoller sein, ein kleines Kreuz aus Stroh zu tragen, als ein großes, eisernes. Essen und Trinken oder Spazierengehen können, wenn aus Liebe zu Gott getan, größeren Wert haben als Fasten und Kasteiungen."
Aber Ihr seid noch einen Schritt weiter gegangen: „Die Liebe zu Gott kann in gewisser Hinsicht sogar die Dinge verwandeln: Wertneutrale oder gefährliche Handlungen können zu guten Werken werden. Dies gilt auch für Glücksspiel und Tanz (Eurer Zeit natürlich), wenn man zur Erholung daran teilnimmt und nicht, weil man daran hängt. Kurz, und nicht so lange, bis man davon müde und wie betäubt ist; und selten, damit es nicht zur Beschäftigung statt zur Erholung wird."
Wir sollen also mehr auf die Qualität unseres Tuns achten als auf Bedeutung und Quantität. Habt Ihr gelesen, was Rabelais schreibt, fast ein Zeitgenosse von Euch, über die Frömmigkeitsübungen, die der junge Gargantua lernte? „Jeden Tag sechsundzwanzig oder dreißig Messen hören, eine Serie Kyrie eleison beten, die ausreichend wären für sechzehn Einsiedler!" Sofern Ihr es gelesen habt, habt Ihr auch darauf die Antwort gegeben, wenn Ihr Eure Schwestern lehrtet: „Es ist gut, weiterkommen zu wollen, aber nicht durch die Menge der frommen Übungen, sondern durch größere Vollkommenheit. Letztes Jahr habt

ihr dreimal die Woche gefastet, dieses Jahr möchtet ihr es doppelt so oft tun. Die Wochentage reichen gerade noch aus. Aber im nächsten Jahr? Werdet ihr da wieder verdoppeln wollen und neun Tage in der Woche fasten oder zweimal am Tag? Nehmt Euch also in acht! Es ist töricht, in Indien den Märtyrertod erleiden zu wollen und dabei die eigenen täglichen Pflichten zu vernachlässigen!" Mit anderen Worten: Es geht nicht so sehr darum, Frömmigkeitsübungen zu machen, sondern darum, die Tugend der Frömmigkeit zu besitzen. Die Seele ist keine Zisterne, die aufgefüllt werden will, sondern eine Quelle, die wir zum Sprudeln bringen müssen.

Das gilt nicht nur für die Seele von Ordensfrauen. Mit Euren Regeln ist die Heiligkeit nicht mehr ein Privileg der Klöster; sie steht allen offen und wird für alle verpflichtend. Sie ist deswegen kein leichtes Unterfangen, sondern ein Weg des Kreuzes. Aber sie ist im normalen Leben zu verwirklichen. Einige machen es dabei wie Adler, die in großen Höhen fliegen, die meisten aber finden ihren Weg zur Heiligkeit in der Erfüllung ihrer täglichen Pflichten, wie Tauben, die von einem Dach zum andern fliegen. Warum sich nach Adlerflug, Wüste, strengen Klöstern sehnen, wenn man nicht dazu berufen ist?

Verhalten wir uns nicht wie Neurotiker, die im Herbst Kirschen und im Frühling Trauben essen wollen. Setzen wir uns für das ein, was Gott von uns entsprechend unserem Stand verlangt. „Madame", so schreibt Ihr, „Ihr müßt die Gebetszeiten etwas kürzen, um Eure Pflichten als Hausfrau nicht zu vernachlässigen. Ihr seid verheiratet, seid also ganz und gar Ehefrau, ohne übertriebene Scham. Ärgert Eure Familie nicht durch allzu langes Verweilen in der Kirche. Eure Frömmigkeit sei so, daß auch Euer Gemahl sie liebgewinnen kann; das geschieht aber nur, wenn er spürt, daß Ihr ganz ihm gehört."

Die Konsequenz daraus ist ein Ideal der Gottesliebe mitten in der Welt: Diese Frauen und Männer sollen gleichsam Flügel haben, um durch liebendes Gebet zu Gott zu fliegen; sie sollen Füße haben, um in aufmerksamer Liebe mit den anderen Menschen zu gehen. Sie sollen keine finsteren Mienen machen, sondern ihr Gesicht soll vor Freude strahlen in dem Bewußtsein, unterwegs zu sein zum Vaterhaus.

„GIB, DASS WIR ALLE BÄREN WERDEN“

Dezember 1972

Lieber Bär des heiligen Romedius!

„Jeder brave Gauner hat seine Bestauner“ heißt es bei uns. Deswegen sagte ich mir, als ich vor einem Monat durch das Nonstal fuhr: „Zwei Kilometer von hier, am Ende eines kleinen Seitentals, zwischen hohen Felsen, die an die Cañons des Colorado erinnern, liegt die Wallfahrtskirche des heiligen Romedius. Deine Großeltern sind zu Fuß dorthin gelaufen, 20 km und mehr; fahr du doch wenigstens mit dem Auto hin!“ Und das habe ich getan.

Es hat mich schon beeindruckt, dieses Heiligtum mit den sechs Kirchen, die darüber errichtet sind, und der Terrasse, die die eindrucksvolle Schlucht beherrscht. Interessant vor allem, die Figur des Eremiten und die Erinnerungen an ihn! Aber auch Du, lieber Bär, bist sympathisch! Die Statue von Perathoner zeigt Dich sanft dreinblickend und gezähmt, vom Heiligen am Halsband gehalten. Man hat mir erzählt, daß Romedius – der Legende nach – auf der Rückkehr von seiner Pilgerreise nach Rom mit seinen treuen Gefährten Abraham und David Rast hielt. Nach einer Weile sagt er zu David: „Wir müssen weiterziehen. Hol unsere Pferde, die in der Nähe weiden!“ Der Begleiter kehrt völlig außer sich wieder: ein Bär verschlingt soeben das Pferd des Romedius. Der Heilige aber geht ruhig zum Schauplatz Deiner Übeltat, mein lieber Bär, und sagt ganz gelassen zu Dir: „Man sieht, du hattest Hunger! Friß ruhig mein Pferd auf. Wohl bekomm's! Aber du mußt auch wissen, daß ich es nicht schaffe, zu Fuß nach Hause zu kommen; also wirst du mein Pferd sein!“ Sprach's und legte Dir den Sattel, das Zaumzeug und die Steigbügel des toten Pferdes an, stieg auf Deinen Rücken, als wärest

Du das friedfertigste Maultier dieser Welt, und auf ging's nach Trient. – Auf dem Rückweg vom Wallfahrtsort – ob Du es glaubst oder nicht – betete ich: „Herr, zähme auch mich, laß mich mehr Diener sein und weniger Bär."
Sei mir nicht böse wegen dieses Gebets: Für uns Menschen seid Ihr schwarzen und braunen Bären mit Eurem langen Körper, den kräftigen Tatzen und dem dicken Fell etwas unbeholfene und unelegante Gesellen. Im Vergleich zu Euch halten wir uns für außerordentlich anziehend, behende und zierlich. Wenn Du zu tanzen beginnst, wirkst Du plump und machst Dich lächerlich, während unser Tanz ein Wunder an Anmut und Wohlklang ist, und unsere Tänzerinnen sind so leicht und graziös, daß sie auf den Blumen der Wiesen tanzen könnten, ohne sie zu knikken.

Und doch war ich gestern versucht, mein Gebet vom vergangenen Monat umzudrehen: „Herr, gib, daß wir alle Bären werden!" Ich hatte mir nämlich schlimme Flüche anhören müssen. „Was soll das eleganteste Kleid", sagte ich mir, „Schuhe und Krawatte nach der letzten Mode und eine todschicke Frisur, wenn aus unserem Mund so vulgäre Worte kommen? Besser plump sein wie ein Bär, als schlechte Reden führen!" Dabei ist das Fluchen in Italien ein weit verbreitetes Phänomen, eine wahre Epidemie: 15 Millionen Italiener fluchen gewohnheitsmäßig, insgesamt eine Milliarde mal am Tag.
Ein Teil dieser Reden ähnelt von ihrer Psychologie her dem „verachtenswerten und finsteren" Capanéo Dantes, der Gott mit wilden, höhnischen Worten herausforderte. Andere verwässern ihre blasphemischen Aussprüche ein wenig. „Gibt es noch einen Gott?" sagen sie, „hör auf, mir von einem guten und gerechten Gott erzählen zu wollen!" – „Die Religion ist nur ein großer Betrug!" – „Der Teufel weiß mehr als der liebe Gott!" Glücklicherweise denkt und empfindet manch einer anders, als seine Worte vermuten lassen, und oft steckt keineswegs die Absicht dahinter, Gott zu beleidigen.

Einige Zeitgenossen lassen sich bei der Wahl ihrer Worte durch Unüberlegtheit, Sorgen oder einfach Unwissenheit leiten, wie es bei Irene Papovna war, die in Moskau ein Examen für eine Stelle an der höheren Handelsschule ablegen mußte. Sie sollte einen Aufsatz mit folgendem Thema schreiben: ,,Analysieren Sie die Inschrift auf dem Grabmal Lenins.“ Die kleine Lehrerin erinnerte sich nicht genau, lautet nun die Inschrift ,,Die Religion ist Opium für das Volk“ oder nicht? Was soll sie tun? Sie riskierte es, nimmt Stellung zu diesem Satz und läuft, als sie den Aufsatz abgegeben hat, zum Roten Platz, vor das Mausoleum Lenins, um sich zu vergewissern, ob es der richtige war. Tatsächlich, sie hat genau ins Schwarze getroffen und ruft begeistert aus: ,,Gott sei Dank! Und dir, heilige Gottesmutter von Kazan, danke, daß du mir geholfen hast!“

Lieber Bär! Wahrscheinlich bist Du nicht darüber informiert, aber inzwischen gibt es für Kraftausdrücke und schamlose Reden einen allgemein üblichen Wortschatz mit realistischen, mehr oder minder gelungenen Bezeichnungen. Zum Beispiel werden Flüche „moccoli“ (Kerzenstummel) genannt. Aber Kerzenstummel spenden wenigstens ein bißchen Licht, während Flüche wie stehendes Wasser oder erstickendes Gas sind.
,,Waschweibergeschwätz“ ist die Bezeichnung für die schamlosen Reden der Frauen. Aber der Ausdruck trifft nur zu, wenn mit ,,Waschfrau“ auch Studienrätinnen, Studentinnen, Arbeiterinnen, Angestellte, Stenotypistinnen etc. gemeint sind. Von all diesen Leuten sagte man früher: ,,Sie werden rot, weil sie sich schämen.“ Heutzutage muß man von einigen von ihnen sagen: ,,Sie schämen sich, weil sie rot werden.“ Man sagt auch: ,,Er flucht wie ein Türke“, aber das ist eine Verleumdung. Die Türken fluchen nicht. In Frankreich, in Deutschland und in der Schweiz sagt man higegen mit einer gewissen Berechtigung: „Er flucht wie ein Italiener.“
Welche Diagnose kann man für diese so weitverbreitete Krankheit stellen? Das erste Symptom heißt Oberflächlichkeit. Wer

denkt, flucht nicht, und wer flucht, denkt nicht. Dieser Gott, den man lästert, existiert oder existiert nicht. Wenn er nicht existiert, ist es müßig, ihn zu lästern; wenn es ihn gibt, ist es unklug, ihn zu lästern, denn „Eselsgeschrei dringt nicht zum Himmel“. Man kann andere Sünden verstehen (nicht entschuldigen): Der Dieb hat am Ende eine volle Geldbörse; der Trinker eine gute Flasche Wein; aber der, der flucht – was hat der davon?
Das zweite Symptom ist der Mangel an Verantwortungsbewußtsein. Außer Gott gibt es nämlich auch den Nächsten! Du, lieber Bär, bist für Deine zärtliche Zuneigung gegenüber Deinen Jungen bekannt. Kannst Du nicht den Vätern sagen: „Wenn du fluchst, machst du deine Frau und dein Töchterchen traurig, gibst deinem Sohn ein schlechtes Beispiel.“
„Ich habe was davon“, wurde mir schon gesagt, „weil ich durch mein Fluchen Protest einlege gegen das, was schiefgeht, weil ich meinen Worten Nachdruck verleihe, weil ich meinem Zorn freien Lauf lassen kann.“ Protest einlegen? Aber bitte nur, wenn es sinnvoll und nützlich ist. Wenn dein Auto nicht anspringen will, setzt es sich vielleicht in Bewegung, sobald du anfängst, dich mit Gott anzulegen? Du willst deinen Worten Nachdruck verleihen? Einverstanden, aber unter der Bedingung, daß du nicht Gott dabei lästerst. „Ach du liebes Bißchen“ – „So was Blödes“ und Tausende von ähnlichen Aussprüchen sind harmlos und machen einem doch gleichzeitig Luft. Das bewies ein tüchtiger australischer Pfarrer seinen Bauern: Eines Tages ging er aufs Feld, nahm den Pflug in die Hand, ließ die Peitsche knallen und rief mit Stentorstimme den Ochsen zu: „Auf, meine süßen Erzengelchen! Seid lieb, meine zarten Cherubine! Jetzt seid ihr dran, ihr leuchtenden Seraphine!“
Bei diesen mystisch-himmlischen Anfeuerungen erhoben sich die guten Ochsen langsam und begannen – wenn auch etwas verwundert – zu ziehen. Und der Zorn? Man soll ihn hinunterschlucken und nicht zum Ausbruch kommen lassen. Denn wir müssen unsere Leidenschaften beherrschen und nicht sie uns.

Jeder Diagnose muß eine Therapie folgen. In unserem Fall kann das kleine, nützliche „Heilpflästerchen“ oder der kalte Umschlag die maßvolle und treffende Antwort des „Überlegenen“ sein.

Da war zum Beispiel ein Ordensmann ähnlich Deinem heiligen Romedius, der sich im Zugabteil – schmerzlich berührt, ohne sich wehren zu können – die Flüche anhören mußte, die zwei nicht gerade sehr wohlerzogene junge Männer um die Wette vom Stapel ließen. Unversehens wandte sich einer im Scherz an ihn und sagte: „Pater, ich muß ihnen etwas Schmerzliches mitteilen: Der Teufel ist tot!“ – „O, das tut mir aber leid, mein allerherzlichstes Beileid“, erwiderte das Ordensmännlein. „Beileid? Wieso denn das?“ fragten die beiden jungen Männer wie aus einem Munde. „Weil ich großes Mitleid mit euch habe, ihr seid doch jetzt Waisen.“

Sicher, der Pater war etwas ironisch geworden. Wenn einer flucht, besonders ein Jugendlicher, ist es besser, ihm nicht mit Ironie zu begegnen, sondern sich für ihn zu interessieren, ihm Verständnis entgegenzubringen, ihm Hilfe anzubieten. Je nachdem, ob wir Kameraden, Freunde, Vorgesetzte, Verwandte von ihm sind, schulden wir ihm freundschaftlichen Rat, liebenswürdige „Bewußtseinserweiterung“, Tadel, bisweilen auch Strafe – aber alles mit Takt und Feingefühl; entsprechend der Persönlichkeit und der Situation des einzelnen.

Das eigentliche Heilmittel besteht jedoch darin, daß der andere selbst die schlechte Gewohnheit ablegen will; entschieden und beständig, genau umgekehrt, wie der Gemüsehändler von Trilussa. Wenn ihm auch nur eine Kleinigkeit daneben ging, begann er also zu fluchen: Verflucht . . .! Scher dich zum Teufel . . .! Aber eines Tages, während er fluchte, tauchte auf einmal der Teufel auf, packte ihn dort, wo bei den Schreibern die Hosen am meisten abgenützt sind, und als er sich so durch die Lüfte getragen fand, sprach er voller Angst ein Gebet: „Gott! Heiliger Christus! Jungfrau Maria! Ich empfehle mich euch an! Mutter Gottes!“ Der Teufel ließ ihn, das ist wohl klar, bei diesen Worten fallen: Der Gemüsehändler landete auf einem Strohhaufen ohne sich wehzutun. „Da habe ich ja Glück gehabt“, sagte er im Fallen: „Verflucht! Zum Teufel!“

Lieber Bär des heiligen Romedius! Trilussa scherzte wohl und wollte sagen, daß man gerade das Gegenteil tun sollte: versprechen, nicht mehr zu fluchen und sich ernsthaft daran zu halten. Also, Bär, reiß Deinen Rachen auf und brülle es vom Nonstal aus allen Italienern zu – so laut Du kannst!

DIE ZEIT DER BETRÜGER

Januar 1973

Herr Tschitschikow,

die Visitenkarte, die Ihr bei Eurem Aufenthalt in der Herberge dem Diener überreichtet, weist Euch als „Kollegienrat" aus, ein Rang, der dem eines Leutnants im zaristischen Heer entspricht. Nach der Beschreibung Gogols seid Ihr weder hübsch noch häßlich, weder zu dick noch zu dünn, nicht alt, aber auch nicht gerade jung.

Doch das muß man wirklich zugeben – Ihr habt Euch ein Meisterstückchen ausgedacht. Ihr habt Euch gesagt: „Die Regierung überläßt denen, die eine stattliche Zahl von Leibeigenen oder ‚Seelen' aufzuweisen haben, unten in Cherson Land zum Bebauen. Vor kurzem gab es eine Epidemie, und Gott sei Dank sind dabei nicht gerade wenige Leibeigene ums Leben gekommen. Aber sie sind immer noch als lebend in den Registern eingetragen. Das will ich mir zunutze machen: Ich kaufe sie ihren Herren als ‚lebende Seelen' ab, obwohl sie in Wirklichkeit ‚tote Seelen' sind. Ich lege ihre Liste der Regierung vor, fordere das Land, das mir zusteht, und werde steinreich." Kaum hattet Ihr das Gepäck in der Herberge untergestellt, da begannt Ihr auch schon mit den ersten Besuchen. Beim Gouverneur erwähntet Ihr so ganz nebenbei, daß man sich in seinem Bezirk wie im Himmelreich fühle, daß hier die Straßen aus Samt seien und daß man den Regierungen, die so intelligente Beamte haben, ein Denkmal setzen müßte. Dem Polizeioberwachtmeister sagtet Ihr sehr schmeichelhafte Dinge über die Stadtgarde.

Im Gespräch mit dem Vize-Gouverneur und dem Gerichtspräsidenten ließet Ihr Euch den Titel Exzellenz entschlüpfen: Ein Fehler, der bei beiden gut ankam.

Fazit: Der Gouverneur lädt Euch ein, noch am gleichen Abend seiner Familie einen Besuch abzustatten. Die anderen Beamten erwarten Euch in den kommenden Tagen: der eine für das Mittagessen, ein anderer zum Kartenspiel und wieder ein anderer für eine Tasse Tee. Und schon habt Ihr an Land gewonnen. Tschitschikow, Eure Mammutlüge verspricht Erfolge, Ihr seid dabei, Riesengeschäfte zu machen – natürlich auf Kosten der anderen. Und hier liegt der wunde Punkt. Ihr seid ein toller Kerl; was Ihr Euch alles ausgedacht habt, ist sehr einfallsreich, aber . . . Ihr seid ein Betrüger. Noch schlimmer: Ihr seid ein Räuber mit Glacéhandschuhen, Eure Lügen sind geistreich, die Gesellschaft macht Euch Komplimente und verbeugt sich vor Euch.
Leider seid Ihr nicht der einzige dieser Gattung! Es gibt unendlich viele solcher Ganoven. Sie reichen von Talleyrand, der das Wort als Geschenk Gottes bezeichnet, um „dahinter den eigenen Gedanken verstecken zu können", über Byron, der sagt, die Lüge sei „nichts anderes als maskierte Wahrheit", über Ibsen, der in der „Wildente" die vitale Lüge verteidigt und behauptet, die gewöhnlichen Menschen bräuchten die Lüge zum Leben, bis zu Andrew, der mit Bedauern feststellt, daß es keine Wahrheit mehr gibt. Darüber hinaus kennen wir die Lebenseinstellung vieler Menschen, die Lug und Trug als Beweis von Intelligenz und Geschäftstüchtigkeit ansehen.

Doch nicht genug damit: Heute können wir noch mit ganz anderen Fällen aufwarten. Die Massenkommunikationsmittel, die Ihr, Tschitschikow, Euch nicht einmal vorstellen konntet, machen es möglich. Sie werden von wenigen zum Schaden vieler eingesetzt.
Gilbert Cesbron hat einen neuen Roman veröffentlicht mit dem Titel „Die Zeit der Betrüger". Betrüger sind für ihn die Herren der großen Presse, die skandalöse Indiskretionen und verleumderische Verdächtigungen verbreiten, sich der niederen Instinkte der Menschen bedienen und nach und nach die Moral zersetzen. Der großen Presse könnte man Kino, Radio und Fernsehen hin-

zufügen. Gewitzte Leute können diese Medien so einsetzen, daß die Leser und Zuschauer geradezu von wohlklingenden Phrasen überschüttet werden, deren Überredungskraft genauso groß ist wie ihre Unverständlichkeit. So können diese in sich äußerst nützlichen Medien bewirken, daß nach und nach der beste Vater von seinen Söhnen gehaßt wird, und daß weiß zu schwarz und schwarz zu weiß wird.

Eure Lügen, Tschitschikow, habt Ihr mit dem entsprechenden verführerischen Lächeln und mit Komplimenten versehen. Solche Lügen könnten heute tausendfach vergrößert in einem nationalen und internationalen Chor erklingen. So wird – wie Cesbron geschrieben hat – aus unserer Zeit die „Zeit der Betrüger".

Doch es geht noch weiter: Durch Zeitungen, Radio und Fernsehen kommt man nicht nur mit den Fakten in Berührung, sondern auch mit der jeweiligen Meinung der verschiedenen Kommentatoren. Damit verbreitet sich die schädliche Vorstellung, daß man nie zur Wahrheit komme, sondern immer nur verschiedene Meinungen vertreten könne. „Früher wußte man die Dinge genau", sagt man, „heute aber leben wir in einer Zeit, wo alles diskutierbar ist."

Die Philosophen gießen sogar noch Wasser auf diese Mühlen. Sie sagen, die Sprache sei nicht fähig, den Gedanken wiederzugeben, die Wahrheit sei relativ, das heißt, sie ändere sich mit den Zeiten und den Menschen. Deshalb glauben viele nicht mehr, daß es eine Wahrheit gibt, sie mißtrauen der menschlichen Vernunft und der Kraft der Logik. Man gibt sich mit bloßen Eindrücken zufrieden, die man völlig unkritisch in sich aufnimmt. „Was für den einen unwahr ist, ist für den anderen wahr. Lüge und Wahrheit genießen dasselbe Bürgerrecht." Ist das nicht eine Ohrfeige für die Würde des Menschen und die Güte Gottes, der den Menschen so erschaffen hat, daß er Gewißheit erlangen kann?

Wenn man sich dabei wenigstens auf den natürlichen Bereich beschränken würde. Aber nein, man geht auch auf den religiösen, göttlichen Bereich über. Man sagt: ,,Vor der Wahrheit hinken wir alle. In der Kirche gab es einmal die Autorität des Lehramtes, jetzt sind wir alle auf der Suche. Die Ära des Glaubens-Pluralismus ist angebrochen." Doch der Glaube ist nicht pluralistisch. Man kann einräumen, daß es einen gesunden Pluralismus in der Theologie, in der Liturgie und in anderen Bereichen gibt, aber nie im Glauben. Wenn feststeht, daß Gott eine Wahrheit geoffenbart hat, dann für alle Menschen und für alle Zeiten. Er hat eine Antwort gegeben, ein überzeugtes und mutiges Ja, ohne Wenn und Aber.

Die Vorstellung, daß die Glaubenswahrheiten nur Ausdruck des Gewissens oder des Lebens sind, muß nachdrücklich zurückgewiesen werden. Die Glaubenswahrheiten gelten immer, auch wenn sie immer besser verstanden werden und in neue, treffendere Begriffe gefaßt werden müssen.

Die Autorität des Lehramtes besteht – in den gesetzten Grenzen – heute nicht weniger als gestern. Sonst würde die Kirche aufhören, ,,apostolisch" zu sein. Es wäre nicht mehr wahr, daß ,,Christus derselbe ist, gestern und heute und in Ewigkeit".

Im Gegensatz zu diesen Zweiflern und Skeptikern treibt Ihr, Tschitschikow, Eure Geschäfte sicher voran. Ohne mit der Wimper zu zucken, werft Ihr mit Ziffern um Euch, gebt eine Beteuerung nach der anderen ab und räumt sämtliche Hindernisse aus dem Weg. Es gibt Leute, die Euch in dieser unerschütterlichen Sicherheit ähneln: Diejenigen, die sich mit dem Flair eines Propheten umgeben und ständig mit dem Finger auf Menschen und Einrichtungen zeigen.

Die ,,prophetische Kritik" ist zu einer literarischen Gattung geworden, die von so manchen Leuten heute in der Kirche propagiert wird. Auch wenn derjenige, der diese literarische Form gebraucht, meist ein ehrliches Anliegen hat und aus Liebe zur Kirche handelt, so ist doch der durch solche Diskussionen provozierte Skandal manchmal auch beabsichtigt. ,,Ohne Donner- und Kanonenschlag kann man gewisse Leute nicht aufwecken", sagt man. Der heilige Paulus zog allerdings eine andere Auffassung vor: „Wenn eine Speise einem meiner Brüder Ärgernis gibt, werde ich sie mein ganzes Leben lang nicht essen."

Die Heiligen, auch jene, die Euer Rußland besonders verehrt, wie zum Beispiel den heiligen Nikolaus, wählten gewöhnlich einen anderen Weg: Sie gingen eher gegen sich selbst als gegen andere vor, sie waren streng darauf bedacht, nicht gegen die Liebe zu verstoßen.

Die adlige und gebildete Magdalena von Lamoignon, eine Ordensfrau des 17. Jahrhunderts, hatte die Satiren des Dichters Boileau gelesen, sie als zu giftig befunden und es dem Autor auch zu verstehen gegeben: „Ich werde dieser Ermahnung ein anderes Mal Folge leisten", antwortete Boileau, „aber erlaubt mir wenigstens, gegen den Großsultan zu schreiben, gegen den Todfeind der Kirche." – „Nein", antwortete die Schwester, „es geht hier um einen Souverän, der um seiner Autorität willen respektiert werden muß." – „Doch Ihr werdet mir wenigstens erlauben, eine Satire gegen den Teufel zu verfassen!" lächelte Boileau, „ihr werdet nicht bestreiten können, daß er es verdient." Und die fromme Schwester: „Der Teufel ist schon gestraft genug. Versuchen wir, über niemanden etwas Schlechtes zu sagen, so können wir ohne Angst vor jeden Menschen treten."

Tschitschikow, sollte der Grund dafür, daß Euch von allen Seiten vollstes Vertrauen entgegengebracht wurde, vielleicht darin liegen, daß keiner das eben erwähnte Risiko eingehen wollte? Andere sind nicht so glücklich dran wie Ihr: ihnen glaubt man auch dann nicht, wenn sie die Wahrheit sagen.

Das passierte einem Soldaten, der am Bein verwundet war und seinen Kameraden neben sich bat, ihn zum Lazarett zu tragen. Unterwegs riß eine Granate den Kopf des Verwundeten ab, ohne daß es der barmherzige Helfer bemerkt hätte. Als er beim Chirurgen mit seiner Ladung ankam, mußte er sich sagen lassen: „Was soll ich, bitteschön, mit einem Menschen machen, dem der Kopf fehlt?" Erst jetzt schaute sich der Kamerad den Körper des Verletzten an: „Gemeiner Lügner!" rief er aus, „du hast gesagt, du wärest nur am Bein verwundet!"

Ich glaube, die Wahrheit liegt in der Mitte: Weder das blinde und unbegrenzte Vertrauen gegenüber jedem Wort und jeder Handlung der anderen, noch das übertriebene Mißtrauen, welches ohne Grund alle der Lüge verdächtigt.
Blindes Vertrauen konnte man jenem Polizeiinspektor nicht vorwerfen, der zwei Männer verhaften ließ, die im Arbeitsanzug Bleirohre auf einen Lastwagen luden. „Woraus haben Sie geschlossen, daß es sich um Diebe und nicht um Arbeiter handelt?“ wurde er gefragt. „Sie waren zu schnell, um Arbeiter zu sein!“
Übertriebenes Mißtrauen zeigte jener Arzt, der zu seinem Kollegen sagte: „Ich leihe dir nichts aus, ich traue niemandem. Käme auch der heilige Petrus vom Himmel und bäte mich um zehntausend Lire, ich gäbe ihm keine hundert.“
Mißtrauen bewies auch Mark Twain, als er einem Fräulein, das ihm mit ihrer Aufdringlichkeit auf die Nerven ging, ins Album schrieb: „Du sollst nicht lügen!“ Nach einigem Nachdenken fügte er hinzu: „Außer, um nicht aus der Übung zu kommen!“

Herr Kollegienrat! Wie Gogol schreibt, nahmt Ihr Eure großangelegten Lügenstückchen immer erst in Angriff, nachdem Ihr Euch zuvor bekreuzigt hattet, wie es in Rußland Brauch war. Vor Euren Schwindeleien habt Ihr also den angerufen, der „gekommen ist, um für die Wahrheit Zeugnis abzulegen“ (Joh 18,37), der selbst die Wahrheit ist, der gesagt hat: „Euer Ja sei ein Ja, Euer Nein ein Nein“ (Mt 5,37). In einem unbegreiflichen Widerspruch habt Ihr, Tschitschikow, Wahrheit und Lüge miteinander verbunden. Und gerade hierin liegt der schmerzlichste Aspekt Eurer Lügengeschichten.
Wir, die wir ein authentisches Christentum wollen, versuchen das Gegenteil von dem zu tun, was Ihr gemacht habt. Wir sind für ein Leben ohne Trug und ohne Doppelzüngigkeit. Das möchte ich Euch ohne Groll gesagt haben.

KÖNIG LEMUEL UND DIE IDEALE FRAU

Februar 1973

Teurer Lemuel,

die Bibel kennt Euch als Autor des berühmten Lobgedichtes auf die ideale Frau. Mehr ist nicht von Euch bekannt. Man kann sagen, daß Ihr das Gegenstück zu Cornelia, der Mutter der Gracchen, seid. Sie zeigte einigen Freundinnen ihre Söhne und sprach: „Seht meine Juwelen."

Ihr aber sagt von Eurer Mutter: „Ihre Söhne treten auf und preisen sie glücklich, und ihr Gatte rühmt sie."

Euer wunderbares Gedicht ist sehr aktuell für unsere Zeit, in der die Stellung der Frau ein Problem darstellt, das allen auf den Nägeln brennt.

Darf ich ein kleines Beispiel anführen? Kürzlich brachte mich ein Mädchen aus der fünften Klasse in Verlegenheit, als es wissen wollte: „Stimmt es, daß Jesus sieben Sakramente eingesetzt hat, aber nur sechs sind für die Frauen da?" Sie bezog sich offensichtlich auf die Priesterweihe, zu der aufgrund der Praxis aller Zeiten nur die Männer zugelassen werden.

Was sollte ich antworten? „Ich sehe in eurer Klasse Jungen und Mädchen", sagte ich ihnen. „Ihr Jungen, könnt ihr mir sagen: Wer von allen Männern der Welt ist der Vater Jesu?" Antwort: „Keiner, denn der heilige Josef war nur der Pflegevater Jesu." „Ihr Mädchen", fuhr ich fort, „könnt ihr sagen, ob eine Frau Mutter Jesu ist?" Antwort: „Ja." „Ihr habt richtig geantwortet. Aber nun überlegt mal: Auch wenn keine Frau Päpstin, Bischöfin oder Priesterin ist, so wird das doch tausendmal von der Gottesmutterschaft aufgewogen, die sowohl die Frau als auch die Mutterschaft ehrt."

Der kleine Widerspruchsgeist schien überzeugt zu sein.

Den großartigen Versen Eures Gedichtes stellen manche die „Engherzigkeit" des heiligen Paulus gegenüber. Er befahl ja: „Die Frauen sollen in der Versammlung schweigen" (1 Kor 14,34). Ich meine, daß der heilige Paulus dieses Redeverbot nur den Frauen von Korinth gegeben hat, und nur für jenen damaligen Augenblick. In Korinth traten in außergewöhnlicher Weise Charismen und Charismatiker auf. Viele, Männer und Frauen, erhoben sich während der Versammlungen, um – erfüllt vom Heiligen Geist – zu sprechen und zu beten. Vielleicht erhob sich auch manche Frau ohne ein wahres Charisma und brachte Durcheinander und Unordnung. Damit sich dieser Mißstand nicht wiederhole, beschloß Paulus – in bezug auf jene Gemeinde – für alle Frauen das Redeverbot auszusprechen.

Im gleichen Brief an die Korinther hatte Paulus weiter oben gutgeheißen, daß die Frauen die Prophetengabe ausüben könnten, unter der Bedingung, daß sie ihren Kopf bedeckten. Als er sich einmal in Cäsarea aufhielt, war er mit dem heiligen Lukas für mehrere Tage in das Haus des Philippus, eines Diakons und Missionars, eingekehrt und hatte keinerlei Bedenken darüber gezeigt, daß die vier Töchter des Philippus prophetisch begabt waren (vgl. Apg 21,8–9). In seinen letzten Jahren schließlich empfahl er Titus, betagte Frauen anzuleiten, daß sie „fähig werden, das Gute zu lehren . . ." (Tit 2,3).

Hatte übrigens nicht der Prophet Joel feierlich verkündet, daß in der messianischen Zeit sowohl die Söhne als auch die Töchter Israels Propheten sein würden? (vgl. Joel 3,1–2). Und hatte nicht Petrus einen Tag vor Pfingsten erklärt, daß das vom Prophet Joel Gesagte in Erfüllung gehe und sich der Geist des Herrn über seinen Knechten und seinen Mägden ausgieße? (Apg 2,18).

Auch vor dem Kommen Christi hatten schon Frauen die Prophetengabe ausgeübt: Priester waren immer und ausschließlich Männer, aber den Prophetenmantel hatte man manchmal auch auf die Schultern einer Frau gelegt.

Mirjam, die Schwester des Mose und Aaron – hier Prophetin genannt – dirigiert mit der Pauke in der Hand während einer reli-

giösen Feier die Lieder der Frauen (vgl. Ex 15,20), und später ruft sie das Volk zum Zeugen, daß Gott mit ihr gesprochen hat (vgl. Num 12,2).
Debora ist zur Zeit des Richters Barak eine Art Jeanne d'Arc oder besser eine Art „Petrus der Einsiedler" im Frauengewand, die den heiligen Krieg predigt und den unfehlbaren Sieg voraussagt; sie saß unter der „Debora-Palme", und es kamen die „Israeliten mit ihren Streitkräften zu ihr" (Ri 4,4–5). Der Hohepriester Hilkija, 621 v. Chr., geht auf Anordnung des Königs Joschija zu der Prophetin Hulda, die „in Jerusalem in der Neustadt" wohnte. Und die Prophetin spricht wahrhaft in der Weise der Propheten: „So spricht der Herr" (vgl. 2 Kön 22,14–20). Auch Hanna, die Witwe von 84 Jahren, die herbeikommt, als Jesus in den Tempel gebracht wird, und die überall hingeht und zu allen von ihm spricht, wird Prophetin genannt.

Eure ideale Frau ist arbeitsam, unermüdlich, eine wahre Martha, „sie gürtet kraftvoll die Hüften und strengt ihre Arme an ... Wenn es noch Nacht ist, steht sie schon auf ... nicht erlischt des Nachts ihre Lampe."
Und ihre Arbeit erfüllt sie mit Freude: „Sie sieht sich um nach Flachs und Wolle und bearbeitet sie gern ... Sie spürt, ihr Erwerb ist gut ... und so schaut sie froh in die Zukunft." Sie demonstriert somit eine andere Qualität: die Fröhlichkeit, die sich als Schwester zu Güte und Zärtlichkeit, zu Arbeit und Liebe gesellt.
Wenn ihr Ehemann müde von der Arbeit nach Hause kommt, braucht er diese fröhliche Heiterkeit. Auch die Kinder brauchen sie; ist doch die Fröhlichkeit das notwendige Klima jeder erfolgreichen Erziehung. Diese Fröhlichkeit auch an kritischen Tagen aufrechtzuerhalten, sie auch dann zu zeigen, wenn die ständigen materiellen Sorgen uns zermürben und uns zum Weinen bringen wollen, das ist große Tugend; es ist christliche Standhaftigkeit; es ist eine Buße, die vielleicht den Entsagungen und langen Gebeten der Schwestern und Mönche gleichkommt.

Diese Fröhlichkeit hindert aber nicht, Scharf- und Weitblick zu zeigen: „Nach einem Feld schaut sie aus und erwirbt es, sie pflanzt von ihrer Hände Ertrag einen Weinberg . . . Hemden stellt sie her und verkauft sie, und Gürtel übergibt sie dem Händler."
Wirklich, von ihrem Haus kann man nicht sagen: „Ein Schiff ohne Steuermann"! Und man versteht, warum der Mann ihr voll Vertrauen die Schlüssel von Küche und Schränken in die Hand gegeben hat, er ist gewiß, daß alles zum besten geregelt wird. So war es in der Ehe der Margareta, die mit dem König Malcom von Schottland verheiratet war. Er war Analphabet. Er küßte das Gebetbuch seiner heiligen Frau und sagte: „Das ist das Buch, durch das Margareta so weise und so tüchtig ist!"

Eure ideale Frau ist auch sozial aufgeschlossen: „Sie tut ihre Hand dem Bedrückten auf und streckt dem Bedürftigen die Arme entgegen." Sie läßt die Knechte und Mägde arbeiten, aber ist selbst die erste, die Hand anlegt. Sie läßt es ihnen an nichts fehlen; im Fall eines strengen Winters kann sie aus den Truhen warme Gewänder holen, „denn ihr ganzes Haus ist mit Kleidung versehen".
Heute, verehrter König Lemuel, wollen Gerechtigkeit und soziale Liebe auf andere Weise praktiziert werden: unsere Frauen sind häufig berufstätig; als Hausfrauen sind sie noch Angestellte oder Arbeiterinnen. Für sie, die sich bereits in allen Aufgabenbereichen der Politik, der Verwaltung und der Arbeit engagieren, bedeutet das Wort wohl kaum eine Lobrede: „Sie bleibt im Haus und spinnt Wolle." Zu Euren Zeiten wurden die Kinder und die Familie von der Frau an der Tür des Hauses verteidigt. Heute müssen sie auch außerhalb des Hauses verteidigt werden: im Wahlbüro, in den Gewerkschaften und verschiedenen Organisationen. Selbst Ordensfrauen sind angehalten, die neuen bürgerlichen Freiheiten bis zum letzten zu nutzen, und von den Frauen, die öffentliche Stellen einnehmen, wird verlangt, daß sie ihre Aufgabe in gleicher Weise wie die Männer erfüllen. Dabei sollen

sie aber noch die Sorgfalt, den Takt und das Feingefühl einbringen, die der Frau eigen sind.

Wenn General Bonaparte auch heute noch einmal sagte, es mißfalle ihm, Frauen über Politik sprechen zu hören, fänden sich nicht nur eine, sondern tausend Frauen, die ihm mit den Worten von Madame de Staël schlagfertig erwiderten: „General! Die Republik schlägt heute auch den Frauen den Kopf ab; es ist also nicht mehr als recht, wenn die Frauen zumindest fragen, warum das geschieht."

Euer Gedicht verliert kaum ein Wort über die eheliche Liebe. Einige christliche Schriftsteller von heute würden, wenn sie über die ideale Frau sprechen, diesem Thema einen weit breiteren Raum geben. Eurer Methode ist aber der Vorzug zu geben; sie entspricht der christlichen Klugheit, von der Manzoni ein schönes Beispiel gegeben hat.

Die Liebe von Renzo und Lucia, die miteinander verlobt sind, ist rein und tugendhaft; aber durch wieviel Zartgefühl zeichnet sie sich aus! Im Haus der Frau Prassede vermeidet es Lucia, von ihrem eigenen Leid zu sprechen, denn sie hätte ihre Liebe erwähnen müssen. Sie hätte nie eine Umschreibung dafür gefunden, die ihr nicht ungeziemend vorgekommen wäre. Dieselbe Lucia verwundert sich, errötet und empfindet einen beschämten Schrecken bei den bohrenden Fragen der Nonne Gertrude; sie errötet auch bei anderen Gelegenheiten, und in der Lazarettbaracke sucht ihr Verlobter vergebens ihre Augen. Renzo selbst reicht in der Nacht der Flucht, als sie vom Schiff ans Land steigen, Agnes die Hand, Lucia gibt er sie jedoch nicht. Kurz zuvor, als sie abseits der Straße gingen, hatte er seiner Verlobten an den beschwerlichen Stellen seine Hilfe angeboten, aber sie wies ihn liebenswürdig und mit Geschick von sich ... Sie schämte sich, ja sie war verwirrt, weil sie so lange und so vertraut mit ihm allein war, obwohl sie in wenigen Augenblicken seine Frau werden sollte.

Ähnliche Feinfühligkeit findet man auch in den Romanen des

schottischen Dichters Walter Scott. Der Verlobte Katharinas von Perth beklagt beim künftigen Schwiegervater die extreme Zurückhaltung der Geliebten. „Sie bildet sich ein", sagt er, „die Welt sei ein großes Kloster, und alle Erdenbewohner hätten so zu lieben, als wohnten sie einem Hochamt bei." Das schöne Mädchen von Perth übertrieb vielleicht ein wenig. Unsere permissive Gesellschaft übertreibt in die andere Richtung.

Eure ideale Frau widmet sich ganz der Familie und beschenkt sie mit ihrer Güte: „In Weisheit tut sie den Mund auf, und von ihrer Zunge kommt freundliche Weisung; auf sie vertraut ihr Gatte von Herzen, ihretwillen ist ihr Mann hochgeachtet an den Toren, wo er mit den Landesältesten sitzt."
Mir kommt Papst Sixtus V. in den Sinn, der gesagt hat: „Bringt mir einen Ehemann, der sich nie über seine Frau beklagt hat, und ich werde die Frau sofort heiligsprechen!" Eine solche Frau heiligt sich nicht nur in der Familie, sondern gemeinsam mit der Familie, indem sie Gatten und Kinder mit sich zu Gott führt. Als ich hörte, der Seligsprechungsprozeß der Eltern der heiligen Therese vom Kinde Jesu sei eingeleitet worden, war meine spontane Reaktion: „Endlich ein heiliges Paar!" Der heilige Ludwig IX. ist heilig ohne seine Margereta, die heilige Monika ohne ihren Patricius, Zelia Guérin hingegen wird heilig mit Ludwig Martin, ihrem Ehemann, und mit Therese, ihrer Tochter!

Die ideale Frau hält, wie Ihr sagt, auf Eleganz, auf Anmut und Komfort: „Decken hat sie sich angefertigt, ihre Kleidung ist Byssus-Leinen und Purpurwolle . . . überlegene Kraft umkleidet sie." Aber Ihr fügt sofort hinzu: „Anmut ist trügerisch, Schönheit vergänglich, eine gottesfürchtige Frau soll man rühmen."
Auch die Schönheit ist ein Geschenk Gottes; die Kunst, sich mit gutem Geschmack und Eleganz zu kleiden, ist besonders bei der Frau lobenswert, und auch die Kosmetik ist in vielen Fällen nicht zu tadeln. Aber da geht es um vergängliche Dinge. Ein

Freund Gottes sein, mit ihm verbunden durch ein gutes Leben und echte Frömmigkeit, das ist etwas, was bleibt. Zusammen mit den anderen Dingen und noch mehr als um diese muß man sich darum mühen.

Das sagt auch Maria Christina von Savoyen, die junge, anmutige und gebildete Königin von Neapel, in einem ihrer Gedichte:

„Und bin ich gesund und reich und schön . . . aber dann?
Und sind mir Gold- und Silberschätze zu eigen . . . aber dann?
Und ist mir Glück beschieden im höchsten Maß . . . aber dann?
Und bin ich klug und gelehrt wie keiner . . . aber dann?
Und könnt' ich tausend Jahre das Leben genießen . . . aber dann?
Schnell kommt der Tod, und was bleibt?
Diene deinem Gott, und du wirst alles besitzen . . . Dann!"

Dieser Gedanke der jungen Königin kann ein wenig traurig anmuten. Aber auch Ihr, König Lemuel, teilt sicher meine Meinung, daß er unwiderlegbar ist? Er ist unwiderlegbar wahr, König Lemuel!

SEHNSUCHT NACH EINER SAUBEREN PRESSE

März 1973

Sir Walter,

wie viele Romane habt Ihr eigentlich geschrieben? Zu Eurer Zeit konntet Ihr große Erfolge damit verbuchen, heute werdet Ihr weniger gelesen. Aber ich erinnere mich noch, wie mich als Kind Eure Bücher bezaubert haben. Mich packte Eure einfache und freie Art zu schreiben, Eure Fähigkeit, die Charaktere auszumalen, die Kunst, sie auf dem jeweiligen historischen Hintergrund auftreten zu lassen, im Mittelalter oder im 17. Jahrhundert, in England oder auf dem Kontinent.
Wie viele Turniere, wie viele Belagerungen von Burgen und Städten habt Ihr doch beschrieben! Wie viele Ritter ließet Ihr durch Wälder und Ebenen reiten! Wie viele Damen galt es durch großmütige Helden zu verteidigen, zu befreien und zu beschützen? Wie viele einfache Handwerker und Männer aus dem Volk habt Ihr an die Seite der großen Adeligen gestellt. Wie viele außergewöhnliche und märchenhafte Szenen habt Ihr mit den einfachen Dingen des Alltags verbunden! Da gab es Zwerge und Sterndeuter, Hexen, Zauberer, Wahrsagerinnen und Zigeuner. Und wie viele Zauberformeln, geheimnisvolle Botschaften und Horoskope, wie viele komplizierte Verwicklungen und welch unerwartete Lösungen!
Und alles war sauber: Bücher, die für Normen einstanden, für Treue und Loyalität, Bücher, die Kinder ruhig in die Hand nehmen konnten. Angesichts der heutigen Presseerzeugnisse kann ich nur sagen: „Hut ab vor diesem Scott, dem Vater des historischen und sauberen Romans.“

Als ich wieder einmal Euren „Karl den Kühnen" las, sind mir einige Dinge besonders aufgefallen. Eine der Hauptfiguren, der junge, tapfere Arthur, reitet mit seinem Begleiter Tibaldo zum Hof in der Provence. Tibaldo, Enkel eines Troubadours und selbst leidenschaftlich in den Minnesang verliebt, singt während der Reise mit sehr viel Können und Bravour eine Ballade mit folgendem Inhalt: Der Troubadour Wilhelm Cabestaing liebt Margret, die Frau des Barons Raimondo di Rossiglione. Der Gatte entdeckt die Liebesaffäre, tötet Cabestaing, reißt ihm das Herz aus der Brust, läßt es zubereiten und seiner Gattin bei Tisch servieren. Kaum hat sie das gräßliche Mahl beendet, sagt er ihr, was sie gegessen hat. Stolz antwortet sie: „Dieses Mahl war mir so köstlich, daß meine Lippen nie wieder andere Speisen berühren werden." Sie besteht auf ihrem Entschluß und verhungert.
Um dieses Ereignis dichtet der Autor der Ballade nun einen jammervollen Kommentar. Mit Pathos beweint er das Schicksal der Liebenden und schleudert fürchterliche Seitenhiebe auf den grausamen Ehemann. Voller Entrüstung schließt er mit dem Satz: „Alle liebenden und tapferen Ritter Frankreichs vereinten sich zum Angriff auf das Schloß des Barons und bezwangen es; sie streckten den Tyrannen nieder und ließen ihn einen schmachvollen Tod erleiden." Euer Held Arthur hört sich die Geschichte an, greift aber dann entschieden ein: „Singt mir nicht solche Klagelieder, denn nichts dient mehr dazu, das Herz eines Christen zu verführen, als wenn dem Laster Mitleid und Loblieder entgegengebracht werden. Die stehen allein der Tugend zu. Euer Baron ist ein Monstrum an Grausamkeit, aber eure unglücklich Liebenden sind nicht weniger schuldig. Man braucht nur den schlechten Handlungen schöne Namen zu geben, und schon werden auch die zum Bösen verführt, die vor dem nackten Laster zurückschrecken. Denn das Böse wird ihnen unter der Maske der Tugend präsentiert."
„Aber die Ballade ist ein Meisterwerk, das die Lebensfreude preist", besteht Tibaldo auf seiner Meinung, „wenn ihr als jun-

ger Mann schon so streng seid, was für eine Einstellung werdet ihr dann erst im Alter haben?"

„Einen Mann, der bereits in seiner Jugend auf Narrheiten hereinfällt", antwortet Arthur, „wird man schwerlich im Alter achten."

Wie dieser Held hätte auch ein Papst reden können. Aber von Euch ging in gewisser Weise eine größere Wirkung aus als von einem Papst. Zunächst deshalb, weil Päpste von Berufs wegen predigen müssen, und die Prediger haben – vielleicht zu Unrecht – meistens bei ihren Zuhörern keinen allzu großen Kredit. Ihr hingegen bietet mit Euren Romanen den Lesern Unterhaltung und Zerstreuung, Ihr sprecht in einer Weise, daß die Leute Gefallen daran finden, Ihr seid auf der Seite des Publikums.

Außerdem wart Ihr klug genug, dem Helden, dem ja die uneingeschränkte Sympathie und Bewunderung der Leser gehört, die Moral in den Mund zu legen. Dies ist die uralte Taktik von Horaz: das Nützliche mit dem Angenehmen zu verbinden.

Ich habe den Eindruck, daß heutzutage seine und Eure Taktik nicht sehr geschätzt werden. In den Zeitungen und Zeitschriften, in Comics und Illustrierten taucht selten ein Held auf, der sich überschlägt, um Schwachen und Unterdrückten beizustehen, wie es Eure Helden tun. Meistens sind es andere Helden, sozusagen die negativen, denen Sieg und Ruhm sicher sind.

Es ist ein aussichtsloses Unterfangen, in der heutigen Presse jene fröhlichen, gefühlvollen und zugleich zurückhaltenden und verschämten Edelfräulein zu suchen, denen die tapferen Ritter mit ihrem Herz alles, was sie sind und haben, zu Füßen legen. Eure Heldinnen hegen zarte Gefühle und erröten oft; die heutigen Stars erröten nie. Sie rauchen, trinken, plärren, man stellt sie als rein biologische Wesen dar, allenfalls als Gespielinnen zu gebrauchen. Eine Hochzeit, das normale Happy-End jeder Romanze, ist fast völlig unbekannt; meistens sind die kleinen Heldinnen nicht nur korrupt, sondern auch zynisch und blutdürstig.

In einem Groschenroman beispielsweise traktiert der Geliebte eines Mädchens dessen Vater so lange mit Fausthieben, bis er mit blutendem Gesicht am Boden liegt. Doch sie hetzt den Freund weiter auf den Vater: „Nochmal, schlag ihn weiter!“ In einer Comicserie überlegt ein Mädchen: „Wir müssen die Armen bestehlen, denn bei den Reichen macht es keinen Spaß!“

Ihr werdet mich fragen, warum denn solches Zeug geschrieben wird. Das frage auch ich mich. Und ich weiß keine Antwort darauf. Vielleicht will man damit gegen die Moral einer Gesellschaft protestieren, die – zum Teil zu Recht – als verlogen gilt. Das Schlimme daran ist, daß die Jugendlichen oft nicht merken, wann etwas ironisch gemeint ist. Sie erkennen es nicht als Karikatur, und so nehmen sie das Böse nach und nach auf und werden mit der Zeit vergiftet.

Vielleicht lesen sie solche Geschichten, um aus der Monotonie des grauen Alltags zu entkommen. Doch das wäre ein falsches Heilmittel, denn diese Art Droge zwingt sie, immer stärkere Dosen zu nehmen, ein noch leichteres Vergnügen, noch schnelleren Gewinn zu suchen. Gleichzeitig empfinden sie Verachtung für alles, was Studium und Arbeit heißt.

Vielleicht wittern die Herausgeber ein gutes Geschäft und spekulieren mit der Anfälligkeit der Jugendlichen und ihren niederen Instinkten. Ich fürchte, daß es vor allem darum geht. Welch eine Dummheit, sich von solch schmutzigem Volk ausbeuten zu lassen! In einer Predigt hörte ich einmal: Ihr seid dümmer als die Mäuse. Diese gehen zwar in die Falle, aber sie zahlen nicht auch noch den Eintritt dafür. Ihr dagegen geht, wenn ihr solche Dinge lest, in eine Falle und bezahlt auch noch den Fallensteller.

Sir Walter! In „Waverley“, Eurem ersten Roman, findet sich folgender Abschnitt: „Die Post kam nur einmal in der Woche auf Schloß Waverley an. Die einzige Zeitung wurde sofort dem jungen Baron gebracht; der gab sie seiner ehrenwerten Schwester, dann einem verehrungswürdigen alten Haushofmeister; sie ging von Vorzimmer zu Vorzimmer, bis sie zum Schluß in der Hand des Portiers landete. Von dort aus gelangte sie zum Pfarrer, der gab sie den Edelleuten und reichen Pächtern, und schließlich beendete sie, schmutzig und zerknittert, ihren Lauf in der Hand des Gerichtsschreibers."

Wenn Ihr doch nur heute zuschauen könntet, wie die Zeitungen täglich tonnenweise erscheinen, wie sie jeden Morgen in Güterzüge, in Autobusse und Lastkraftwagen verladen und zu den Kiosken und Verkaufsstellen gebracht werden.

In der Straßenbahn, auf dem Weg zur Schule und zur Arbeit, im Sitzen oder im Stehen, jeder hat seine Zeitung vor sich und merkt nicht, was um ihn herum vor sich geht. In den Büros geben sich die Angestellten die interessantesten Artikel weiter, kommentieren sie oder erzählen sich die neuesten Witze, die sie soeben gelesen haben. In den Lokalen hat man rechts den Teller und links die Zeitung. In der Schule lesen die Schüler sie heimlich und geben sie während des Unterrichts unter der Bank weiter; oft nicht gerade die saubersten Erzeugnisse.

Als ich neulich in Rom aus dem Zug stieg, sah ich, wie ein Reinigungstrupp die liegengebliebenen Zeitungen einsammelte und mit nach Hause nahm. Wir werden von Presseerzeugnissen aller Art überflutet. Morgen wird es noch schlimmer sein, weil wir dann die Zeitung zu Hause auf dem Fernsehschirm lesen können. Dazu kommen noch Radio und Fernsehen. Und jetzt stellt Euch das Problem vor, das damit auf Eltern, Erzieher und sonstige Verantwortliche zukommt!

Dieses Problem ist um so größer, je eifersüchtiger man seine Freiheit verteidigt, und je weniger man sich an Zensur und Verbote hält. Wird der Staat die Möglichkeit finden, die Freiheit einzuschränken, wenn sie im offensichtlichen Widerspruch zum Gemeinwohl steht? Werden die Jugendlichen wenigstens Hinweise und Signale akzeptieren? Die Verkehrsampeln verhüten Unfälle. Kein Autofahrer protestiert gegen sie. Keiner sagt, der Mensch sei intelligent und erwachsen genug, um das alles allein zu regeln. Warum also akzeptieren wir nicht in aller Demut auch eine „moralische Warnblinkanlage"?

Eines Tages hattet Ihr ein etwas bitteres Erlebnis. Ihr gingt mit Eurer Frau über eine Wiese und saht dabei eine Schafherde mit hübschen jungen Lämmern. Entzückt rieft Ihr aus: „Wie schön sind sie!“ Eure Frau gab zur Antwort: „Ja, mit Pfefferminzsoße zubereitet, sind sie wirklich köstlich.“ Damals habt Ihr beide Euch nicht verstanden.

Meine Hochachtung! Ich wiederhole es aufrichtig, auch wenn ich eine kleine Einschränkung machen muß, wegen der kleinen Seitenhiebe, die hie und da gegen die katholische Kirche ausgeteilt werden. Das darf man Euch als Presbyter mit unzweifelhaft gutem Glauben sicher nicht übelnehmen. Dennoch hinterließen diese kleinen Sticheleien in mir, der ich meine Kirche aufrichtig liebe, einiges Unbehagen. Doch das Gute, das Ihr getan habt, bleibt, und es bleibt Euer beispielhaftes Leben. Also stehen Euch Ehre und Anerkennung zu.

Sir Walter, ich würde mir wünschen, daß die Christen, vor allem die Jugendlichen, Euch verstehen und Euch folgen in das heitere Reich des Geistes und der Phantasie, in dem Ihr so gerne lebtet und in das Ihr Eure Leser so oft geführt habt.

ZWISCHEN ABFAHRT UND ANKUNFT

April 1973

Lieber Malerfreund!

Leider ist es mir nicht gelungen, Ihren Namen zu erfahren. Aber Ihre vier Bilder im Ecksaal jenes alten Schlosses, der von kleinen gotischen Fenstern sein Licht erhält, haben mir gefallen. Die künstlerische Qualität halte ich für bescheiden, überzeugend allerdings die Aussage, die mich nachdenklich stimmt.
Das erste Bild stellt die „Kindheit“ dar. Ein Segelboot hat soeben den Hafen verlassen. In der Mitte sitzt ein Kind, das gedankenverloren dem Spiel der Wellen zuschaut. Es kann so gedankenverloren dort sitzen, weil vor ihm ein Engel das Steuer fest in der Hand hält; hinter ihm eine dunkle Gestalt, die aber – in tiefen Schlaf versunken – nicht befürchten läßt, bald zu erwachen.
Das zweite Bild stellt die Jugend dar. Das Kind des ersten Bildes ist zu einem jungen Mann geworden. Er hat sich erhoben und verliert seinen neugierigen Blick in unbekannte Weiten, wo er eine unendliche Schönheit vermutet. Das Steuer ist immer noch in der Hand des Engels, doch die Wellen kräuseln sich kräftig, und die dunkle Gestalt schläft nicht mehr: ihr finsterer Blick verheißt nichts Gutes; auf das Steuer gerichtet, kündet er künftige Kämpfe an.
Das dritte Bild führt uns das reife Mannesalter vor Augen. Im Boot steht jetzt ein Mann, der mit einem unter schwerem Himmel tobenden Orkan kämpft. Das Steuer ist in der Hand der finsteren Gestalt und der Engel ist in den Hintergrund gedrängt.
Auf dem vierten Bild sitzt ein alter Mann im Boot. Der Sturm hat sich gelegt, der Hafen ist in Sicht. Der Engel hat wieder das Steuer übernommen, während die dunkle Gestalt fest angeheftet ist.

Unser Leben ist eine Reise mit Abfahrt und Ankunft, darin stimme ich mit Ihnen überein, werter Maler. Unser 20., 50. oder 60. Lebensjahr bezeichnet nur einen Einschnitt zwischen diesen beiden Punkten.

Es ist merkwürdig, während wir die zurückgelegte Strecke seit dem Aufbruch zu dieser Reise genau bestimmen können, ist uns der Abstand zum Zielhafen völlig unbekannt. Wie viele Jahre noch? Es gibt viele tüchtige Menschen, die viel von Technik und Physik, Englisch und Mathematik verstehen, aber dieses so wichtige Detail, die Zeit, die uns noch bleibt, weiß niemand. Mit einem leisen Schaudern vor diesem Gedanken möchte man sich vornehmen: „Die Jahre können wenige sein, es kann sich auch nur noch um Monate oder Tage handeln. Herr, nicht eine Minute will ich vergeuden."

Aber es gibt da ein noch ernsteres Problem. Zwei Häfen sind es, in die wir gelangen können: das Paradies und die Hölle. Allerdings ist nur der erste dem Menschen zu wünschen. Werden wir dort ankommen? Das ist das Problem. Alles andere ist vergleichsweise belanglos. Ich war reich, ich war berühmt, ich habe eine großartige Karriere gemacht: All das ist nichts als eine Katastrophe, wenn ich nicht in den ersten Hafen gelange! Ich stimme mit Ihnen überein, daß man, um gut sein zu können, kämpfen muß, besonders in den Grenzsituationen unseres Lebens. Zwei unversöhnliche Mächte ringen um das Steuerruder, um die Richtung unseres Lebens. Es ist wahr, daß die Heiligkeit erobert sein will in Kämpfen, die immer wieder auf des Messers Schneide stehen. Es ist wahr, Paulus hat geschrieben: Wir kämpfen nicht mit schwachen, hinfälligen Menschenwesen, sondern gegen die kosmischen Beherrscher dieser finsteren Welt, gegen die im Raum umherschweifenden bösen Geister. Der Papst hat uns neulich diese Wahrheit ins Gedächnis zurückgerufen. Ich stimme mit Ihnen auch darin überein, daß dahinter eine Taktik steckt: die Taktik, die mit den menschlichen Leidenschaften rechnet. Dante beschreibt sie, als ihm zu Beginn seiner Reise die Straße von drei wilden Tieren versperrt wird: dem Panther, dem

Löwen und dem Wolf. Der Panther, der – schnell und geschmeidig – nie Frieden gibt, ist das Bild für die Sinnlichkeit: sie nutzt jede Gelegenheit, um den Reiz und die Freude geistigen Lebens in uns verblassen zu lassen und um ungute Wünsche zu entflammen. Sie ist uns immer auf den Fersen, und wir müßten uns entmutigt geschlagen geben, wenn wir nicht auf den Schutz und die Hilfe Gottes bauen könnten.

Der Löwe verkörpert „mit seinem hohen Haupte" den Stolz. Das trifft auf die „Köpfe" zu, die aufrecht einherschreiten, während der Bauch die so kerzengerade aufgerichtete Gestalt beim Gehen vornüber kippen läßt. Doch es besteht kein Grund, so stolz zu werden. Zur Zeit Giuseppe Giusti's lebte ein Präsident, der seiner Verpflichtung zur Repräsentation mit überschwenglichem Eifer nachkam. Er trug einen Zylinder, den er bei Sitzungen auf einem Sessel abzulegen pflegte. Eines Tages hat sich jemand versehentlich auf diesem Sessel niedergelassen, was dem Dichter Anlaß zu folgendem Spottvers gab:

„Einem Präsidenten wurde zerquetscht der Zylinder,
glücklicherweise war nichts dahinter."

Gewisse Typen stolzieren auch vor Gott mit dem Zylinder einher und wissen alles, sind selbständige Nonkonformisten, Unabhängige, Rebellen! Und dann? Was ist dahinter? Wozu dient die ganze Bravour?

Ein magerer, heißhungriger Wolf stellt die Weltlichkeit dar, die uns mit ihrer Betriebsamkeit ohne Ende verschlingt: Besuche, Prüfungen, Examen, Geschäfte, Sportveranstaltungen, Theater. Wir lassen uns von diesen Dingen wie von einem Abgrund schlucken. Und was ist mit Gott? Was ist mit der Seele? Zwei nebensächliche Dinge, die wir manchmal ganz in der Ferne wahrnehmen; wir widmen ihnen selten und nur flüchtig einige Augenblicke unseres Lebens in einer plötzlichen und absurden Umkehrung unserer sonstigen Grundsätze. Ich gebe Ihnen, lieber Maler, auch darin Recht, daß es eine Gegenoffensive von seiten der guten Mächte mit entgegengesetzter Taktik gibt. Zum Glück! Gegen die Sinnlichkeit wirkt die Taktik der Leere. In manchen Augenblicken schafft Gott in uns eine gewisse Leere. Wir begreifen, daß manche Dinge unter unserer Würde sind, daß sie nicht genügen, uns nicht erfüllen.

1971 war der hundertste Geburtstag Trilussa's. Von ihm stammen folgende Zeilen:

„Eine Biene setzte sich auf die Knospe einer Ros',
saugte kurz – flog wieder los . . .
alles in allem ist wohl das Glück etwas Kleines bloß."

Wie oft handelt es sich nicht um das Glück, sondern um ein kurzes Vergnügen. Oft auch um ein Mißvergnügen. Man verspürt eine Art Zahnschmerzen und eine Stimme schreit: „Ab, zum Zahnarzt!" Augustinus gesteht im Blick auf seine siebzehn haltlosen Lebensjahre: „Ich wurde zernagt, ich habe mich in dieser Zeit gefoltert, das konnte man nicht einmal Leben nennen, Herr."

Der heilige Kamillus ermahnte sich und andere mit den Worten: „Wer Böses tut, kann dabei Vergnügen empfinden, aber das Vergnügen ist sofort vorbei, während das Böse bleibt; das Gute zu tun, kostet Mühe, aber die Mühe ist sofort vorbei und es bleibt das Gute."

Gegen den Stolz hilft das Evangelium: „Setz dich auf den letzten Platz." Der Herr war unter den Aposteln „wie einer der dient". Er lehrte: „Ihr sollt euch gegenseitig die Füße waschen, ihr seid glücklich, wenn ihr es tut." Gegen die Weltlichkeit soll ein anderer kleiner Gedanke, auch aus dem Evangelium, helfen: „Was nützt es, die ganze Welt zu gewinnen, wenn man dann seine Seele verliert?" Was kann der Mensch als Preis für seine Seele geben?

Malerfreund, es ist Ihnen gelungen, mit Ihren Gemälden manche Saite meiner Seele anzurühren. Es war mir ein Vergnügen. Schade, daß jetzt das Mißvergnügen beginnt. „Wieso?", werden Sie sich fragen. Ganz im Vertrauen: es ist die Sorge, meine Leser verstimmt zu haben. Einige werden mich als den nostalgischen Beschwörer naiver Schlösserromantik betrachten, andere wer-

den die Lektüre abgebrochen haben, sobald sie die „Moral" witterten.
Eines von vielen Mißgeschicken, die diese Arbeiten mit sich bringen können . . .

DIE VIER TEMPERAMENTE

Mai 1973

Werter Hippokrates,

Ihr wart Zeitgenosse von Sokrates und wie er Philosoph. Doch Ihr wart auch Arzt und habt Euch mehr auf dem Gebiet der Medizin einen Namen gemacht.
Erstes Verdienst: Bei Reisen um die halbe Welt habt Ihr mit größter Genauigkeit Beobachtungen und Aufzeichnungen gemacht. Daraus sind eine Menge Bücher entstanden, die jahrhundertelang die Medizin beeinflußt haben.
Zweites Verdienst: Ihr seid der Urheber des berühmten „Eides des Hippokrates", eines Moralkodex von unvergänglichem Wert. Die Ärzte schwören danach, den Kranken die angemessene Therapie zu verschreiben und sie vor aller Ungerechtigkeit und vor allem Schaden zu bewahren. Sie geloben, keine Schwangerschaft zu unterbrechen; sie verpflichten sich, nur deshalb in ein Haus zu gehen, um den Kranken zu helfen, ohne dabei Bestechungsgelder anzunehmen. Außerdem schwören sie, das Berufsgeheimnis heilig zu halten.
Drittes Verdienst: Ihr habt als erster die vier Grundtemperamente der Menschen unterschieden: *Sanguiniker, Phlegmatiker, Choleriker und Melancholiker.*
Nach Euch haben Nicola Pende und andere, wie ich weiß, neue, wissenschaftlichere, aber auch kompliziertere Einteilungen versucht und vorgeschlagen. Dennoch hat Eure maßvolle und korrekte Einteilung 25 Jahrhunderte überdauert.

Stellen wir einmal die vier Temperamente auf die Probe: Eine Felswand soll bestiegen werden.
Zuerst kommt der *Sanguiniker*, sieht sich die ganze Sache an und

sagt: „Das ist ja ein Kinderspiel! Da mache ich mich sofort dran!" Und tatsächlich stürmt er sogleich mit Feuereifer und Begeisterung los. Aber er hat nichts geplant und sich auch nicht mit der nötigen Ausrüstung versorgt. So stößt er bald auf beträchtliche Schwierigkeiten und muß feststellen, daß Feuereifer und Muskelkraft allein nicht ausreichen.
Da schlägt die große Begeisterung ins Gegenteil um: „Ach, mir reicht's: der Fels ist nichts für meines Vaters Sohn!" Ähnlich wie bei Tartarin von Tarascon, bei dem die ritterliche Begeisterung eines Don Quichotte schließlich zur flachen Bürgerlichkeit eines Sancho Pansa wird: „Ich fahre", sagt er, „ins Afrika der Löwen und der Panther!" Und eine halbe Stunde später: „Ach nein, ich bleibe hier, was bietet mir Afrika schon?" – „Überhäufe dich mit Ruhm, Tartarino!" Aber später: „Welch' falscher Ruhm! bekleide dich mit gutem Flanell!" – „Es lebe die Jagd in Afrika! Her, ihr doppelläufigen Karabiner, ihr Schwerter, Lassos und Mokassins!" Und sofort danach: „Man reiche mir die Flanellweste, die gutgewärmten Knieschützer und die weiche Mütze mit den Ohrenschützern! Die kleine Johanna möge mit einer heißen Schokolade kommen!" Er läutet, und Johanna erscheint mit einer heißen, dunklen, dampfenden Schokolade und mit Plätzchen, was zwar den Tartarin-Pansa zum Lachen bringt, aber den Plan des Tartarin-Quichotte erstickt.
So ist der Sanguiniker: schnell begeistert, aber unbeständig; er ist ein Optimist, wenn es sich um ihn und seine Fähigkeiten handelt, aber unüberlegt, zu sehr vom Gefühl und von seinen Vorstellungen abhängig. Er hat gute Anlagen, doch wenn er mehr im Leben erreichen will, muß er sich angewöhnen, zu überlegen und detailliert und durchdacht zu planen. Er muß den Rat jenes Bischofs befolgen, der zu einem neuen Pfarrer sagte: „Zunächst alles ansehen, dann vorhersehen – erst dann nach dem Rechten sehen!"

Nun erreicht der *Phlegmatiker* die Wand.
Er schaut einmal, zweimal, mehrmals in die Höhe und überlegt

sich: „Diese Klettertour ist gründlich zu planen, der Abstieg mit doppelter Sicherung, der Anstieg auf Eis . . ."
Er zieht Karten zu Rate, macht sich Stichpunkte, bereitet eine Liste der notwendigen Gegenstände vor und besorgt sich Seil und Schnur, Hacke und Eispickel, Fels- und Eisnägel, Holzkeil und Hammer, Rucksack und Bergschuhe mit Steigeisen. Das ganze vollzieht sich zielstrebig, aber auch ohne Hast. Während er plant, kaut er seinen Kaugummi und murmelt vor sich hin: „Vielleicht schaffe ich es." Und tatsächlich, trotz aller Hindernisse schafft er es.
Das ist der Stil von General de Gaulle gewesen, kalt und eisig von Kindesbeinen an, so daß seine Brüder sagten: „Charles muß als Kind in einen Eiskeller gefallen sein!"
Während einer Schlacht suchte ein Leutnant General de Gaulle, um ihm eine Botschaft zu überbringen, aber er fand ihn nicht. „Geht ins Lager", sagte ihm ein Autofahrer, „und wenn Ihr ihn nicht sofort entdeckt, schaut auf die Erde und folgt der Spur seiner Zigarrenstummel. So werdet Ihr ihn sicher finden." Der Leutnant beherzigte diesen Rat und erreichte den General, der gelassen unter einem Baum saß und wie eine Lokomotive qualmte. Nachdem er die Botschaft gelesen hatte, gab er einige Anweisungen an die Offiziere, die in seiner Nähe waren, und rauchte weiter, ohne aus der Ruhe zu kommen. „Ihr werdet sehen, daß die Dinge jetzt besser gehen", meinte er, und so geschah es auch.
Ein glückliches Temperament! Andererseits jedoch riskiert der Phlegmatiker, gleichgültig, gefühllos, ungesellig und mitteilungsarm zu werden. Ein wenig mehr Begeisterung, ein größeres und stärkeres Interesse an den Belangen anderer würden ihn viel liebenswürdiger und sympathischer machen.

Den dritten Versuch unternimmt der *Choleriker*.
Er schnaubt: „Hindernisse? Aber die Hindernisse sind gerade dazu da, um überwunden zu werden!" Ungestüm nimmt er die Wand in Angriff, als ginge es gegen den Feind. Ohne seine Kräfte einzuteilen, verausgabt er sich kampfeslustig. Oft erreicht er

brillante Einzelergebnisse, aber nicht immer kommt er am Gipfel an. Der Choleriker besitzt eine lebendige und tiefe Empfindsamkeit, trifft rasch Entscheidungen und ist zäh in der Ausführung. Er könnte jedoch mehr Überlegung und Ruhe brauchen und sollte sich vor Begeisterung wie vor Pessimismus hüten. Der Abessinier Râs Tafari würde ihm sagen: „Du hast zwar zwei Beine, aber du kannst immer nur auf einen Baum klettern!" Wenn man nicht auf ihn achtgibt, würde er jedesmal einen ganzen Wald erstürmen.

So gibt es bei ihm neben dem, was gut ist, auch den Ballast, von dem er sich befreien muß. Unter anderem schafft sich der Choleriker neue Hindernisse, während er in seinem Ungestüm andere hinwegfegt. Dann zieht er sich leicht Feindschaft über Feindschaft zu. Normalerweise hat er, wenn er immer so zornig ist wie Xanthippe, nicht das Glück, nur Leuten zu begegnen, die mit der Geduld eines Sokrates ausgestattet sind. Dieser Sokrates sagte: „Ich habe sie gerade deswegen geheiratet, weil sie so rauh ist; wenn ich erst mal sie ertragen habe, bin ich sicher, auch jeden anderen verkraften zu können!" Eines Tages verließ er allerdings doch das Haus, um sie nicht mehr schreien zu hören. Er setzte sich auf die Türschwelle. Verärgert goß ihm seine Frau einen Eimer Wasser über den Kopf. „Ich konnte es mir ja denken", sagte Sokrates gelassen, „nach heftigem Donner muß der Regen kommen!"

Der *Melancholiker* ist im Gegensatz zum Jähzornigen niedergeschlagen und unterschätzt sich selbst. „Aber seht ihr nicht, daß es unmöglich ist, eine solche Wand zu ersteigen? Wollt ihr denn, daß ich abstürze?" Als geborener Pessimist läßt er sich von Anfang an von den Schwierigkeiten abschrecken.

Er gehört zu jenen, die vor einer halben Flasche Wein jammern: „Da hat man's nun, das erste Mal in meinem Leben habe ich Lust, etwas zu trinken, und da finde ich eine halbleere Flasche vor! Ich bin wirklich ein Unglücksrabe!" Statt zu sagen: „Wie! Es ist noch eine halbe Flasche da! Wer hätte das gedacht!"

Den Christen sollte das Bemühen kennzeichnen, die Dinge von der besseren Seite zu sehen. Wenn es wahr ist, daß das Evangelium eine frohe Botschaft ist, dann muß der Christ ein froher Mensch sein, ein Verbreiter von Freude. „Die finsteren Gesichter", sagte der heilige Philipp Neri, „sind nicht für das fröhliche Zuhause im Himmel."

Wie Ihr seht, hochverehrter Hippokrates, bin ich von der Charaktertypologie auf den Himmel zu sprechen gekommen. Wir müssen versuchen, dort hinzugelangen, indem wir einmal das Temperament annehmen, wie wir es von den Eltern geerbt haben, dann aber auch, indem wir uns mit allen Kräften bemühen, einen guten Charakter daraus zu machen.
Im Himmel lebt der heilige Thomas von Aquin, ein phlegmatischer Heiliger, der nicht aufhören würde zu studieren, auch wenn ein Ochse in sein Zimmer eindränge. Dort ist auch der heilige Johannes Eudes, der vor Zorn kochte, wenn er nur einen Häretiker sah. Franz von Sales ist dort, der Heilige mit dem guten Benehmen, ein Künstler im Reden und im Schreiben; und im Himmel lebt der Pfarrer von Ars, ein Meister der Selbstkasteiung und ein Spezialist im Vertilgen von schimmligen Kartoffeln, die er schon eine Woche zuvor gekocht hatte.
Wenn der heilige Petrus, der große Himmelspförtner, unsere Verdienste abwägt, dann vergißt er sicher unsere guten Werke nicht. Aber er wird auch die Schwierigkeiten auf die Waage legen müssen, die Verzögerungen, die Hindernisse, die aus unserem mehr oder weniger glücklichen Temperament stammen. Ob er dann Eure Einteilung zugrundelegt, oder die des Pende, ob er sich auf die wissenschaftliche Charakterisierung von Spranger, Kretschmer, C. G. Jung oder Künkel stützt oder ob er dem Test von Don Cojazzi folgt, das weiß ich nicht. Ihr kennt diesen letztgenannten Test noch nicht? Er ist nicht wissenschaftlich, sondern ganz und gar empirisch. Ich erkläre ihn Euch so, wie ihn mir Don Cojazzi selbst erläutert hat.
Cojazzi meint, der beste Ort, um die Temperamente kennenzu-

lernen, sei die Gaststätte; genauer gesagt, eine Gaststätte, wo sich ein durstiger Gentleman einen Krug Bier bestellt, der ihm auch serviert wird, aber mit einer Fliege, die darin um ihr Leben kämpft.

Ist der Gentleman ein Engländer, setzt er phlegmatisch das Glas auf den Tisch, läutet seelenruhig, und ebenso gelassen befiehlt er: „Einen anderen Krug mit frischem, sauberem Bier bitte!" Nachdem er ihn ausgetrunken hat, verläßt er ungerührt das Lokal. Wenn jemand verstört ist, dann der Ober, nicht wegen der Fliege, sondern wegen des verpaßten Trinkgeldes!

Hat ein Franzose den Krug mit dem Bier in der Hand und entdeckt die Fliege, verändert sich seine Gesichtsfarbe; ungestüm setzt er das Bier ab, schimpft über Wirt und Ober, schlägt die Tür hinter sich zu und hört auch draußen nicht auf, über Gaststätte, Bier und Fliegen zu schimpfen.

Nun kommt der Italiener, sieht sich die Fliege an, schnippt sie lächelnd mit seinem Mittelfinger über den Glasrand und scherzt mit dem Ober: „Ich hatte etwas zu trinken bestellt, und du bringst mir zu essen." Er trinkt aus und geht hinaus, wobei er vergißt, die Rechnung zu bezahlen.

Jetzt ist der Deutsche an der Reihe: Nachdem er die Fliege gesehen hat, hebt er den Krug in Nasenhöhe, runzelt die Stirn, schließt die Augen, neigt den Kopf ein wenig nach hinten und schluckt diszipliniert in einem Zug Bier und Fliege hinunter.

Es präsentiert sich der Däne; er vergnügt sich mit der zappelnden Fliege im Bierschaum, holt den Kneifer heraus und ist von dem schönen Schauspiel in den Bann gezogen. Er hätte sogar das Trinken vergessen, wenn der Ober, der das Insekt bemerkt, ihm nicht das Bier mit tausend Entschuldigungen gegen ein anderes eintauschen würde.

Zuletzt kommt ein Eskimo. Er hat nie Fliegen gesehen; er denkt, daß das, was vor ihm steht, eine Besonderheit sei, eine örtliche Spezialität. So ißt er die Fliege und schüttet das Bier weg!

Ihr verzeiht mir doch, hochverehrter Hippokrates? Solche Anekdoten unter die hohe Wissenschaft zu stellen, deren Repräsentant Ihr seid, kann als Profanierung ausgelegt werden. Aber wenn es nützlich ist? Wenn es zeigt, wie auch das gesunde Volksempfinden das Lächerliche herausspürt und geißelt, das in einem primitiven, unkontrollierten und unverbesserten Temperament steckt?

LIEBE IN KLEINER MÜNZE

Juni 1973

Liebe kleine Therese,

ich war siebzehn Jahr alt, als ich Eure Autobiographie las. Wie ein Blitz schlug sie bei mir ein. „Geschichte einer Frühlingsblume" habt Ihr sie genannt. Mir schien sie die „Geschichte eines Brecheisens" zu sein. Willenskraft, Mut und Entschiedenheit sprachen aus ihr. Als Ihr einmal den Weg der völligen Hingabe an Gott gewählt hattet, da konnte nichts mehr Euren Lauf hemmen, weder Krankheiten, noch äußere Widerstände, noch inneres Dunkel.

Daran erinnerte ich mich, als man mich einmal ins Sanatorium brachte. Es war in den Jahren, als es noch keine Antibiotika, kein Penicillin gab. Im Krankenhaus stand man mehr oder weniger nahe vorm Tod.

Ich schämte mich, ein wenig Furcht zu empfinden. „Therese war dreiundzwanzig Jahre alt", sagte ich mir, „bis dahin gesund und voller Lebenskraft, doch als sie zum erstenmal merkte, daß sie Blut gespuckt hatte, da war sie voll freudiger Erwartung. Sie verharmloste sogar ihre Krankheit und erbat sich die Erlaubnis, ihr begonnenes Fasten mit Wasser und Brot zu Ende zu bringen. Und du", sagte ich mir, „du willst anfangen zu zittern? Du bist Priester; komm zu dir und sei kein Schwächling!"

Als ich anläßlich Eures hundertsten Geburtstages wieder Euer Buch las, da beeindruckte mich besonders die Art, wie Ihr Gott und die Menschen geliebt habt. Der heilige Augustinus schreibt: „Wir gehen zu Gott nicht mit Schreiten, sondern mit Lieben." Auch Ihr nanntet Euren Weg den „Weg der Liebe". Christus sagt: „Niemand kommt zu mir, wenn ihn mein Vater nicht zieht." Genau nach diesem Wort fühltet Ihr Euch wie ein „kleiner Vogel ohne Kraft und ohne Flügel"; aber in Gott saht Ihr den Adler, der sich herabließ, um Euch auf seinen Flügeln zur Höhe zu tragen. Ihr nanntet die göttliche Gnade einen „Aufzug", der Euch schnell und ohne Mühe zu Gott emporhob; denn Ihr wart „zu klein, um auf der schwierigen Leiter der Vollkommenheit emporzusteigen".

Ich schrieb soeben: „Ohne Mühe." Wir müssen das richtig verstehen. In einer Hinsicht stimmt es, aber in einer anderen . . . Es ist in den letzten Lebensmonaten. Eure Seele geht in einer Art dunklem Tunnel, nichts sieht sie mehr von dem, was ihr vorher so deutlich war. „Der Glaube", schreibt Ihr, „ist nicht mehr ein Schleier, sondern eine Mauer." Die körperlichen Schmerzen sind so groß, daß Ihr sagt: „Wenn ich den Glauben nicht gehabt hätte, hätte ich mir das Leben genommen." Ihr hört trotzdem nicht auf, mit dem Willen dem Herrn zu sagen, daß Ihr ihn liebt: „Ich besinge das Glück des Himmels, ohne Freude zu empfinden; ich singe einfach, daß ich ihn lieben will." Eure letzten Worte waren: „Mein Gott, ich liebe dich!"

Ihr habt Euch der barmherzigen Liebe Gottes als Opfer angeboten. Doch das hindert Euch nicht, Euch an den schönen und guten Dingen der Welt zu freuen. Vor der Erkrankung habt Ihr gern gemalt, habt Gedichte verfaßt und kleine religiöse Theaterstücke, und die eine oder andere Rolle daraus habt Ihr mit schauspielerischem Talent gespielt. Während der Krankheit batet Ihr in einem Augenblick der Besserung um Schokoladenplätzchen. Ihr hattet keine Angst wegen Eurer Unvollkommenheiten, auch nicht, weil Ihr manchmal einschlieft während der Betrachtung („Die Kinder gefallen den Müttern auch, wenn sie schlafen"). In der Liebe zum Nächsten wart Ihr darauf bedacht, unbeobachtet kleine, unscheinbare Dienste zu leisten und wenn möglich die Mitschwestern vorzuziehen, die Euch unsympathisch waren und nicht so veranlagt waren wie Ihr. Hinter ihrem weniger sympathischen Gesicht suchtet Ihr das Antlitz Christi. Niemand merkte etwas davon. „So sehr sie in der Kapelle und bei der Ar-

beit in Gott versunken ist", schrieb die Priorin über Euch, „ebensosehr ist sie in der Freizeit ulkig und voller Einfälle, bis sie uns alle zum Lachen bringt."
Diese wenigen Linien, die ich da aufgezeichnet habe, sind weit davon entfernt, Eure ganze Botschaft an die Christen zu enthalten. Trotzdem genügen sie, uns einige Hinweise zu geben.

Die wahre Liebe zu Gott fordert eine klare Entscheidung, die man einmal trifft und, wenn notwendig, wieder erneuert.
Enea de Metastasio, der einmal von sich sagt: „Hin- und hergerissen, im Zwielicht der Unentschlossenheit – ich bleibe nicht, ich gehe nicht", er hatte sicher nicht das Zeug zu einer wahren Gottesliebe.
Eher schon Euer Landsmann Marschall Foch. Während der Marneschlacht telegraphierte er: „Die Mitte zieht sich zurück, der linke Flügel setzt sich ab, doch ich greife weiter an." Ein wenig Kampfbereitschaft und die Liebe zum Risiko schaden der Liebe zu Gott nicht. Ihr hattet sie: nicht umsonst saht Ihr in Jeanne d'Arc eine Kampfgenossin.
Im „Liebestrank" von Donizetti genügt die verstohlene Träne im Auge der Adina, um den verliebten Nemorino glücklich zu machen. Gott gibt sich mit verstohlenen Tränen nicht zufrieden. Eine Träne, die man äußerlich weint, gefällt ihm nur, wenn ihr innen, im Willen, eine entschiedene Haltung entspricht. So ist es auch mit den äußeren Werken: sie gefallen Christus nur, wenn sie der Ausdruck einer inneren Liebe sind.
Die Gesichter der Pharisäer waren vom Fasten ganz eingefallen, aber Christus hatte keine Freude an diesen abgezehrten Gesichtern, weil das Herz der Pharisäer fern war von Gott. Ihr schreibt: „Die Liebe darf nicht nur aus Gefühlen bestehen, sondern aus Taten." Aber Ihr fügt hinzu: „Gott braucht unsere Werke nicht, sondern nur unsere Liebe." Wunderbar!

Zusammen mit Gott können wir eine ganze Menge von anderen schönen Dingen lieben. Unter einer Bedingung: wir dürfen

nichts gegen oder mehr oder im selben Maß lieben wie Gott. Mit anderen Worten: die Liebe zu Gott darf die andere Liebe nicht ausschließen, sondern muß den Vorrang haben, wenigstens der Hochschätzung nach.
Jakob verliebte sich einst in Rachel. Er warb sieben Jahre um sie, und diese „schienen ihm", wie die Bibel sagt, „wenige Tage zu sein; so sehr liebte er sie." Und Gott hatte nichts dagegen einzuwenden; im Gegenteil, er hatte Wohlgefallen an dieser Liebe und segnete sie.
Das heißt nicht, alle Liebe dieser Welt segnen und mit Weihwasser besprengen. Leider versucht das heute der eine oder andere Theologe unter dem Einfluß der Ideen Freuds, Kinseys und Marcuses zu tun und hebt die „neue Sexualmoral" in den Himmel. Wenn die Christen keine Verwirrung und keine Zerrissenheit wollen, müssen sie auf das Lehramt der Kirche schauen. Ihr ist ein besonderer Beistand geschenkt, um die Lehre Christi unverfälscht zu bewahren und sie in geeigneter Weise der modernen Zeit anzupassen.

Das Antlitz Christi im Antlitz des Nächsten suchen, ist das einzige Kriterium, das uns die Sicherheit gibt, alle Menschen ernsthaft zu lieben und alle Antipathien, Ideologien und jede bloße Menschenfreundlichkeit zu überwinden.
Ein junger Bursche – die Geschichte stammt von dem alten Erzbischof Perini – klopft eines Tages an die Tür eines Hauses. Er hat seinen besten Anzug an, eine Blume im Knopfloch; und drinnen klopft ihm mächtig das Herz: Wer weiß, wie das Mädchen und die Familie seinen Heiratsantrag aufnehmen werden? Das Mädchen selbst kommt an die Tür. Ein Blick – und das Erröten, die offensichtliche Freude des Mädchens (es fehlt die „verstohlene Träne") machen ihn sicher; das Herz wird ihm weit. Er tritt ein. Da ist die Mutter des Mädchens; sie scheint ihm die liebenswerteste Frau der Welt zu sein, am liebsten möcht' er sie umarmen. Da ist der Vater; wohl hundertmal ist er ihm schon begegnet, aber heute abend sieht er ihn in einem neuen Licht.

Später kommen die beiden Brüder; sie werden umarmt und herzlich gegrüßt.
Perini fragt nun: Was geht in diesem jungen Mann vor? Wie kann unversehens eine so vielfältige Liebe in ihm aufbrechen? Antwort: Es ist keine vielfältige Liebe, es ist nur eine: er liebt das Mädchen, und die Liebe zu ihr überträgt er auf alle ihre Angehörigen. Wer Christus wirklich liebt, muß alle Menschen wirklich lieben, denn sie sind seine Brüder. Auch wenn sie häßlich, einfältig oder böse sind, die Liebe muß sie verwandeln.
Oft ist Liebe in kleiner Münze die einzig mögliche. Nie hatte ich Gelegenheit, mich in das Wasser eines reißenden Flusses zu stürzen, um einen Ertrinkenden zu retten. Sehr oft aber bat man mich, etwas auszuleihen, einen Brief zu schreiben, irgendeine einfache Auskunft zu geben. Nie ist mir ein tollwütiger Hund begegnet, wie oft aber hatte ich es mit lästigen Mücken und Fliegen zu tun. Nie bin ich verfolgt und verprügelt worden, aber wie viele Leute stören mich mit ihrem lauten Schreien auf der Straße, mit dem überdrehten Radio oder vielleicht auch mit ihrem Schmatzen beim Essen.
Helfen, so gut man kann, sich nicht ärgern, Verständnis zeigen, ruhig und freundlich bleiben (so gut man kann): das heißt den Nächsten lieben, ohne große Worte, aber in der Tat. Christus hat diese Liebe oft geübt. Mit was für einer Geduld hat er die Streitereien unter den Aposteln ertragen! Wie aufmerksam hat er ermuntert und gelobt: „Nie habe ich solchen Glauben in Israel gefunden“, sagt er vom Hauptmann und von der Kanaanäerin. „Ihr seid auch in den schweren Stunden bei mir geblieben“, sagt er zu den Aposteln. Einmal bittet er den Petrus, ihm den Gefallen zu tun und ihm sein Boot zu leihen. Er konnte sich in die Lage der anderen versetzen, er litt mit ihnen. Er vergab den Sündern, er nahm sie in Schutz und verteidigte sie, etwa den Zachäus, die Ehebrecherin, Magdalena.
Ihr seid in Lisieux seinem Beispiel gefolgt; wir müssen das gleiche tun in unserer Welt. Carnegie erzählt von einer Frau, die eines Tages ihrem Mann und den Kindern den Tisch schön gedeckt

und mit Blumen geschmückt hatte, aber auf jedem Teller lag eine Handvoll Heu. ,,Wie? Heute gibt es Heu?" – ,,Nein, ich bringe das Essen sofort. Aber ich möchte euch etwas sagen. Seit Jahren richte ich die Mahlzeiten für euch. Ich versuche Abwechslung hineinzubringen: mal Reis, mal Suppe, mal Gegrilltes oder Geschmortes. Aber nie, daß ihr sagt: ,Es schmeckt' oder ,Das hast du gut gemacht'. Sagt doch mal etwas, ich bin doch nicht aus Stein. Man kann nicht arbeiten ohne ein Wort der Anerkennung, ohne Ermutigung, nur für den König von Preußen."

Auch die Liebe, die mehr öffentlichen oder sozialen Charakter hat, kann sich im Kleinen zeigen. Da ist ein gerechtfertigter Streik; vielleicht bringt er mir Unannehmlichkeiten, der ich gar nicht unmittelbar an der Streikfrage beteiligt bin. Die Unannehmlichkeiten annehmen, nicht murren, sich solidarisch fühlen mit den Brüdern, die um ihre Rechte kämpfen: auch das ist christliche Liebe. Sie fällt kaum auf, aber darum ist sie nicht weniger wertvoll.

Zur christlichen Liebe gehört die Freude. Davon singen schon die Engel in Betlehem. Die Freude gehört zum Wesen des Evangeliums, das ja die ,,Frohe Botschaft" ist. Sie ist auch ein Merkmal der großen Heiligen. ,,Ein Heiliger, der traurig ist", sagt Teresa von Avila, „ist ein trauriger Heiliger." Und Dominikus Savio: ,,Hier bei uns wird man mit Fröhlichkeit heilig." Die Freude kann eine sehr schöne Liebe sein, wenn sie weitergegeben wird. So habt Ihr es ja in den Erholungsstunden im Karmel gemacht.

Einmal starb ein Ire ganz unverhofft, und er stand plötzlich vor dem göttlichen Richter. Er hatte nicht wenig Angst, denn seine Lebensbilanz sah recht mager aus. Eine ganze Reihe war noch vor ihm; alle mußten sie Rechenschaft ablegen. Christus schlug in dem dicken Buch nach und sagte zum ersten: ,,Da steht: Ich hatte Hunger, und du hast mir zu essen gegeben. Bravo! Ab in den Himmel." Zum zweiten: ,,Ich hatte Durst, und du hast mir zu trinken gegeben." Zum dritten: ,,Ich war im Gefängnis, und du hast mich besucht." Und so fort.

Bei jedem, der in den Himmel befördert wurde, machte der Ire eine Gewissenserforschung, und jedesmal kam ihm das Zittern: er hatte weder zu essen noch zu trinken gegeben und hatte keine Gefangenen und keine Kranken besucht. Nun kam er an die Reihe. Er blickte auf Christus hin, der in seinem Buch nachschlug, und zitterte vor Angst. Aber Christus blickte auf und sagte: „Da steht nicht viel geschrieben. Aber etwas hast du auch getan: ich war traurig, ich war enttäuscht, ich war niedergeschlagen, und du bist gekommen und hast mir Witze erzählt. Du hast mich zum Lachen gebracht und mir Mut gegeben. In den Himmel!" Dies ist nur ein Scherz, ich geb's zu, aber er macht klar, daß man keine Gelegenheit zum Lieben vernachlässigen oder geringschätzen soll.

Kleine Therese, die Liebe, die Ihr Gott entgegenbrachtet (und aus Liebe zu Gott dem Nächsten), war wirklich Gottes würdig. So muß unsere Liebe sein: eine Flamme, die sich nährt von allem, was in uns groß und schön ist, und die alles ablehnt, was in uns aufbegehren will; ein Sieg, der uns auf seinen Flügeln emporträgt und als Geschenk Gott zu Füßen legt.

DER WAHRE ADEL

Juli 1973

Lieber Don Alessandro,

als Ihr vor etwa hundert Jahren starbt, meinten Eure Freunde übereinstimmend: „Ab heute gibt es einen neuen Heiligen im Himmel."

Später, als die ersten Schritte zu Eurer Heiligsprechung eingeleitet wurden, setzte sich der treuherzige und großzügige Antonio Cojazzi kräftig für Euch ein. Dabei hat er schon ein bißchen übertrieben.

Neuerdings erlebt Ihr das Gegenteil, und zwar durch Maria Luisa Astaldi und andere, die Euch leichtfertig als erbkrank darstellen, als unheilbar nervenkrank und besessen von quälenden Glaubenszweifeln.

Die Wahrheit sieht anders aus. Obwohl Ihr durch einige Komplexe, durch Euer Temperament und durch schmerzliche Familienereignisse geprägt wurdet, wart Ihr ein aufrichtiger, überzeugter und großer Katholik. Noch als alter Mann seid Ihr jeden Tag in die Kirche gegangen, um die heilige Kommunion zu empfangen.

Wie Euer Leben wirklich aussah, läßt sich daraus ersehen, wie stark Eure Schriften vom Gedankengut des Evangeliums durchdrungen sind. „Das Leben ist nicht von vornherein dazu bestimmt, für viele eine Last und nur für wenige ein Fest zu sein. Es ist für alle eine schwere Aufgabe, über die jeder Rechenschaft geben muß."

„Unser Unglück ist nicht das Leiden, das Armsein; unser Unglück ist, daß wir Böses tun." – „Allein schon der Gedanke, Streit zu provozieren, betrübt mich." – „Gott zerstört nie die Freude seiner Kinder, es sei denn, um sie auf eine noch größere, stärkere Freude vorzubereiten." Aus Eurer Feder sprühten Funken christlichen Glaubens, weil Euer Verstand und Euer Herz, die Eure Hand beim Schreiben lenkten, vom christlichen Leben erfüllt waren. „Die Verlobten" bekräftigt meine Meinung vom Anfang bis zum Ende. Es ist bezeichnend, was der Mönch Ludovico da Casoria über diesen Roman, über diese Liebesgeschichte sagt: „Dieses Buch könnte man in einem Chor von Jungfrauen unter dem Vorsitz von Maria lesen."

Euer Roman ist die Geschichte armer Leute. Arm ist der Hauptschauplatz: Berge, Land und Seen. Arm sind auch die Hauptdarsteller Renzo und Lucia, zwei nette junge Leute, die nur eines wollen: einander gernhaben. Renzo hat ein Heim geschaffen für seine geliebte Lucia. Sie kommt manchmal daran vorbei und blickt verstohlen hin, nicht ohne dabei zu erröten. Er freut sich auf die Braut, auf ein fröhliches langes Leben mit ihr. Statt dessen fegt ein Unwetter über das Heim, trennt und zerstreut die Verlobten. „Aber der Herr weiß, daß ich zu ihm halte", sagt Lucia im tiefsten Dunkel. „Was Gott will, soll geschehen", bittet Renzo, ohne deshalb auf einen ehrlichen und beherzten Einsatz zu verzichten.

Auch in der Umgebung der beiden leben einfache, ehrliche Leute. Da ist Agnese, ungebildet, aber mit reicher Lebenserfahrung. Sie versucht, die Trauung durch eine List zu erzwingen und rät, den Pfarrer zu übertölpeln. Auf den Einwand Lucias, dies sei doch wohl nicht die richtige Art, meint sie nur: „Es ist so, wie wenn man einem Christenmenschen einen Schlag versetzt: das ist nicht recht; aber wenn er ihn hat, kann ihn nicht einmal der Papst mehr wegnehmen."

Außer Agnese kann man noch viele andere nennen: ein feiger, egoistischer und furchtsamer Pfarrer, dem es vor allem darum geht, seine eigene Haut zu retten; Perpetua, die Magd, die dem Pfarrer gute Tips gibt; Ambrogio, der Küster, ein äußerst geschickter Wirt; der Totengräber, ein gewisser Tonio mit seinem Bruder Gevaso und seiner Frau, die noch mehr lügt als er selbst; das schmächtige Mädchen, das dem mageren Kalb das Gras wegnimmt; die kleine Bettina, die fröhlich ruft: „Der Bräutigam, der Bräutigam!"; Menico, ein Könner, wenn es darum geht, flache Steine auf dem Wasser springen zu lassen; und schließlich der Konsul des Dorfes.

Wer klopft da an die Tür und ruft: ,,Deo gratias"? Es ist Bruder Galdino; einen Bettelsack über der linken Schulter, kommt er vom Nüssesuchen. Zwischen zwei Geschichten erzählt er von einem großen Wunder, das sich in einem Kloster der Romagna zugetragen haben soll.

Dann gibt es noch den anderen Kapuziner, der in der Tür von Agnese erscheint und auf der Schwelle stehenbleibt. Wer ist das? ,,Ein Ordensmann", antwortet Renzo, ,,bei dem, ohne Euch unrecht zu tun, jedes Haar seines Bartes mehr wert ist als Euer ganzer Bart zusammen." Ein offener Feind der Tyrannen, einmal durch seine Worte und, wo es möglich ist, auch durch seine Taten. Dann gibt es noch Pater Christoforo, Lucias geistlichen Führer. Er half ihr, von einer armen Bäuerin, die allein mit ihrer Mutter auf der Welt ist, zu einer reinen und starken Frau zu werden mit festem Glauben und unerschütterlicher Hoffnung.

Alle diese Menschen leben im Dorf. Innerhalb und außerhalb des Dorfes habt Ihr, lieber Don Alessandro, 255 Personen geschaffen. Es ist Euch gelungen, sie oft mit nur wenigen Worten zum Leben zu erwecken, wie die Frau, ,,ein alter Topf mit zwei Griffen", den Dicken, der an der Tür seines Krämerladens steht wie einer, der lieber Fragen stellt als beantwortet, wie den Trompeter von Don Gonzales, wie Don Pedro, Ferrers Kutscher, der sich mit unbeschreiblicher Eleganz einen Weg durch die Menge bahnt mit den süßen, bittenden Worten: „Wenn Sie so freundlich wären, ein bißchen Platz, bitte." Sind die Menschen dann beiseitegegangen, zeigt er wieder sein wahres Gesicht, er wirft jedes Zeremoniell über den Haufen, schlägt kräftig auf die Pferde ein und schreit: ,,Ohè, ohè!"

Aber die Großen dieser Welt? Sie kommen zwar in Eurem Roman vor, jedoch entweder im Dienst oder im Gegensatz zu den

Armen, zu den Demütigen, die auf diese Weise in einem besseren Licht erscheinen.
Ihr wart adelig von Geburt an. Doch für Euch bestand der Adel darin, den Armen zu dienen. Für Euch steht kein Mensch über seinem Mitmenschen, es sei denn durch seinen Dienst an ihnen. Kardinal Federigo, Pater Christoforo, der Ungenannte, der sich bekehrt hat, der Markgraf, der Erbe von Don Rodrigo, die wohlhabende Händlerin: sie alle gehören zum wirklichen Adel, weil sie sich um die Not der Armen kümmern. Die anderen, die ohne Rücksicht auf Verluste große Geschäfte machen, gefallen Euch nicht. Wie Ihr das herausstellt, einfach großartig. „Das sind die, die immer recht haben." – „Die sind aus der Rippe Adams." – „Sie schicken die jüngeren Kinder ins Kloster, um dem Ältesten das Vermögen zu sichern." – „Der ist dazu bestimmt, Kinder zu zeugen, um sich und die Kinder zu quälen." Don Rodrigo ist ein gewalttätiger Herrscher. Gott fürchtet er nicht, dafür aber die Welt und die Verachtung der Bauern, mit denen er lebt. Er ist fähig, einen armen Mönch zu beschimpfen und ihn aus seinem Haus zu jagen. Vor dem Orden hat er jedoch fürchterliche Angst („Möchtet Ihr, daß ich mir alle Kapuziner Italiens auf den Hals hetze?").
Vom Fürsten, der unter allen Umständen seine Tochter zur Nonne machen will, sagt Ihr: „Wir haben nicht das Herz, ihm in diesem Augenblick den Namen Vater zu geben." Ohne Nachsicht wird Graf Zio als aufgeblasener Heuchler abgestempelt („seine zweideutigen Reden, sein bedeutungsvolles Schweigen, sein Versuch, es immer allen recht zu machen, seine zusammengekniffenen Augen, seine Versprechen, die er nicht hält"). Abgestempelt auch Graf Attilio, der große Verfechter der Prügelstrafe, die er sowohl über die Boten verhängt, die ihm eine Herausforderung überbringen („Mit dem Stock macht sich niemand die Hände schmutzig"), als auch über die Kapuziner („Man muß rechtzeitig ihre Tugendhaftigkeit verdoppeln, deswegen kann man ihnen ruhig ungestraft eine Tracht Prügel verpassen"). Abgestempelt auch der Arzt Azzeccagarbugli, („dieser Doktor der

verlorenen Fälle"), berechnender Opportunist, Taschenspieler, Quacksalber, Hampelmann in der Hand der Mächtigen und ihr Verbündeter bei den Schurkereien, die von ihnen gegen die Armen ausgeheckt werden.

Also, Gewalt gefällt Euch überhaupt nicht, nicht einmal dann, wenn die Armen sich dagegen wehren, ungerecht mit den Füßen getreten zu werden. Renzo, entschlossen, von sich aus Gerechtigkeit zu schaffen, ruft aus: „Schließlich gibt es noch eine Gerechtigkeit auf dieser Welt!" Ihr laßt ihn mit dieser Ansicht glatt abblitzen, wenn Ihr kommentiert: „Wirklich, ein Mensch, der vom Schmerz überwältigt ist, weiß nicht mehr, was er sagt." Und was möchtet Ihr an die Stelle der Gewalt setzen? Das Verzeihen. Um Verzeihung bittet Bruder Christoforo den Bruder dessen, den er getötet hat. Für den Rest seines Lebens tritt er überall für die Vergebung ein. In seiner Tasche steckt das berühmte „Brot der Verzeihung", das er vor seinem Tod Renzo und Lucia als Erbe anvertraut. Sie sollen es später ihren Kindern zeigen und sie lehren, immer alles zu verzeihen, alles, alles! Ein Jahr zuvor hatte er verwirrt Renzo erzählt, daß auch er voller Haß sei. Er habe den Menschen, den er seit langer Zeit abgrundtief haßte, sogar getötet, nachdem er ihn dreißig Jahre lang gesucht hatte. Unbeschreiblich das Gefühl, das er nachher empfand für den Menschen, den er haßte ... Diese Lektion war nicht umsonst. Renzo verzeiht Don Rodrigo. Aber seine Vergebung wird unterbrochen von neuen Wutanfällen und Rachegelüsten, die auf der Flucht von Monza nach Mailand immer wieder aufflammen. Mindestens zwanzigmal hätte er in seinem Herzen Don Rodrigo umgebracht und wieder zum Leben erweckt. Nach den neuerlichen Vorwürfen von Pater Christoforo im Lazarett ringt Renzo sich dazu durch, wirklich von Herzen zu vergeben. Das wiederholt sich in Lucias Hütte, als er hört, daß Don Rodrigo gestorben ist. Immer mit diesem „von Herzen, von Herzen".

Eine andere Leitlinie durchzieht Euren Roman: das Vertrauen auf die Vorsehung Gottes.

Als Lucia im Boot sitzt und von ihren Bergen Abschied nimmt, kommen ihr die Tränen. Doch schließlich gewinnt ein Gedanke die Oberhand: ,,Gott, der euch solche Wonne gab, ist überall.“ Obwohl ihr die übereilte Hochzeit mißfällt, sagt sie: ,,. . . machen wir weiter mit Glauben. Gott wird uns schon helfen . . . lassen wir ihn da oben nur walten. Glaubt ihr nicht, daß er es besser versteht, die Fäden in die Hand zu nehmen, als wir mit unserer ganzen Schlauheit?“

Renzo betet in seinem Versteck, bevor er sich auf das Bett legt, das ihm die Vorsehung bereitet hatte: ,,Ich danke dir für dieses Geschenk und für den Beistand, den ich an diesem schrecklichen Tag erfahren habe.“ Als er dann die Augen schließt, gehen verschiedene Gedanken in seinem Kopf herum, bis sich schließlich dieser eine Gedanke durchsetzt: ,,Gott weiß, was er tut, er ist auch für uns. Alles geschehe zur Sühne meiner Sünden. Lucia ist so gut! Er wird sie nicht lange leiden lassen.“

Noch halb niedergeschlagen und völlig verwirrt nach dem Lauf und dem Sprung, mit dem er sich auf den Leichenkarren retten konnte, dankt er, so gut er kann, der Vorsehung. Er dankt, weil er einer derartig großen Bedrängnis entrinnen konnte, ohne daß ihm etwas zugestoßen war und ohne selbst Böses getan zu haben. Von Anfang an bewahrte Renzo dieses Verhältnis des Vertrauens. ,,Das ist eine Vorsehung“, erklärt er, bevor er den Armen in Bergamo sein letztes Geld gibt. ,,Die Vorsehung! Ich habe es ja gesagt!“ ruft er begeistert aus, als ihm sein Neffe Bortolo Hilfe zusichert. ,,Ich muß der Mutter Gottes danken, solange ich lebe“, sagt er nach der Rückkehr aus dem Lazarett einem Freund.

Zum Schluß sucht er mit Lucia den Sinn dieser ganzen Geschichte zu verstehen. Er kommt zu dem Ergebnis: ,,Wenn dich – mit oder ohne deine Schuld – ein Unglück trifft, wird es durch das Vertrauen auf Gott gemildert und zum Fundament für ein besseres Leben.“ Ich stimme mit Euch überein, wenn Ihr Kardi-

nal Federigo sagen laßt: ,,Alles tun, was man kann, sich Mühe geben, sich gegenseitig helfen und zufrieden sein."
Einverstanden, lieber Don Alessandro, bin ich auch mit allen anderen, die das Evangelium wirklich leben.

An Casella

DIE MUSIK DER VERSÖHNUNG

September 1973

Lieber Musiker, Freund Dantes,

das, was Du Dante am Fuße des Gebirges im Fegfeuer erzählt hast, wiederholt sich gerade in unserer Zeit. Als Dante Dich, es war zu Ostern 1300, am Strand des Vorhofs zum Fegfeuer landen sieht, gerät er in große Verwunderung: „Mein Casella, seit deinem Tod ist einige Zeit verstrichen! Warum bist du noch hier, warum bist du noch nicht im Fegfeuer angekommen, wie es dir doch bestimmt war?"
Und Du: „Das ist eine lange Geschichte. Du mußt wissen, daß die Seelen, die noch geläutert werden müssen – kaum daß sie den Körper verlassen haben – sich alle in einer Art Vorfegfeuer treffen, das heißt in Ostia an der Mündung des Tiber. Dorthin kommt ein Engel als Steuermann mit einem Boot, und wer ihm gefällt, der wird – entsprechend dem Ratschluß Gottes – eingeladen. Mehr als einmal habe ich mich ihm vorgestellt, doch vergebens. Zum Glück lädt der Engel seit drei Monaten – seit Papst Bonifaz VIII. das Heilige Jahr verkündet hat – alle ein, die mitfahren wollen. Das ist wirklich eine glückliche Wende, eine Zeit großer Freigebigkeit und Barmherzigkeit; daraus habe ich Nutzen gezogen und nun bin ich hier."

Heute ist Papst Paul an die Stelle von Papst Bonifaz getreten. Auch er, lieber Casella, hat ein Heiliges Jahr ausgerufen, wenn auch unter etwas anderen Bedingungen als 1300. Dein Papst Bonifaz konnte nur auf eine ungesicherte Tradition zurückblicken. Gewiß hatte er von früheren Jubiläen gehört, aber die von ihm angestellten Nachforschungen hatten keine lohnenden Ergebnisse zutage gebracht. Ein 107jähriger Savoyarde erzählte, daß er als Siebenjähriger im Jahre 1200 mit seinem Vater nach Rom gekommen sei, und er habe dem Vater versprechen müssen, wieder in die Ewige Stadt zurückzukehren, falls er in hundert Jahren noch leben würde.

Zwei andere hochbetagte, aber rüstige Pilger aus Beauvais berichteten, daß um 1200 ein Generalablaß gegeben worden sei. Tradition oder nicht Tradition, Papst Bonifaz entsprach dem Wunsch vieler, er unterschrieb die berühmte Bulle, und es gab ein rauschendes Jubiläum.

Ganz Europa schien sich um 1300 ein Stelldichein in Rom zu geben. Massen strömten zusammen, zu Pferd und zu Fuß; die Alten und Kranken wurden auf Karren gebracht. Die dem heiligen Petrus und dem heiligen Paulus geweihten Basiliken blieben Tag und Nacht geöffnet. Selbst die Kardinäle machten frühmorgens die dreißig für die Bewohner Roms vorgeschriebenen Kirchenbesuche. Die Mädchen, die damals stets wohlbehütet im Haus blieben, machten diese Besuche nachts unter sicherem Geleit.

Unter den Pilgern, lieber Casella, waren auch Deine toskanischen Landsleute Dante, Giotto und Giovanni Villani. Der Letztgenannte hatte, wie er uns selbst mitteilt, bei dieser Pilgerreise die Eingebung, die Geschichte seiner Heimatstadt Florenz niederzuschreiben. Nach Hause zurückgekehrt, war er noch ganz erfüllt von den in Rom gesammelten Eindrücken: ,,Es war das Wunderbarste, was man je gesehen hat. Während des ganzen Jahres beherbergte Rom außer seinen Einwohnern ständig etwa zweihunderttausend Pilger, die auf der Hin- und Rückreise befindlichen nicht mitgerechnet.

Alle hatten genügend Proviant, sowohl die Pferde als auch die Menschen, und alles wickelte sich in großer Ruhe, ohne Lärm und Schlägereien ab. Das kann ich bezeugen, weil ich dabei war. Der Schatz der Kirche wuchs durch die Opfergaben der Pilger, und die Römer wurden durch den Verkauf der Lebensmittel reich“ (Cronaca VIII, 36).

Im Unterschied zu Bonifaz VIII. kann Paul VI. auf eine lange Tradition von Heiligen Jahren zurückblicken. Der von Bonifaz

mit dem Motto „Annus centenus Romae semper est jubilenus“ (Jedes hundertste Jahr ist in Rom das Jubiläumsjahr) festgelegte Turnus änderte sich bald: Zunächst war alle 50, dann alle 25 Jahre Jubiläum, damit jeder, der wollte, wenigstens einmal in seinem Leben an dieser großen Gnade teilhaben konnte.
Im Lauf der Jahrhunderte haben sich allmählich die Verkehrsmittel und dementsprechend die Zahl der Rompilger weiterentwickelt: Autos, Eisenbahnen und Flugzeuge konnten natürlich einige Pilger mehr nach Rom bringen als die zweihunderttausend von 1300.
Hättest Du es zum Beispiel für möglich gehalten, daß im Heiligen Jahr 1950 gut zehntausend Einzelpilger zu Fuß, mit dem Fahrrad, zu Pferd, im Kanu, auf Hundeschlitten, in Rollstühlen und auf fahrbaren Krankenbahren nach Rom gekommen sind? Silvio Negro berichtet von dem finnischen Studenten Kurt Herming Drahe, der im Juli in Helsinki aufbrach und im November in Rom ankam.
Baron Fritz von Gumpenberg, 29 Jahre alt und fast blind, kam allein und zu Fuß von seinem Schloß in Pöttmes nahe bei München, und aus Verehrung für den heiligen Antonius wanderte er zu Fuß über Padua zurück. Pius XII. hatte dem Heiligen Jahr das Thema „Große Vergebung – große Rückkehr“ gegeben. Paul VI. ruft diesmal zur Versöhnung auf. Versöhnung zwischen uns und Gott, zwischen uns und unseren Brüdern, im persönlichen und sozialen Bereich. Ein Thema, ein Motto, das wirklich wie Musik in den Ohren klingt und Dir, Casella, wenn Du noch lebtest, Anregung zu einem wundervollen Gesang gäbe, so wie Du einst für Dante gesungen hast.

Sich mit Gott versöhnen und die breite Straße verlassen, die ins Verderben führt, das ist wahre Musik. Auf dieser Straße ziehen wie im Galopp alle menschlichen Leidenschaften vorbei: die apokalyptischen Pferde Wollust und Gier, die nie an Geld, Vergnügen und Ehrungen genug bekommen. Auf dieser Straße wird es niemandem gut ergehen.

Der große Tolstoi schreibt einmal von einem störrischen Pferd, das auf halbem Wege stehenbleibt und sagt: „Ich habe es satt, die Kutsche zu ziehen und dem Kutscher zu gehorchen; ich bleibe stehen!" Eine imponierende Tat, doch zu einem gesalzenen Preis. Von diesem Augenblick an hat das Pferd alle gegen sich: vom Kutscher wird es verprügelt, die Kutsche rollt von hinten gegen seine Beine, und die Insassen schreien und fluchen.

Wenn wir uns auf die schiefe Bahn begeben, uns also gegen Gott auflehnen, zerstören wir die Ordnung. Wir brechen den Bund mit dem Herrn, weil wir seine Liebe zurückweisen. Dann werden wir auch an uns selbst irre, sind unzufrieden mit allem, was wir gemacht haben, und werden von Gewissensbissen gepeinigt.

Sicher, lieber Casella, irgend jemand wird einwenden, daß es sich auf der breiten Straße recht gut singen und spielen läßt. Er schiebt die Geschichte von Tolstoi unwillig beiseite und sagt, daß er sich in der Sünde freier fühle denn je. Ich erlaube mir, ihm zu widersprechen, indem ich nur zwei Begriffe ins Feld führe: „Tyrannei" und „Krankheit". Denn die Sünde wird, ob man will oder nicht, zum Tyrannen über den Sünder. Gut möglich, daß sie ihn zuerst mit Komplimenten und Liebenswürdigkeiten einhüllt, doch der Sünder wird unweigerlich zu ihrem Sklaven, und früher oder später wird er den Stock zu spüren bekommen. Und von Krankheiten gibt es ja bekanntlich zwei Arten: die nicht erkannten und die offenkundigen. Eine offene Wunde kann schrecklich schmerzen, aber man weiß wenigstens, daß sie da ist, und man sucht sie zu heilen. Hast Du aber einen versteckten Tumor, so vergrößert er sich und breitet sich aus, während Du in der Illusion lebst und Deinen Freunden erzählst, daß es Dir prächtig geht. Dann entdeckst Du die Metastasen, und das heißt: Unheilbarkeit. Genau das ist die Situation des in die Sünde verstrickten Menschen, der leugnet, Sünden zu haben oder zu fühlen. Da ist es doch besser, das Gewicht seiner Sündenlast zu spüren und ernsthaft den Entschluß zu fassen, einen anderen Weg einzuschlagen und sich wirklich in die Arme Gottes zu werfen. Ist das nicht Musik, mein Casella?

Musik ist auch unsere Versöhnung mit den Brüdern. Zu Deiner Zeit kämpften die Guelfen gegen die Gibellinen, die ,,Weißen" gegen die ,,Schwarzen", Montecchi gegen Cappelletti, Monaldi gegen Filippeschi und ich weiß nicht wie viele andere Parteien noch. Dein Freund Dante schrieb untröstlich und bitter:

> ,,Komm und sieh Montecchi und Cappelletti,
> Monaldi und Filippeschi . . .
> komm und sieh, wie sie sich innig lieben! . . .
> So daß Italiens Städte voller Tyrannen sind,
> und ein Marcell wird jeder Bauer,
> der in die Stadt kommt und Partei ergreift."

Heute, lieber Casella, geschieht dasselbe (sieht man von den Tyrannen mal ab): es steht Block gegen Block, Nation gegen Nation, Partei gegen Partei, Strömung gegen Strömung, Nachbar gegen Nachbar. Häufig liest man von Attentaten, von Flugzeugentführungen, von Banküberfällen, von Bomben, die auf unschuldige und wehrlose Menschen abgeworfen werden. Die Anarchie greift um sich; die Revolution wird als einziges Heilmittel gegen die Übel der Gesellschaft gepriesen und die Jugend zur Gewalt erzogen. Die Versöhnung der Menschen untereinander wäre inmitten dieses anarchischen und unsinnigen Durcheinanders wirklich die am meisten ersehnte und notwendigste Musik. Dazu will das Heilige Jahr einen wirksamen Beitrag leisten mit dem Impuls: ,,Versöhnt euch zuerst mit Gott, erneuert euere Herzen, setzt an die Stelle von Haß Liebe, an die Stelle des Zorns die Gelassenheit und an die Stelle hemmungsloser Gier Maßhaltung und Bescheidenheit.
Wenn ihr innerlich verwandelt und erneuert seid, werdet ihr die Welt mit anderen Augen sehen, und ihr werdet eine veränderte Welt vorfinden."

Es ist tatsächlich merkwürdig, lieber Casella, wie dieselbe Welt mit genau denselben Dingen, Situationen und Bewohnern sich vollständig wandeln kann, wenn durch die Versöhnung die Liebe und der Friede, die vorher fehlten, in die Welt hineingetragen werden.

Das lehrt uns auch die Geschichte eines koreanischen Generals, die Du als Experte der Harmonie sehr gut verstehen wirst. Nach seinem Tod sollte er in den Himmel aufgenommen werden, doch als er vor Petrus stand, kam ihm der Wunsch, vorher noch einmal kurz die Nase in die Hölle zu stecken, um sich von diesem traurigen Ort eine Vorstellung machen zu können. „Einverstanden!“ erwiderte Petrus.

Also ging er zum Höllentor. Er sah einen riesigen Saal mit vielen langen Tischen. Auf diesen Tischen standen Schüsseln mit herrlich zubereitetem, köstlich duftendem Reis. Die Gäste saßen dort hungrig, je zwei an einer Schüssel einander gegenüber. Um den Reis zum Mund zu führen, waren jedem zwei Eßstäbchen an die Hände gebunden – aber so lang, daß sie auch bei der größten Anstrengung kein Körnchen Reis zwischen die Zähne bekamen. Das also war die Hölle. „Das reicht, ich hab' es begriffen“, sagte der General. Er kehrte zum Eingang des Himmels zurück und trat ein.

Der gleiche Saal, die gleichen Tische, der gleiche Reis, die gleichen langen Eßstäbchen. Doch die Gäste lachten sich fröhlich zu und aßen. Warum? Weil jeder dem Gegenübersitzenden die Speise reichte – und das alles ging sehr gut.

Der Gedanke an den anderen – statt an sich selbst – verwandelte die Hölle in den Himmel. Ein wahres Märchen, lieber Casella. Wenn wir uns darum bemühen, Gutes zu tun, statt Gutes zu bekommen, dann geht es uns allen besser.

An Alvise Cornaro

SIND WIR ALT UND VERSCHLISSEN?

Oktober 1973

Lieber alter Venezianer,

warum schreibe ich Euch? Ihr lebtet vor vierhundert Jahren in Venedig und wart ein sympathischer Mensch. Ihr habt ein Büchlein geschrieben mit einer köstlichen Naivität, das viel gelesen wurde. Darin macht Ihr Propaganda für eine mäßige und gesunde Lebensweise. Und vor allem wart Ihr das Muster eines heiteren alten Mannes.

Bis zum vierzigsten Lebensjahr littet Ihr an einem „sehr kalten und feuchten Magen“, an „Seitenstechen“, an „beginnender Gicht“ und an hundert anderen Leiden. Eines guten Tages warft Ihr alle Medikamente weg. Ihr hattet entdeckt: „Wer gut essen will, muß wenig essen“, und Ihr verlegtet Euch auf die Mäßigkeit.

Ihr wurdet wieder gesund, und so konntet Ihr Euch dem Studium widmen und dem „heiligen Ackerbau“, der Hydraulik, der Urbarmachung von Land, dem Mäzenatentum und der Architektur. Und immer wart Ihr guter Dinge und erfreutet Euch eines guten Aussehens. Zwischen achtzig und neunzig schriebt Ihr Eure „Gespräche über das mäßige Leben“. Darin macht Ihr uns Alten Mut und bringt uns zur Überzeugung, daß auch wir noch etwas Nützliches leisten können.

Zu Eurer Zeit wurden nicht viele so alt. Man hatte wenig Ahnung von Hygiene; es gab noch nicht die Dinge, die uns heute das Leben bequem und einfach machen; bestimmte Krankheiten konnte man noch kaum bekämpfen; die Chirurgie mit ihren modernen technischen Möglichkeiten und wunderbaren Erfolgen gab es noch nicht; die Menschen erreichten nicht wie heute in einigen Ländern ein mittleres Alter von siebzig Jahren.

Heute nehmen wir Alten an Zahl zu auf der ganzen Linie. In Italien sind wir, die über Sechzigjährigen, fast der fünfte Teil der Gesamtbevölkerung. Man nennt uns das „Dritte Alter". Allein von unserer Zahl her gesehen, müßten wir Mut und Selbstvertrauen besitzen.
Und statt dessen? Statt dessen werden wir mitunter von einer gewissen Angst befallen. Wir haben den Eindruck, als hätte man uns auf die Seite gelegt wie ein Rädchen, das nicht mehr gebraucht wird. Oder wir kommen uns vor wie ein Radfahrer, der beim Rennen den Anschluß an die Gruppe verpaßt hat. Wenn wir in Pension gehen, wenn die Kinder heiraten und anderswohin ziehen, dann haben wir das Gefühl, als hätten wir keinen Boden mehr unter den Füßen, und wissen nicht mehr, woran wir uns klammern sollen.
Wenn wir dann langsam gebrechlich werden und die Zeichen des körperlichen Verfalls einsetzen, dann machen wir ein griesgrämiges Gesicht. Anstatt mehr an die freudigen Dinge zu denken, die Gott uns immer noch schenkt, geben wir uns der Wehmut hin, die sich in dem wenig schönen Ausdruck kundtut, den man in Venedig oft hört: „Wir sind alt und verschlissen!"
Die Sache wird noch ärger, wenn wir – so über die Sechzig – das Haus verlassen müssen. Dort haben wir gelebt, mit ihm haben wir uns bis jetzt identifiziert. Und nun sollen wir in ein Altersheim ziehen. Sicher, viele leben sich dort ein und fühlen sich wohl. Aber der eine und der andere fühlt sich wie ein Fisch auf dem Trockenen. „Mir fehlt es an nichts hier", sagte mir einer, „es könnte ein Vorzimmer vom Himmel sein, aber es ist ein Fegefeuer."

Die Probleme der Alten sind heute viel komplizierter als zu Eurer Zeit, und vielleicht sind es viel tiefere menschliche Probleme. Aber Ihr bietet das beste Heilmittel an: Jeden Pessimismus und Egoismus überwinden! „Vielleicht habe ich noch zehn oder zwanzig Jahre. Die will ich ausnutzen. Ich will meine verlorene Zeit wieder aufholen, indem ich den anderen helfe. Das Leben,

das mir noch bleibt, soll vom Feuer der Liebe zu Gott und dem Nächsten erfüllt sein.
Ich habe keine Kräfte mehr? Wenigstens kann ich beten. Ich glaube an die Kraft der Gebete, die aus den Klöstern der beschaulichen Nonnen zu Gott emporsteigen. Ich glaube auch mit Donoso Cortes, daß die Welt mehr das Gebet braucht als den Krieg. Nun wohl, wir Alten können Gott unsere Leiden aufopfern; wir können uns Mühe geben, sie mit heiterem Sinn zu ertragen. So können wir Einfluß nehmen auf die großen Probleme, um die die Menschen in der Welt ringen müssen."
Das ist eine Rede, die mir gefällt. Wenn uns dann noch Energie und Zeit bleibt, können wir auch mehr tun. Warum stellen wir uns nicht für nützliche Arbeiten und Dienste zur Verfügung? In manchen Pfarreien stellen pensionierte Lehrpersonen und andere Rentner eine wertvolle Hilfe dar.
In Frankreich haben sich die Alten geradezu organisiert, um nicht vom Leben abgeschnitten zu sein. „Überall", so sagten sie sich, „entstehen Gruppen für die Jungen. Machen wir Spontangruppen für die Alten!" Daraus ist eine wirklich beachtliche Bewegung entstanden, die einen Bischof als Assistenten hat. Sie fördert die Freundschaft und das geistliche Leben der Mitglieder, sie leistet soziale Hilfe und Apostolat unter den anderen Alten, und sie zieht viele von ihnen aus der Isolierung und aus dem Mißtrauen heraus. Und so werden unerwartete und verborgene Energien freigelegt.
Ihr seid nicht der einzige, lieber Alvise Cornaro, der als über Achtzigjähriger Bücher geschrieben hat. Goethe hat seinen Faust mit einundachtzig vollendet. Tizian hat mit über neunzig sein Selbstporträt gemalt. Im übrigen sind wir alt für die, die nach uns kommen; für die, die mit uns zusammen alt werden, bleiben wir immer jung. Mit ein bißchen Bosheit könnte man sagen, daß man das Alter mit einer Ziehharmonika berechnet. Als Gounod mit vierzig Jahren den Faust komponierte, fragte man ihn: „Welches Alter soll Euer Faust im ersten Akt haben?" – „Mein Gott", antwortete Gounod, „wie ein norma-

ler Alter: sechzig Jahre." Zwanzig Jahre später war Gounod selbst sechzig. Man stellte ihm dieselbe Frage, und er: ,,Mein Gott, wie eben ein normaler Alter: achtzig Jahre."

An dieser Stelle fällt es mir leicht, eine Prophezeiung zu machen. Und zwar: Dieser Brief, den ich an Euch schreibe, den aber andere lesen sollen, wird die jungen Leser nicht interessieren. Sie werden gelangweilt sagen: ,,Eine Sache für Alte."

Aber werden sie nicht auch einmal alt? Und wenn es wirklich eine Kunst gibt, eine Methode, wie man leistungsfähig und zufrieden bleibt in seinen alten Tagen – sollten sie das nicht beizeiten lernen? Als ich junger Student war, kam unser Professor für Kirchenrecht an den Abschnitt im Kodex, der von den Pflichten der Kardinäle, Metropoliten und Bischöfe handelt, und er sagte: ,,Diese Paragraphen braucht man zu selten, die überspringen wir. Wenn zufällig einer von Ihnen zu solch einem Posten kommen sollte, dann soll er sie für sich studieren." Und so mußte ich, als ich Bischof und Patriarch wurde, von vorne anfangen und alles nachholen.

Wenn es auch wenige von den heutigen Theologen bis zum Kardinal bringen werden, so werden doch die meisten Jugendlichen von heute einmal alt sein. Und darum haben sie die Pflicht, auf dem Wege dahin die Kunst des Altwerdens zu lernen. Da ist ein Jüngling von zwanzig, und ist zu zwanzig Prozent brummig? Dann wird er mit sechzig sicher ein sechzigprozentiger Brummbär sein, wenn er sich vorher nicht bessert. Er soll also dafür sorgen, daß er beizeiten freundlicher wird.

Abgesehen davon ist es für die Jugend auch nicht schlecht, zu wissen, daß es außer ihnen auch noch andere Menschen gibt, die Probleme haben, Menschen, die mit ihren Nöten und Schwierigkeiten Seite an Seite mit ihnen leben. Dem Timoteus, einem jungen Bischof, empfiehlt Paulus: ,,Behandle einen Alten nicht mit Härte, sondern bitte ihn, wie man einen Vater bittet."

Beim Schreiben dieser Zeilen habe ich natürlich vor allem an uns Alte gedacht. Denn wir haben es nötig, daß man uns Verständnis

entgegenbringt und uns ermutigt. Darin stimme ich mit dem überein, was Ihr, lieber edler Cornaro, geschrieben habt. Auch mit dem, was der Chefredakteur einer Tageszeitung seinen Mitarbeitern häufig empfahl. Er sagte: „Schreibt etwas über die alten Leute! Da wird z. B. einer hundert und ist geistig und körperlich obenauf – laßt euch diese schöne Nachricht ja nicht entgehen, bringt sie in die Lokalnachrichten. Wir haben ein Publikum von alten Leuten, die freuen sich darüber und sagen: Die Zeitung ist gut informiert!"
Froh wäre auch ich, wenn man sagte: „Wie gut informiert ist doch der *Sendbote des heiligen Antonius*!"

EIN HILFERUF

November 1973

Verehrter Drucker und Humanist,

soeben komme ich von einem kurzen Besuch der Ausstellung „Venedig, Stadt des Buches“ zurück. Ich habe sehr interessante Dinge gesehen. Mit großem Vergnügen verweilte ich vor dem Schaukasten, wo Bücher des 16. Jahrhunderts aus Eurer berühmten Druckerei ausgestellt waren.
Noch einmal konnte ich Eure Schrifttypen bewundern, schmal und klar, nach rechts geneigt. Ich habe Euer Siegel wiedergesehen mit dem Anker, dem Delphin und dem Motto: „Eile mit Weile!“
Im Venedig des 16. Jahrhunderts gab es zwischen der Rialto-Brücke und San Marco etwa 500 Druckereien und Buchhandlungen: Eure hat alle übertroffen. Eure Arbeit war geprägt von Liebe zur Kultur und zur Kunst. Während Ihr fast in Elend starbt, machten Eure Kollegen gute Geschäfte, wie zum Beispiel Janson, von dem Marin Sanude schrieb, er hätte sich reichgedruckt.
Es tat mir weh, ein Buch von Euch neben einem Raubdruck des florentinischen Druckers Giunta zu finden. Er kopierte Euer Werk in Lyon und fügte Euch durch das Plagiat und die unehrliche Konkurrenz großen Schaden zu. Selbst bei der Betrachtung von vierhundert Jahre alten Büchern stößt man auf unsaubere Geschäfte und auf Geldgier . . .
Man lernt bei einem Rundgang durch die Ausstellung auch die Interessen der damaligen Leser kennen. Während ich in einem anderen Saal bin, um die Bücher des 18. Jahrhunderts zu betrachten (die von einem anderen berühmten Drucker, Remondini, hergestellt waren), erklärte mir der Führer: „Remondini hat

hier die Übersetzung eines Romans von Lesage herausgegeben: ‚Gil Blas', der im Nu ausverkauft war. Später hat er die ‚Neue Blume der Tugend' und den ‚Tag des Christen' gedruckt, aber niemand verlangte danach."
Ich fühlte mich ins 20. Jahrhundert versetzt: Wie schwer fällt es doch den Menschen und den Christen, sich zu bessern!

Lieber Manutius, ich würde Euch gern einmal in einer modernen Druckerei erleben. Eure Druckerpresse produzierte dreihundert Blatt pro Tag, die Druckmaschinen von heute stoßen pro Stunde zehntausend Zeitungen aus. Zu Eurer Zeit waren die Bücher so wertvoll, daß man sie mit Ketten an den Regalen der Bibliotheken befestigte. Nur wenige konnten sie erwerben. Wer es wagte, ein Buch zu stehlen, wurde sogar exkommuniziert.
Heute werden die gelesenen Zeitungen tonnenweise weggeworfen. In Amerika ist es bei jungen Lesern verpönt, die Bücher aufzubewahren. Man kauft sie, reißt jedesmal die gelesene Seite heraus und wirft sie weg. Am Ende bleibt nur noch der Einband, der schließlich auch im Abfall landet.
Ihr werdet mir sagen: „Das bedeutet, daß Eure Bücher nichts wert sind." Ich antworte Euch: „Einige haben einen guten Inhalt, andere sind nichtssagend, wieder andere sind schlecht." Ihnen gegenüber würde das von Euch gedruckte Werk „Poliphili" – vom drucktechnischen Standpunkt her das schönste Buch der Welt – den Eindruck erwecken, ein Gebetbuch für Klosterschwestern zu sein.
Als Humanist erinnert Ihr Euch sicher an das dritte Kapitel im achten Buch von Platos „Staat". Dort sind die Anzeichen für den Verfall der Demokratie aufgeführt: Die Regierenden werden von ihren Untergebenen nur dann ertragen, wenn ihnen die übelsten Ausschweifungen zugebilligt werden; wer den Gesetzen gehorcht, wird als Dummkopf angesehen, die Väter haben Angst, ihre Söhne zu erziehen; die Kinder beschimpfen ihre Eltern („um frei zu sein", wie Plato ironisch bemerkt); der Lehrer hat Angst vor den Schülern, und die Schüler verachten den Leh-

rer; die Jugendlichen wollen den Anschein erwecken, erwachsen zu sein, und die Alten geben sich leger, um die Jugendlichen nachzuäffen, die Frauen kleiden sich wie Männer usw. Ihr kennt dieses Kapitel, nicht wahr? In einigen unserer Bücher wird das, was Plato warnend und ironisch beschreibt, als ernsthaft, manchmal sogar als theologische These verkauft.

Weil die Jugendlichen es kaum erwarten können, ihr Sexualleben zu entwickeln, behauptet man, die Keuschheit sei eine Unterdrückung, die den Kapitalismus begünstige. Sie sei eine überholte Praxis aus dem Mittelalter, während es heute darum gehe, die sexuelle Revolution voranzutreiben.

Im Körper einer Frau, so sagt man, entstehe das neue Leben durch einen unglücklichen Zufall. Aufbauend auf eine „äußerst spitzfindige" theologische Unterscheidung zwischen „menschlichem Leben" und „menschgewordenem Leben", verkündet man, man könne das menschliche Leben ohne Skrupel abbrechen, wenn es noch nicht Mensch geworden ist.

Weil die Söhne nicht mehr gehorchen, sollen die Eltern darauf verzichten, Anweisungen zu geben, um ihre lieben Kleinen nicht zu quälen. Weil die Schüler ihren Stoff nicht mehr lernen, soll man die Schulfächer ganz abschaffen; es genüge nämlich eine Schule, die in die Gesellschaft einführt. Dazu braucht es nicht den Lehrer als Vermittler des Wissensstoffes, denn man will sich ja nicht mehr Wissen aneignen, sondern mit anderen Jugendlichen über soziale Probleme diskutieren können.

Weil die Studenten mit den Noten und Beurteilungen unzufrieden sind, soll man die Benotung ganz abschaffen. Sie sei diskriminierend und passe nicht in eine Gesellschaft, in der alle gleich sind. Man darf auch niemandem verbieten, Arzt zu sein, wenn er sechs Jahre an der Universität eingeschrieben war – gleich, ob er Prüfungen abgelegt und sich Wissen angeeignet hat oder nicht!

Ich möchte Euch mit weiteren Beispielen verschonen, damit Euch nicht die Haare zu Berge stehen. Aber ich würde mich freuen, wenn Ihr als anerkannter Humanist ein wenig die Zeitungen und Illustrierten anschaut, was es zu Eurer Zeit nur an-

satzweise gab. Damals gab es, und er existiert heute noch, auf dem kleinen Platz San Giacometo den „Gobo de Rialto", eine Zwergfigur, an die Flugblätter angeheftet werden konnten. Neugierig lasen die Leute die neuesten Nachrichten und Witze. Eine „Mini-Zeitung" für einen „Mini-Leserkreis".
Wenn Ihr miterleben könntet, in welchen Scharen die Menschen zu den Zeitungsständen pilgern, wenn Ihr eine Illustrierte durchblättern könntet oder täglich die Zeitung lesen würdet, dann müßtet Ihr schon zugeben, daß wir riesige Fortschritte gemacht haben seit den Zeiten des Zwergs von Rialto.
Nicht mehr einige Zettel, sondern eine Lawine von Nachrichten bricht jeden Tag über uns herein. Die Republik Venedig rühmte sich damals, innerhalb von drei Monaten jedes Ereignis aus dem Mittelmeerraum zu erfahren. Heute können wir „live" mitverfolgen, wie die Astronauten auf dem Mond landen.
Doch leider ist die Nachrichtenflut so groß, daß sie uns fast überschwemmt. Es gibt zu viele und zu häufige Informationen, so daß wir kaum noch die Zeit zum Nachdenken haben. Aus Angst, das innere Gleichgewicht zu verlieren, lassen wir uns von nichts mehr ergreifen. Dabei gehen dann auch die wertvollen Dinge verloren.
Um Euch eine Vorstellung davon zu vermitteln, wie sehr uns die Zeitungen beeinflussen, will ich Euch auf Amerika verweisen. Dort gibt es an den Universitäten Lehrstühle für Werbung. Man lehrt, wie man die Psyche der Konsumenten in den Griff bekommen kann und wie man direkt auf das Nervensystem und auf die Komplexe der Verbraucher einwirken kann. Das geht soweit, daß der einzelne schließlich vor dem Dilemma steht, entweder kaufe ich das Produkt X oder ich bin unwiderruflich zum Scheitern verurteilt.
In den Illustrierten zeigt man uns z. B. das sympathische Fräulein Rachel. Sie ist hübsch und adrett, aber auf der Party fordert keiner sie zum Tanz auf. Schließlich kommt sie hinter die Ursache, als sie zufällig ein Gespräch mitanhört: „Rachel sollte zu einem Zahnarzt gehen, sie hat einen schlechten Mundgeruch." So-

fort besucht sie den Zahnarzt, und der sagt: ,,Ihr Problem, Fräulein, ist einfach zu lösen. Es genügt, wenn Sie die Zahnpasta XY nehmen.“ Rachel verwendet sie – und wird umschwärmt und bewundert. Ein typischer Fall für die Konsumgesellschaft. Er ist zwar aus der Werbung genommen, aber ich könnte genausogut andere Beispiele aus der Politik oder der Wirtschaft anführen, wo auch eine ideologische Propaganda und verführerische Überredungskunst angewendet werden.

Lieber Manutius, heute schauen wir weniger auf die Drucker als auf die Verleger. Wenn sie Euer berufliches Ethos hätten, würden sie nicht aus Sensationsgier ihre Verpflichtungen der Liebe und der Gerechtigkeit vernachlässigen, weder gegenüber dem einzelnen, der normalerweise wehrlos der Presse ausgeliefert ist, noch der Gesellschaft gegenüber. Nicht alle können auf einen Angriff in der Zeitung so reagieren wie der Journalist Thiers: ,,Laßt sie doch schreiben!“ sagte er. ,,Ich bin ein alter Regenschirm, auf den seit über vierzig Jahren Ungerechtigkeiten herabregnen. Auf einen Tropfen mehr oder weniger kommt es nicht mehr an.“

Zu Eurer Zeit gab es in Venedig eine Zensur, die Eure Bücher überprüfte. Heute gibt es keine Zensur. Aber ein wenig Selbstzensur wäre nicht schlecht. Natürlich hängt auch viel von den Lesern ab: Hätten sie einen anspruchsvolleren Geschmack, gäbe es automatisch eine Selbstzensur, und die Zeitungen wären anspruchsvoller. Denn die Leute haben die Zeitung, die sie verdienen.

Wenn Ihr bei uns sein könntet, würde sich Euch der Magen umdrehen, denn Ihr müßtet mitansehen, wie ein kleines Häufchen guter Literatur gegen einen Riesenberg von miesen Druckerzeugnissen ankämpft. Das ist ein Problem, das die Christen – wenn sie wirklich solche sind – mit echtem Engagement anpakken müßten.

Als Mark Twain einmal eine Zeitung herausgab, kümmerte er sich nicht nur um die Artikel und deren Inhalt, sondern er benützte auch alle Mittel, um Werbung für sein Blatt zu machen. Eines Tages erschien auf der ersten Seite eine Zeichnung mit einem Esel, der auf dem Grund eines Brunnens lag. Darunter stand: „Wer weiß, warum dieser arme Esel auf dem Grund des Brunnens umgekommen ist?" Wenige Tage später erschien eine neue Zeichnung und die Antwort: „Der arme Esel ist umgekommen, weil er nicht um Hilfe geschrien hat."

Lieber Manutius, dieses arme Eselchen bin ich. Und ich rufe um Hilfe für eine gute Presse.

AUCH EINER VOM ESTABLISHMENT?

Dezember 1973

Hochgelehrter Heiliger,

Eure Mitbrüder sind dabei, eine große Gedenkfeier vorzubereiten, da sich der siebenhundertste Jahrestag Eures Todes nähert. Welche Züge Eurer Persönlichkeit werden sie ins Licht rücken? Ihr wart Student, dann Professor an der Universität von Paris, General des Franziskanerordens, Bischof und Kardinal, bedeutender Redner auf dem Konzil von Lyon und der Verfasser theologischer und mystischer Schriften, die auch in den folgenden Jahrhunderten eine große Resonanz fanden.

Ich weiß nicht, was die Brüder hervorheben und unterstreichen werden. Wenn es von mir abhinge, würde ich unter allen Euren Büchern das ,,Leben des heiligen Franziskus" auswählen und es möglichst vielen Menschen zugänglich machen. Ein Meisterwerk, auch literarisch betrachtet. Mit einem bewegten Herzen geschrieben, in einem Stil, der erhaben und von malerischer Schönheit ist. Schon damals, als Ihr diese Schrift verfaßtet, rühmte sie Euer Freund, der heilige Thomas: „Ein Heiliger, der über einen anderen Heiligen schreibt." Ich glaube fast, daß er bereits die großen geistlichen Früchte dieses Buches voraussah.

Aber weder Ihr noch er konnten auch nur im geringsten die Interpretation vorausahnen, die ein Universitätsstudent im Gespräch mit mir von sich gab. ,,Wir Jugendlichen von heute liegen auf der Linie des heiligen Franziskus." – „Wunderbar", antwortete ich. ,,Ja", fuhr er fort, ,,wie der heilige Franziskus seinem Vater widerstand, wie er ihm die Kleider an den Kopf warf, so werfen wir dieser dreckigen Konsumgesellschaft das an den Kopf, was sie uns gegeben hat. Oder besser, was sie uns aufgezwungen hat!"

Zu der Zeit, wo Ihr als einfacher Laie studiertet, gab es in Paris zehntausend Universitätsstudenten. Sie diskutierten, schlugen Lärm, machten Tumult und oft protestierten sie auch. Aber ihr Stil war ein anderer. Erlaubt, daß ich Euch über den Stil und die Problematik unserer protestierenden Jugend etwas berichte.

Auch zu Eurer Zeit wollten die Jugendlichen sich von der Vergangenheit lösen. Aber heute predigen sie – besser: einige von ihnen – den totalen Bruch mit der Vergangenheit. Sie lehnen Gesellschaft, Familie, Ehe, Schule, Moral und die Religion in Bausch und Bogen ab.

„Ihr wollt alles niederreißen", sagte ich zu meinem Gesprächspartner von vorhin, „ und danach? Was werdet Ihr an die Stelle der zerstörten Institutionen setzen?" Seine Antwort: „Was für eine bürgerliche Frage!"

Unsere Jugendlichen machen Protest, aber kein Programm. Ihr werdet erwidern: „Vielleicht sind es arme und vernachlässigte Jugendliche, die sich mit der bürgerlichen Gesellschaft anlegen?" Im Gegenteil, es handelt sich gerade um Kinder aus bürgerlichem Haus, denen es oft an nichts fehlt. Sie haben alles, was sie zum Leben brauchen, aber sie besitzen keine Ideale, für die sie leben können.

Ihr werdet weiter bohren: „Gibt es nicht wenigstens Gründe, Entschuldigungen für diese Situation?" Ich will versuchen, Euch einige anzudeuten. Heute stehen die Tore der höheren Schulen und Universitäten weit offen; in Italien sind es jedes Jahr Hunderttausende von Jugendlichen, die da hineinströmen. Aber sie finden nicht das, was sie dort finden müßten. Darüber hinaus besteht kein gesundes Verhältnis zwischen der Zahl der Eingangstüren, die zu den Ausbildungsplätzen führen, und der Zahl der Türen, die zu Arbeitsstellen führen.

Junge Leute mit Diplom und Promotion finden keine angemessenen Arbeitsstellen, ja die Zahl der arbeitslosen Akademiker soll in den nächsten Jahren noch erheblich ansteigen. Die Gesellschaft hat diesen schwerwiegenden Mißstand nicht vorausgesehen, und jetzt lehnen sich die Jugendlichen gegen die Gesellschaft auf.

Aber das ist noch nicht alles. In dieser unserer Gesellschaft herrscht eine erschütternde moralische und religiöse Leere. Alle scheinen krampfhaft auf materiellen Erwerb aus zu sein: verdienen, investieren, neuen Komfort anschaffen, gut leben. Wenige denken daran, Gutes zu tun.

Gott, der unser Leben erfüllen müßte, ist uns sehr fern, nur in wenigen Momenten schaut man auf ihn. Man glaubt, religiös zu sein, weil man in die Kirche geht; man bildet sich ein, außerhalb der Kirche ein Leben führen zu können wie viele andere, mit kleinen oder großen Betrügereien, Ungerechtigkeiten und Verfehlungen gegen die Liebe; man ist nicht konsequent.

Da die Jugendlichen aber das Echte wollen, machen sie nicht mit. Sie finden in der Kirche wahre oder scheinbare Widersprüche und lehnen mit ihnen auch die Kirche selbst ab. Da man sich aber zu irgend etwas bekennen muß, hängen sie minderwertigen Modeideologien und einem verkrampften Sexualkult an, der unter der Flagge einer „sexuellen und erotischen Befreiung" gleichsam die Umkehrung der Religion ist.

Aber damit noch nicht genug! Es gibt auch noch den Kult der Freiheit. Dabei handelt es sich nicht um die klassische Freiheit, das tun zu können, was man tun soll, beziehungsweise zwischen einer Sache und einer anderen wählen zu können. Nein, es geht um völlige Unabhängigkeit. „Ich bin es, der darüber entscheidet, was gut und was schlecht ist. Ich möchte mich verwirklichen, ohne von einem Gesetz abzuhängen, das von außen kommt. Wer gegen meine Absichten ist, begeht einen Anschlag gegen meine Person. Jede Autorität ist Unterdrückung. Jede Struktur ist Gefängnis. Jeder Vorgesetzte ist ein Sklaventreiber."

Seraphischer und hochgelehrter Heiliger, Ihr selbst habt lange Jahre doziert und das Lehramt als Dienst an der Wahrheit, den Studenten und Familien verstanden. Wenn Ihr heute kommen würdet . . . Gerade weil Ihr Professor seid, würden sie Euch als

einen von der Führungsschicht, vom Establishment, als Funktionär des Systems abstempeln; als einen, der vorgibt, Bildung zu vermitteln, um seine Schüler an das „System" zu ketten.
Ihr würdet von „Entschulung" reden hören. „Wenn die Schule notwendig sein sollte, dann sollten die Schüler dort nicht Wissensstoff lernen, sondern daran gewöhnt werden, politische Probleme zu diskutieren." Ihr müßtet die „gesellschaftliche Funktion" der Schule akzeptieren. Ihr hättet nicht nur mit den Schülern und ihren Eltern zu tun, sondern auch mit den politischen Parteien, den Gewerkschaften; die Zeit für die Vorbereitung des Unterrichts würdet Ihr zum Teil in langen Versammlungen und Diskussionen verlieren.
Nicht daß dies alles schlecht wäre. Der Dialog mit den Jugendlichen stellt eine große Aufgabe dar. Die verschiedenen gesellschaftlichen Kräfte sollen sich für die Schule interessieren. Die Schule soll zu einer lebendigen Sache werden, soll übertriebenes, langweiliges Pauken und Weltfremdheit meiden. Was die Dinge entstellt, ist das Zuviel.

„Die Jugendlichen sind also recht unbarmherzig mit ihren Lehrern?" fragt Ihr weiter. Ich glaube, ja. Gleichzeitig jedoch zeigen sie Sympathie – und das ist etwas Gutes – für die Armen, die Außenseiter, die Ausgeschlossenen. Sie sind gegen alle sozialen Barrieren, gegen jede Klassen- oder Rassendiskriminierung. Eine echte Großzügigkeit; aber leider finden sie sich auch hier mit schwersten Ungerechtigkeiten konfrontiert, und gegen die rebellieren sie.
Sie hören von Nationen, die sich christlich nennen, aber unter bestimmten Umständen sogar die Folter zulassen, um Ideen zu unterdrücken. Sie sehen Arbeiterfamilien, die mit fünfhundert Mark im Monat auskommen müssen, während sich einige wenige, wer weiß auf welche Weise, unbeschreiblich bereichern.
Ein Plattenstar verdient an einem einzigen Abend Tausende von Mark und wird durch den Verkauf seiner Schallplatten Millionär.

Die Jugendlichen lesen von den Subventionen, die man der Dritten Welt gibt; doch bald wird ihnen klar, daß das nur wenige Tropfen auf den heißen Stein sind. Die Ausgaben, die für die Rüstung investiert werden, sind wesentlich höher, und mit allen Subventionen geht das Leiden und Sterben in der Dritten Welt weiter.

Es gibt wirklich vieles, dessen man sich schämen müßte. Aber man übertreibt den berechtigten jugendlichen Unwillen. Man klagt die Schattenseiten unserer Gesellschaft so unbarmherzig an, daß man dabei die abscheulichen Schandtaten anderer Gesellschaftssysteme verschweigt und sie geradezu als Modell, als das „Irdische Paradies" hinstellt.

Hoffentlich bin ich nicht in den gleichen Fehler verfallen, nämlich zu dick aufgetragen zu haben. Nicht alle Jugendlichen sind so. Viele scheuen sich nicht, hart zu arbeiten, zeigen Respekt und bereiten sich mit ganzem Ernst auf das Leben vor. Aber leider schweigen sie, während die anderen reden und schreiben. Diejenigen, die protestieren, erwarten sich oft viel von den in Frage gestellten Erwachsenen und zeigen sich enttäuscht, wenn man ihnen vage Antworten gibt und sagt, man sei noch auf der Suche.

Man müßte ihnen konkrete Vorschläge machen:

Die Freiheit? Sicher, aber nicht ohne Gott! Der Fortschritt, die Wissenschaft verdeutlichen uns immer mehr, wie die Welt beschaffen ist, doch warum wir auf der Welt sind, das sagt uns nur die Lehre Christi.

Haben wir ein Modell anzubieten? Sich für Christus entscheiden, das lohnt sich immer und für alle. Jesus ist einen bestimmten Weg gegangen, und er sagt: Folgt mir! Ein enger Weg, aber er ist ein Weg der Ehrlichkeit, der Liebe zu allen, wo die Kleinen und Armen die Bevorzugten sind; ein Weg, der in die „Herrlichkeit Gottes" mündet. Er hat sich auf dem Kreuz dem Vater angeboten; durch die Auferstehung hat der Vater gezeigt, daß er das Angebot angenommen hat. Er hat den Menschen Jesus und

alle Menschen, die zu ihm gehören, zu einer neuen Würde erhoben. Feierlich hat er verkündet, daß eines Tages die ganze Welt in „einen neuen Himmel und eine neue Erde“ umgewandelt sein wird.
Die Welt verbessern? Sich einsetzen für die Gerechtigkeit? Kampf gegen die Mißstände und ihre Ursachen? Ja, ganz sicher, aber jeder soll bei sich selbst anfangen. Dann fallen wir nicht auf naive Utopien herein. Unvollkommenheit wird es immer geben, in jedem System. Nicht so leicht ein Urteil fällen über Menschen, die sich nicht verteidigen können. Keine zu scharfen Trennungslinien ziehen: hier lauter Gute, da lauter Böse, hier nur Rechtschaffenheit, da nur Gewalttätigkeit, der da ist progressiv, dieser da konservativ. Das Leben ist immer sehr komplex; auch die Guten haben Fehler, und die Schlechten haben gute Seiten.
Eine unglaubwürdige Kirche? So ähnlich wurde sie auch schon von den Kirchenvätern genannt; doch sie sagten genauer: die untreue *heilige* Kirche. Da sie aus Sündern besteht, ist die Kirche gewiß sündig, aber wer ihr sein Vertrauen schenkt, dem vermittelt sie trotzdem gültige Hilfen und Beispiele der Heiligkeit. Man muß auch prüfen, ob alle Untreue, die man ihr vorwirft, wirklich zutrifft. Eine Sache ist die Kirche, die ein Autor (vielleicht guten Glaubens) im Kopf hat, und etwas anderes die reale Kirche, wie sie wirklich – außerhalb dieses Kopfes – existiert.

Mein lieber Heiliger! Die Zeitgenossen, die das Glück hatten, Euch zu hören, waren von Eurem Wort begeistert. Sie schrieben: „Er sprach mit Engelszungen.“ Ich wünschte, Ihr sprächet immer noch wie ein Engel: vor allem zu den Eltern, zu den Erziehern, den Politikern, zu allen, die heute die Verantwortung für die Jugendlichen tragen. Ich wünschte, Ihr sagtet ihnen: „Scheut keine Mühe, keine gerechtfertigte Reform, keine Ausgaben, keinen Dialog, um diesen Söhnen und Töchtern zu helfen. Zu ihrem, aber auch zu eurem Wohl. Denn wer heute Mühen und Ausgaben scheut, kann morgen teuer dafür bezahlen.“
Tolstoi hätte wahrscheinlich diese Worte mit einer Parabel un-

terstrichen: In dem kleinen Fürstentum Monaco hatten die Richter vor vielen Jahren einen Strolch zum Tod durch die Guillotine verurteilt. Dann aber fiel ihnen ein, daß ihnen weder eine Guillotine noch ein Scharfrichter zur Verfügung stand. So klein war das Fürstentum Monaco. Also fragten sie im benachbarten Frankreich an, ob sie beides ausleihen könnten. Als sie aber den Mietpreis hörten, erschraken sie: „Zu teuer!" Auch beim König von Sardinien war es „zu teuer".

Sie ließen deshalb den Strolch im Gefängnis. Aber der Gefängniswärter, der Koch, das Essen für den Häftling – alles ging ins Geld. „Lassen wir das Gefängnis offen, damit er sich aus dem Staub machen kann!" entschieden die Richter.

Als er die Tür offen sah, ging der Häftling hinaus, um einen Spaziergang am Meer zu machen. Mittags kam er jedoch zur Küche des Fürsten, um sein Essen anzufordern. So einen Tag, zwei, drei, viele Tage . . . die Sache drohte schwer auf dem fürstlichen Staatshaushalt zu lasten. Da beschlossen die Magnaten, den Mann zu rufen: „Hast du noch nicht verstanden, daß du davonlaufen sollst?" – „Ich gehe schon, ich gehe schon, aber was bezahlt ihr mir dafür?" Sie mußten ihm tatsächlich noch Geld geben. Und so gab es unter dem Vorwand, es sei „zu teuer", einen Gauner mehr, der in der Welt umherzog und Schandtaten anstellte.

Man sage also nicht „Es kommt zu teuer!" Wenn wir wollen, daß die wilden und revolutionären Protestler nicht mehr durch die Welt ziehen, dürfen wir die Lösung von Problemen nicht aufschieben, keine Ausgaben scheuen und dem Gespräch nicht ausweichen. Sprechen wir mit diesen Jugendlichen. Versuchen wir ihnen zu helfen auf Wegen und mit Methoden, die unserer Zeit angepaßt sind – aber mit der gleichen leidenschaftlichen Liebe, mit der Ihr, teurer Heiliger, ihnen zu Eurer Zeit geholfen hättet!

DES TEUFELS BESTE LIST

Januar 1974

Verehrter Dichter!

Zum erstenmal bin ich Euch begegnet, als ich den Dichter Carducci las.

Er gab vor, in einer Kutsche zu sitzen, die dem Lauf des Chiarone folgte, einem Fluß in der Küstenlandschaft der Toskana: die mageren Kutschpferde liefen, die Dunkelheit wuchs, ein leichter Regen fiel, und der Dichter las ausgerechnet eines Eurer Bücher. Er muß aus dieser Lektüre Halluzinationen geschöpft haben, denn er schreibt: ,,Böse und scheel, ähnlich dem Traum eines Mannes, der zuviel Bier getrunken hat, steigt der herbe Geschmack einer grauenvollen Traurigkeit auf."

An einem gewissen Punkt reicht's ihm dann wirklich, und er wirft Euer Buch in hohem Bogen weg: ,,Weg mit dir, Marlowe, ins Wasser damit!"

Ich war damals noch ein Junge, und es hat mich natürlich schrecklich interessiert, was wohl Fürchterliches in diesem Buch geschrieben stand. Aus dem Wasser des Chiarone konnte ich es nicht mehr herausfischen, aber vielleicht aus einer Bibliothek? Tatsächlich habe ich die Fausttragödie gefunden.

Wahrhaftig, tragisch und düster. Schon auf den ersten Seiten die Vertragsbedingungen zwischen Faustus und dem Teufel. Erstens: Faustus verschreibt sich der Magie und kann zukünftig ein Geist in Menschengestalt sein. Zweitens: Mephisto wird ihm in allem zu Diensten sein. Drittens: Mephisto wird Faustus alles, was er will, beschaffen. Viertens: Mephisto wird unsichtbar im Zimmer und im Haus des Faustus sein. Fünftens: Er wird Johannes Faustus zu jeder Zeit erscheinen, in der Art und Weise, wie er es will.

„Ich, Johannes Faustus, verschreibe Leib und Seele Luzifer, dem Fürsten des Ostens, und seinem Gesandten Mephisto. Außerdem überlasse ich ihnen das Recht, nach Ablauf von 24 Jahren den Unterzeichneten, Johannes Faustus, mit Leib und Seele, Fleisch, Blut und Besitz an ihren Wohnsitz, wo immer er auch sei, zu entführen. Das unterzeichne ich. Johannes Faustus."

Am Ende des Dramas angelangt, fragte ich mich: Marlowe ist unzweifelhaft begabt als Dichter des Grauens, aber ist der Teufel nicht dumm und Faustus nicht verrückt, einen solchen Vertrag aufzusetzen?

Heute kann ich darauf antworten: „Ja, dumm der Teufel, verrückt der Doktor; und Glück, daß dieser Vertrag nie existiert hat!" Aber schon sind andere da, die sagen: „Zum Glück gibt es den Teufel gar nicht."

Euch, Marlowe, dürfte diese moderne Leugnung des Teufels wenig interessieren. Wenn ich Euch richtig verstanden habe, neigtet Ihr bereits vor 450 Jahren dazu. Mir hingegen ist das durchaus nicht gleichgültig. Mit Baudelaire, Poet wie Ihr, und genau wie Ihr nicht aus dem Mehl gemacht, aus dem man Hostien backt, denke ich, daß die „beste List des Teufels gerade darin besteht, den Leuten weiszumachen, daß er nicht existiert". Er, einer der Hauptakteure der Geschichte, versucht inkognito durch die Welt zu gehen, läßt sich von den Menschen verleugnen, um sie damit gegen Gott aufzuhetzen. Zum Teil ist ihm das bereits geglückt.

Einen Beweis dafür haben wir vor einigen Monaten erhalten, als der Papst sehr ernsthaft die Aufmerksamkeit auf den Teufel richtete und bekräftigte, daß er nicht nur als das Böse schlechthin, sondern als das personale Böse existiert, unsichtbar, aber sehr aktiv, wenn es darum geht, den Menschen zu schaden.

Diese Rede rief lautstarke Reaktionen hervor. Einige, darunter Zeitungen und Illustrierten, die ganz plötzlich zu theologischer Literatur avancierten, urteilten, es könne unmöglich ernsthaft vom Papst gemeint sein, mittelalterliche Mythen heraufzubeschwören und eine progressive Theologie zu unterbrechen, die längst den Teufel in eine winzige „kulturelle“ Ecke zurückgedrängt hat. Sogar ein Buch wurde herausgegeben: „Der Papst und der Teufel.“ Ihr, Marlowe, hättet es mißgünstige Bosheit genannt: tatsächlich ist der Teufel in diesem Buch nur der Aufhänger; das eigentliche Thema ist der Dienst Pauls VI. an der Kirche und an der Welt. Oberflächlich betrachtet bringt es ernsthafte Daten und objektive Forschungsergebnisse. Im Grunde steckt darin jedoch eine tiefsitzende Unfähigkeit, die Dinge der Kirche zu verstehen. Man spürt einerseits eine naive Oberflächlichkeit und ein Den-Leuten-nach-dem-Mund-reden, und andererseits unangenehme tendenziöse Darstellungen.

Positiver fiel die Reaktion einiger „großzügiger“ Theologen aus. Auf Anfrage antworteten sie, vielleicht mit zusammengebissenen Zähnen, daß fairerweise kein Katholik die Existenz des Teufels leugnen könne, so offen rede nämlich die Bibel darüber.

Hier liegt der springende Punkt: die Bibel ist die richtige Lektüre zu diesem Thema. Erstaunlich ist, daß das Alte Testament dem Teufel wenig Platz einräumt, während die antiken orientalischen Religionen eine ausgesprochen malerische und höchstentwickelte Dämonenlehre vorweisen konnten. Vielleicht hatten die Verfasser des Alten Testamentes die Sorge, den Monotheismus abzuschwächen oder den offiziellen hebräischen Kult zu verletzen oder überhaupt das Problem des Bösen zu verfälschen.

Das Neue Testament ist da ausführlicher. Man begegnet hier öfter den Begriffen „Dämonen“, „Geister“, „böse Geister“, „unreine Geister“, „das Böse“, „der Versucher“. Diese „Geister“ versuchen – nach der Sicht des Evangeliums – sich dem Kommen des Reiches Gottes entgegenzustellen, sie können die Menschen in Versuchung führen, wie sie es mit Jesus in der Wüste getan haben.

Für den heiligen Johannes ist die Passion Jesu ein einziger Kampf gegen den Teufel; in der Apostelgeschichte heißt es, daß die Predigt der Apostel den Kampf zwischen dem Reich Gottes und dem Reich des Teufels fortführt. Mehrmals geben Jesus sowie seine Zuhörer Dämonen die Schuld an Krankheiten: an Blindheit, Stummheit, Taubheit, Krämpfen, Geisteskrankheit. Jesus heilt diese Krankheiten nie durch magische oder exorzistische Formeln, wenn er auch dabei einen Befehl erteilt, sondern immer durch eine einfache Geste.

Der heilige Paulus spricht oft von der Macht des Teufels und der Versuchung, die er häufig und auf die verschiedenste Weise ausübt: der Teufel verwandelt sich sogar in einen Engel des Lichtes, um die Christen besser täuschen zu können. Paulus selbst fühlt sich geohrfeigt von einem Engel Satans, durch Angriffe, die er nicht näher beschreibt. Doch er erschrickt nicht: die Macht der Finsternis wird nicht fähig sein, uns von der Liebe Christi zu trennen. Jesus, sagt er, hat uns von der Macht des Teufels befreit, und am Ende werden die Christen die Engel richten.

Noch farbenreicher ist das Buch der Geheimen Offenbarung. Ehrlich gesagt, seine Dämonenlehre, bei der es um Kämpfe und Siege der Engel über die Dämonen geht, ist nicht leicht zu interpretieren. Die Geheime Offenbarung hat die Dämonenlehre der ersten christlichen Jahrhunderte geprägt. In dieser wird oft von „List" gesprochen. Gott habe in der menschlichen Natur Christi die Gottheit verborgen. Der Teufel habe sich nichtsahnend darauf gestürzt und habe wie ein dummer Fisch angebissen, sagt Papst Gregor. Gefangen wie eine naschhafte Maus in der Falle des Kreuzes, drückt es der heilige Augustinus aus. Der heilige Cyrill von Jerusalem spricht dagegen von Gift, das der Teufel verschluckt hat, und das ihn jetzt zwingt, die Seelen wieder auszuspucken, die er gefangenhielt.

Das Thema des betrügerischen und betrogenen Teufels, vernachlässigt von den folgenden Theologengenerationen, wurde von den Künstlern wieder aufgegriffen. Euch gefiel dieses Thema nicht, Marlowe, der Ihr den armen Faustus auf ewig in den Krallen des Mephisto enden ließet; aber es gefiel Dante, es gefiel Goethe.

Bei Dante finden wir die Gestalt des Buonconte da Montefeltro, exkommuniziert und ein sicheres Opfer des Teufels, der bereits auf ihn wartet wie auf seine Beute. Aber Buonconte hat vor sei-

nem Tod die gute Idee, Maria anzurufen. Der Engel Gottes ergreift seine Seele, und dem Teufel bleibt, enttäuscht und überlistet, nichts anderes übrig, als ihm nachzuschreien: ,,Du vom Himmel, warum beraubst du mich?"
Bei Goethe wird der arme Mephisto, nachdem er jahrelang und mit viel Mühe den jungen und den alten Faustus zufriedenzustellen suchte, ebenfalls an der Nase herumgeführt. Im letzten Augenblick steigen ganze Engelchöre vom Himmel herab, um die Milizen des Teufels zu besiegen und Faustus zu retten. Verärgert schreit Mephisto: ,,Die hohe Seele, die sich mir verpfändet, die haben sie mir pfiffig weggepatscht."
Gott hintergeht niemanden, was auch immer Mephisto sagt. Aber Mephisto mit seiner Mannschaft hört nicht auf zu betrügen: das ist das Thema der Dämonenlehre der Väter, die sich in den ersten Jahrhunderten der Kirche in die Wüste zurückzogen. Die Wüste ist für sie eine Zufluchtsstätte vor der Korruption der Welt, wo in der Einsamkeit unter besseren Bedingungen Gott zum Herzen des Menschen spricht. Die Wüste ist für sie das Schlachtfeld, wo sich die Einsiedler mit dem Teufel messen, um ihn davonzujagen, wie es Jesus getan hat. Die Kirchenväter meinen, daß die Teufel die Wüste als ihr ureigenes Domizil ansehen. ,,Fort aus unserem Haus!" schreien sie den heiligen Antonius an und stellen ihm hundert Fallen in den Weg, damit er nicht in ihre letzte Zuflucht eindringen und sie mit Mönchen bevölkern kann. Sie sind berühmt geworden, die bösen Streiche, welche die Teufel dem Antonius gespielt haben. Sie wurden zum täglichen Brot für jeden Eremiten. Fromme Pilger, die die Wüstenväter aufsuchten, hörten voller Staunen von ihnen. Der heilige Pachomius zum Beispiel beugt sein Knie zum Gebet, während der Teufel vor ihm ein Loch gräbt; während er arbeitet, stellt sich der Teufel in Gestalt eines Hahnes vor ihn und kräht vor seiner Nase; wenn er betet, springen ein Wolf oder ein Fuchs ihn heulend an. Der heilige Makarius hat auf dem Weg zu einem heidnischen Tempel kleine Zweige in den Sand gesteckt, um den Rückweg zu finden; während er schläft, reißt der Teufel alle Zweige

heraus, und Makarius findet sie als Kissen unter seinem Kopf wieder.

Alles in allem: in Versuchung führende Teufel, ärgernde, störende, neidische Teufel, über die in jedem Fall der Mönch den Sieg davonträgt, wenn er wacht und betet. Natürlich geht es hier weniger um historisch wahre, als vielmehr um belehrende und ermahnende Schriften. Und doch wurden sie gelesen wie Geschichtsbücher. Sie beeinflußten die einfachen Gläubigen und bildeten die Grundlage für weitere Bücher und neue Leichtgläubigkeit.

Im Mittelalter glaubte man außerdem, daß der Teufel vor allem die Guten zu verunsichern suche; einmal erschreckt er sie, einmal bringt er sie durcheinander und verstört sie. Das arme Nönnlein wünscht sich eine Kiste Salat – und in der Kiste sitzt der Teufel. Der Klosterbruder erfreut sich in seiner einsamen Zelle am Gesang des Vögleins – und in dem Lied steckt der Teufel. Auch in den kleinen Malereien des Gebetbuchs kann der Satan nisten, im Bild über dem Altar, sogar in dem Strick, der die Kutte des Mönchs zusammenhält.

Noch schlimmer: der Teufel vergewaltigt Jungfrauen und zeugt in ihnen verfluchte Söhne. Die Religion des Mittelalters überschritt oft die Grenzen des Erträglichen und führte auf diesem Gebiet zum Aberglauben.

Robert I., Herzog der Normandie, bekam den Beinamen „der Teufel", weil man wegen seiner leidenschaftlichen Kriegslust glaubte, er sei vom Teufel gezeugt worden. Trotz aller entgegengesetzten Bemühungen der Kirche schloß sich der Dämonenlehre sehr oft die Magie an. Sogar noch im 16. und 17. Jahrhundert glaubte man an Hexerei, an Verwünschungen. Man meinte, Hexen könnten höllische Kräfte gegen ihre Feinde entwickeln. Man nahm an, daß besessene Frauen nachts verschwanden, um am Hexensabbat des Teufels teilzunehmen.

Wie soll man all das erklären? Sicher nicht allein mit der Bosheit der Menschen; sehr oft waren Unwissenheit und guter Glaube im Spiel. Sagen wir besser: Naivität der Schreiber, die ungeprüft

Dinge übernahmen; Leichtgläubigkeit, die unbedacht Worte Gottes mit abergläubischen Vorstellungen verknüpfte; psychologische und pathologische Phänomene, die mit religiösen statt mit wissenschaftlichen Augen betrachtet wurden.

Diese Übertreibungen, diese Irrtümer abzulehnen, bedeutet aber nicht, alles abzulehnen.

Die Existenz des Teufels als eines unsichtbaren Geistwesens schafft keine größeren Probleme als die Existenz Gottes oder der Engel. Wir brauchen keine Angst zu haben zuzugeben, daß der Teufel Macht über die Menschheit hat, wenn wir glauben, daß Christus den Sieg davongetragen hat. Am Kreuz schien Christus der Besiegte zu sein. Doch er war der Sieger: das zeigt seine Auferstehung.

Befinden wir uns nicht in der gleichen Situation: viele Versuchungen, Prüfungen und Belastungen scheinen uns zu erdrükken: doch mit der Hilfe Gottes werden wir die Sieger sein!

WELCHEN PLATZ NEHMEN WIR EIN?

März 1974

Lieber heiliger Lukas!

Ihr habt mir immer gefallen, weil ihr so ein gütiger und versöhnlicher Mensch wart.
In Eurem Evangelium habt Ihr die unendliche Güte Jesu beschrieben. Ihr habt gezeigt, daß die Sünder in ganz besonderer Weise von Gott geliebt werden, daß Jesus fast demonstrativ Beziehungen zu denen unterhalten hat, die auf der Welt keine Beachtung fanden.
Ihr allein habt uns die Erzählung von der Geburt und der Kindheit Jesu überliefert, die wir zu Weihnachten jedesmal mit neuer Rührung lesen. Dabei zieht ein kleiner Satz meine Aufmerksamkeit besonders an: „In Windeln gewickelt und in einer Krippe liegend." Dieser Satz hat alle Weihnachtskrippen der Welt und Tausende wunderschöner Bilder inspiriert. Dazu paßt die Strophe des alten Liedes:

„Er lag im Heu mit Armut groß,
die Krippe hart ihn nicht verdroß;
es ward ein' kleine Milch sein' Speis,
der nicht ein Vöglein hungern ließ."

„Wenn Christus diesen bescheidenen Platz eingenommen hat", frage ich mich, „welchen Platz nehmen wir ein?" Laßt mich Euch die Antworten sagen, die ich auf diese Frage gefunden habe.

Wir stehen vor Gott wie Abraham, der sagte: „Werde ich es wagen, zu meinem Gott zu sprechen, ich, der ich Staub und Asche bin?" Oder wie der Zöllner, der am Eingang des Tempels, fern vom Altar stehend, es nicht einmal wagte, die Augen zum Himmel zu erheben, weil ihm seine Sünden in den Sinn kamen. Vor einem Gott, der unendlich und allmächtig ist, müssen wir eingestehen, daß wir ganz klein sind. Wir müssen in uns jede Tendenz unterdrücken, die gegen eine gerechtfertigte Unterordnung angeht. Gott will, daß wir ihn in einigen Dingen nachahmen, während er in anderen einzigartig, unerreichbar ist. Er sagt: „Lernt von mir, sanftmütig und demütig zu sein. Seid barmherzig, wie mein Vater barmherzig ist." Aber er sagt auch: „Nur Gott allein gebührt die Ehre und der Ruhm." Nur Gott ist absolut und unabhängig.

Wir hingegen streben danach, die Positionen zu vertauschen: Wir möchten für uns die Selbständigkeit, die Unabhängigkeit, die Ehre, und haben keine Lust, abhängig, sanftmütig und geduldig zu sein. Wir berufen uns auf die „Neuen Philosophien" (die in kurzer Zeit alt sein werden) und auf die Kultur. Der Fortschritt ist uns in den Kopf gestiegen: wir sind stolz auf die Erforschung des Weltraums, auf unsere Konsumgesellschaft mit ihrem Komfort.

Als wir gerade den vergessen wollten, von dem jedes Geschenk des Geistes und der Energie herkommt, haben uns die orientalischen Scheichs die harte und brüske Aufforderung zukommen lassen: „Ihr von der Gesellschaft des Konsums und des Überflusses, das Fest ist zu Ende; Petroleum gibt es jetzt nur mehr für etwa dreißig Jahre; wer es haben will, der soll gehörig dafür zahlen; schränkt euch ein; geht auf die Suche nach anderen Energiequellen!"

Dieser Anruf und die harten Zeiten, die auf uns warten, können sehr nützlich sein: auf der einen Seite spornen sie zu neuer Forschung und zu neuen Wegen des Fortschritts an; auf der anderen Seite erinnern sie an die Begrenztheit jeder menschlichen Unternehmung und an das Gebot, unsere Hoffnung allein auf Gott zu setzen. Ich habe einen „kritischen" Christen sagen hören: „Schluß mit der kleinbürgerlichen Religion, die vom Himmel und von einzelnen, geretteten Seelen spricht!

Das riecht nach kapitalistischem Individualismus und lenkt die Aufmerksamkeit der Armen von den großen sozialen Problemen ab. Wer das Evangelium verkündigt, muß von Volk, Masse, von gemeinsamer Rettung sprechen. Christus ist gekommen, um das Volk aus dem Exil der kapitalistischen Zivilisation zu befreien und es heimzuführen in eine neue Welt, die schon im Entstehen ist."

Wahr ist an diesen Worten nur, daß sich der Christ gezielt für die großen sozialen Probleme einsetzen muß. Je mehr einer für den „Himmel" begeistert ist, um so mehr muß er Hand anlegen, um hier auf der Erde Gerechtigkeit zu verwirklichen. Ob kapitalistisch oder sozialistisch, unsere Gesellschaftsordnung ist nur für diese Zeit bestimmt; wir sind hier nur auf der Durchreise.

Unsere wahre Heimat, auf die wir, von Christus geführt, zugehen – gemeinsam, aber jeder mit einem eigenen Schicksal – ist der Himmel. Wer nicht an den Himmel glaubt, ist unglücklich: er ist „ohne Hoffnung", wie der heilige Paulus sagen würde, er hat den tiefen Sinn seiner eigenen Existenz noch nicht gefunden.

Den Mitmenschen gegenüber können wir eine dreifache Haltung einnehmen, je nachdem, ob es sich um Vorgesetzte, um Gleichgestellte oder um Untergebene handelt.

Kann man in unserer Zeit überhaupt noch von Vorgesetzten sprechen? Kann man noch sagen: die Kinder müssen ihre Eltern lieben, achten und ihnen gehorchen? Die Schüler ihren Lehrern? Die Bürger den eingesetzten Autoritäten?

Im 17. Jahrhundert gab es in Venedig den berühmten Karneval. Es schien in jenen Tagen, als wenn die Leute verrückt wären. Sie machten alles, was sie wollten und tobten sich aus, indem sie sich – unter dem Schutz ihrer Masken – gegen Bräuche und Gesetze vergingen, fast könnte man sagen, um das nachzuholen, was sie in den Monaten davor durch Gehorsam und Sparsamkeit versäumt hatten. Ich habe den Eindruck, heute geschieht etwas Ähnliches. Ich bin nicht so sehr davon betroffen, daß es auf der ganzen Welt Attentate, Diebstähle, Raub, Entführungen und

Mord gibt. Das hat es immer gegeben. Mehr Angst bereitet mir die Art, mit der viele Menschen auf diese Phänomene reagieren. Gesetze und Normen werden als eine Sache betrachtet, die man als Unterdrückung und Entfremdung ablehnen muß. Man empfindet sogar Freude dabei, wenn man über die Gesetze spotten kann. Das einzige, was heute verboten ist, sagt man, sei das Verbieten. Jemand, der versucht, etwas zu verbieten, gerät unweigerlich in den Ruf, der alten und überholten „Unterdrückungsgesellschaft“ anzugehören. Manche Behörde erweckt beim Aufstellen von Verordnungen den Eindruck, als ob sie verbotene „Hintertüren“ im Zaun des Gesetzes öffnen wollte. Häufig werden in der Presse die Kräfte angeprangert, die den Auftrag haben, die öffentliche Ordnung aufrechtzuerhalten.

Selbst in kirchlichen Kreisen, wo ein Gesetz nach dem anderen abgeschafft wird, wendet man in leichtfertiger und unachtsamer Weise das „Quantum potes tantum aude“ („Gehe, soweit du kannst“) an. Man verbreitet Meinungsumfragen, die mehr oder weniger wissenschaftlich sind und die alle mit dem gleichen Schlußsatz enden: „Liebe Leute, Ihr seid in der gegenwärtigen Situation unglücklich; wenn Ihr glücklich sein wollt, müßt Ihr alles ändern und die Strukturen auf den Kopf stellen.“

Man bringt dann auch noch die Psychologie ins Spiel, die Wissenschaft, die die menschlichen Fakten erklärt. Die Ehebrecher, die Sadisten und Homosexuellen werden von den Tiefenpsychologen fast immer entschuldigt: die Schuld liegt bei den Eltern, die ihre zarten und engelhaften Sprößlinge nicht immer so geliebt haben, wie sie hätten sollen. Eine ganze Literaturgattung scheint als Losungswort zu haben: „Immer auf den Vater!“ Der Vater ist für fast alles verantwortlich. Eine andere Literaturgattung möchte alle Gesetze abschaffen. Sie verlangt die unbegrenzte Geburtenregelung, die Freigabe der Abtreibung nach dem Willen der Mutter, Scheidung wie es beliebt, voreheliche Beziehungen, Homosexualität, freien Drogengebrauch.

Es ist eine Sturmflut, eine Art Wirbelsturm, der auf uns zukommt, lieber heiliger Lukas. Was kann ein armer Bischof dage-

gen tun? Er kann zugeben, daß in der Vergangenheit das Gesetz häufig eine zu absolute Sache war, eine Art Altar, auf dem zu oft der Mensch geopfert wurde. Er nimmt auch zur Kenntnis, daß manchmal die Eltern bei ihren Kindern die Zügel schleifen lassen. („Meine Kinder sollen es einmal besser haben!")
Er gibt zu, daß dieselben Eltern meist die Ermahnung vergessen haben: „Unterdrückt eure Kinder nicht, damit sie nicht mutlos werden" (Kol 3,21).
Er weiß sehr gut, daß die Ausübung jeder Autorität ein Dienst ist und in der Haltung des Dienens ausgeübt werden muß. Er hat die Worte des heiligen Petrus vor Augen: „Handelt als wahre, freie Menschen, die sich der Freiheit nicht als Deckmantel für die Bosheit bedienen, sondern die echte Diener Gottes sind" (1 Petr. 2,16). Diese Worte schließen die sogenannte „Macht" aus und fordern eine Autorität, die die Freiheit fördert; sie wollen nicht einen unterwürfigen Gehorsam, sondern einen Gehorsam, der erwachsen ist, aktiv und verantwortlich.
Was kann der Bischof noch tun? Er muß auf Gott vertrauen und muß immer wieder an die göttlichen Worte erinnern: „Wer Gott fürchtet, ehrt den Vater ... Mein Sohn, mit Worten und mit Taten ehre deinen Vater" (Sir 3,7–8). „Söhne, gehorcht euren Eltern in allem: das ist dem Herrn wohlgefällig" (Kol 3,20). „Jeder sei den Autoritäten untertan, denn es gibt keine Autorität, die nicht von Gott kommt ... wer sich gegen die Autorität auflehnt, lehnt sich gegen die göttliche Ordnung auf" (Röm 13,1–2). „Ich fordere zu Bitten und Gebeten auf ... für alle Menschen, für alle Herrscher und für die, die Macht haben" (1 Tim 2,1). „Seid gehorsam und nachgiebig euren Vorgesetzten gegenüber, damit sie ihrem Amt als Verantwortliche nachkommen, über eure Seelen wachen, es mit Freude tun und ohne Zorn" (Heb 13,17).

Dann gibt es die Menschen, die uns gleichgestellt sind. Ihnen gegenüber ist es unsere Pflicht, einfach zu sein, jedes Einzelgängertum zu vermeiden, ebenso die übertriebene Manie, sich um jeden Preis hervortun zu wollen. Unsere Tendenz ist manchmal die, nicht das zu tun, was die anderen tun, sondern das zu tun, was die anderen nicht tun. Ihren Aussagen widersprechen, das verachten, was sie bewundern, das bewundern, was sie verachten. Der eine will auffallen durch Eleganz, Luxus und ausgefallene Kleidung, ein anderer durch eine originelle und gewählte Sprache. Ein Ring am Finger, ein Löckchen, das unter dem Hut hervorschaut, eine Feder auf dem Alpenhut fördert in unglaublicher Weise den Stolz eines Menschen. All das ist an und für sich nicht schlecht, aber oft ist es nur ein Mittel, sich zur Schau zu stellen, bewundert zu werden und die eigene Mittelmäßigkeit zu verstecken.

Der einfache und offene Mensch hingegen will nicht reicher erscheinen oder gelehrter, frömmer, vornehmer und mächtiger als er ist. Er will sich geben, wie er ist, sich kleiden, wie es seiner Stellung entspricht, sich nicht absichtlich zur Schau stellen und niemanden übertrumpfen.

Jesus hat diese Vorsätze akzeptiert und empfohlen, und Ihr, lieber heiliger Lukas, habt sie uns aufbewahrt: „Nehmt die letzten Plätze ein; wehe euch, die ihr die ersten Plätze in den Synagogen sucht und auf den Plätzen gegrüßt werden wollt."

Zum Schluß kommen wir zu den Untergebenen oder, besser gesagt, zu denen, die unglücklicher dran sind als wir, weil sie krank oder arm sind, in Not oder in Sünde. Ihnen gegenüber muß man eine wirksame christliche Liebe haben, die sich jedem einzelnen zuwendet, aber auch die Armut bekämpft.

Hier kann man heute zwei falsche Vorstellungen feststellen: Jemand sagt: „Ich liebe und helfe den armen Menschen, das genügt mir: ich habe kein Interesse an der ‚Klasse' der Armen." Ein anderer sagt: „Ich kämpfe für die Klasse der Armen, für die Ausgestoßenen, für die dritte Welt; einen einzelnen Armen mit ein bißchen Liebe zu umgeben, nützt nichts, im Gegenteil, es verzögert die endgültige Revolution."

Dem ersten antworte ich: Es wäre auch notwendig, die Armen

wirksam zu lieben, die gemeinsam und organisiert darum kämpfen, ihre Situation zu verbessern. Man muß es so machen wie Christus, der alle geliebt hat, aber der die Armen in seiner großen Liebe bevorzugt hat.

Dem zweiten sage ich: Es ist gut, die Sache der Armen, der Ausgestoßenen, der dritten Welt gewählt zu haben. Aber hüte dich davor, mit der Ausrede der fernen und organisierten Armen die Armen zu vernachlässigen, die in deiner Nähe sind. Da ist zum Beispiel deine Mutter: warum gehorchst du ihr nicht und gehst ihr auf die Nerven? Ein Armer in deiner Nähe ist auch dein Lehrer: warum behandelst du ihn so respektlos und ohne Mitleid? Warum hast du mit Gewalt und Faustschlägen verhindert, daß dein Klassenkamerad mit dir in die Klasse eingetreten ist, nur weil er andere politische Ideen hat als du? Du bist für die große Sache des Friedens, aber achte darauf, daß nicht auch auf dich die Worte des Propheten Jeremia zutreffen: „Sie gehen herum und sagen: Friede, Friede, aber von Frieden ist keine Spur“ (vgl. Jer 6,14 und 11). Der Friede kostet etwas: Man schafft ihn nicht mit Worten, sondern mit Opfer und liebevollem Verzicht von seiten aller. Es ist nicht möglich, allein mit menschlichen Kräften Frieden zu schaffen: es braucht die Hilfe Gottes. Das ist die weihnachtliche Mahnung der Engel; etwas vom Schönsten, was Ihr, heiliger Lukas, je aufgezeichnet habt: „Friede auf Erden den Menschen, die Gott liebt.“

ANDERE ZEITEN, ANDERE SCHULEN

April 1974

Verehrter Quintilian!

Ihr wart ein großer Rechtsanwalt, ein Meister der Rhetorik, vor allem aber ein leidenschaftlicher Erzieher.
Plinius der Jüngere war Euer Schüler. Kaiser Domitian hat Euch die Erziehung seiner Neffen anvertraut, die Kinder seiner Schwester Flavia Domitilla. Das erste der zwölf Bücher Eures Hauptwerkes über die Beredsamkeit hat im Mittelalter und noch bis vor wenigen Jahren großen Einfluß gehabt. Kürzlich habe ich es wieder einmal überflogen und einige Eurer Grundsätze nachgelesen.
1. Der Lehrer soll von einem Kind nicht das verlangen, was nur ein Jugendlicher leisten kann, und von diesem nicht, was er nur von einem Erwachsenen erwarten kann. Wenn der Schüler gut gelernt hat, soll er ihm sagen: Du bist schon gut. Und er füge hinzu: Du wirst aber noch Besseres leisten können! Damit spornt er ihn an, er motiviert ihn und macht ihm Hoffnung.
2. Ein Lehrer soll nicht nur für einen Schüler zur Verfügung stehen. Wenn der Schüler keine Vergleichsmöglichkeiten hat, läuft er Gefahr, hochnäsig zu werden. Mit nur einem Schüler holt auch der Lehrer aus sich selbst nicht das Letzte heraus. Ist man zu mehreren in der Klasse, entsteht ein Wettkampf; das stachelt oft mehr zum Lernen an, als die Ermahnung der Lehrer und die Bitten der Eltern.
3. Eine übertriebene Kritik paßt nicht zu jungen Leuten. Sie hilft ihnen nicht, Phantasie und Kreativität auszubilden.
4. Beim Ermahnen soll der Lehrer nicht zu streng sein. Sonst verlieren die Ängstlichen den Mut, fürchten sich vor allem und wagen nichts. Die Lebhafteren werden wütend oder leisten passi-

ven Widerstand. Der Lehrer soll wie ein Vater sein, keine Laster haben und auch keine dulden. Streng, aber nicht stur; wohlwollend, aber entschieden. Er passe auf, daß man ihn nicht wegen seiner Strenge haßt oder wegen seiner Laschheit verachtet; er soll unablässig darauf hinweisen, was gut und ehrenhaft ist.

Beim Überfliegen dieser Grundsätze empfand ich gleichzeitig Bewunderung und Traurigkeit. Wie weit sind sie doch von den Maximen entfernt, die ich da und dort in modernen pädagogischen Abhandlungen lese!

1. Soll ich Euch verraten, verehrter Quintilian, daß es Lehrer gibt, die schon in der vierten Klasse immer wieder auf Vietnam, Chile, Palästina zu sprechen kommen? Was zählt, sagen sie, ist nicht so sehr die Vermittlung von Wissen, das sich andere vor uns angeeignet haben, sondern vielmehr die Fähigkeit, über die großen, aktuellen Probleme der Gegenwart diskutieren zu können.

2. Wettkampf, Wetteifer sind umstrittene Begriffe. Sie würden den Individualismus, den Klassengeist, die Leistungsgesellschaft, den Kapitalismus fördern. Die Note sollte nicht der einzelne, sondern die Gruppe bekommen.

3. Was am meisten beunruhigt, ist die Kritiksucht. Den Schülern wird die Gesellschaft in ihren negativen Aspekten dargestellt, manchmal auch mit Übertreibungen. Daraus folgert man: Leute, das ist eure Zielscheibe, schießt dagegen. Ihr hattet damals den passiven Widerstand gefürchtet, heute propagiert man die aktive Schülerrebellion.

4. Der Lehrer wie ein Vater? Redet lieber nicht darüber! Heute bekämpft man jede Art von Paternalismus, man sucht ihn in allen Ecken, fürchtet ihn als Symbol für Unterdrückung, Unterwerfung und Autoritätsgehabe. Jetzt stehen andere Worte hoch im Kurs: Gruppenarbeit, eine nicht lehrstoffvermittelnde Schule, Mitbestimmung, demokratische Selbstverwaltung, die sich auszeichnet durch Sitzungen und Demonstrationen. Kämt Ihr, lieber Quintilian, nach neunzehnhundert Jahren zurück, um wie-

der mit dem Lehren zu beginnen, müßtet Ihr Euch ganz schön sputen, um wieder einsteigen zu können. Nicht, daß alles schlecht wäre. Die vier Gesichtspunkte, die ich Euren vier Maximen entgegengestellt habe, gehören zusammen mit anderen Schlagworten zum Kolorit und den Lösungsversuchen besonders fortschrittlicher Pädagogen. Es gibt aber auch Zwischenlösungen, die Euch vielleicht nicht einmal mißfallen würden. Ich glaube, wenn man sie ein wenig anpaßt, ließen sie sich sehr gut mit Euren Grundsätzen in Einklang bringen.

Das Teamwork zum Beispiel, das Ihr noch nicht kanntet, ist eine vortreffliche Sache. Wenn eine Gruppe gut funktioniert, addiert sich nicht einfach die Intelligenz von dreien, vieren oder fünfen, nein, die Intelligenz jedes einzelnen erhält einen neuen Ansporn. Was der andere schon begriffen hat, versuche auch ich zu verstehen, sein Licht läßt auch mir ein neues Licht aufgehen. Und das hilft wiederum ihm, einem dritten oder einem vierten. Andererseits regt mich das Teamwork an, selbst aktiv zu werden und nicht nur Empfänger zu sein. Beim Lernen finde ich zu mir selbst; ich teile den anderen meine Gedanken mit und das auf eine originelle Art. Dadurch kommt ein Erfahrungsaustausch in Gang, der mich und die anderen bereichert. Man legt heute größeren Wert auf Aufrichtigkeit im Austausch und auf liebenswürdige Aufmerksamkeit den anderen gegenüber.
Das schließt jedoch die Unterweisung des Lehrers nicht aus, sondern setzt sie voraus. Wie soll sich der Verstand auch selbständig machen, er ist ja nicht selbst Urheber der Wahrheit, sondern muß sich ihr beugen, woher auch immer sie kommt. Wenn man nicht auf die Lehre der anderen aufbaut, verliert man viel Zeit, um die Wahrheiten zu finden, die schon vorliegen. Man kann nicht immer neue Entdeckungen machen; oft genügt es, die bereits gemachten kritisch unter die Lupe zu nehmen, um sicher zu gehen. Schließlich ist auch die Gelehrigkeit eine nützliche Tugend.
Das merkte auch jener Universitätsprofessor, dessen Haushälte-

rin darum bat, einige glühende Kohlen für das Bügeleisen aus dem Ofen nehmen zu dürfen. „Natürlich", sagte er, „wo aber ist der Behälter, in den Sie die Kohlen legen?" – „Hier", sagte die Wirtschafterin und zeigte ihre flache Hand. Sie legte zuerst zwei kalte Kohlen darauf, dann die heißen und ging dankend davon. „Da schau an!" sagte der Professor, „bei all meinem Wissen, das kannte ich noch nicht."

Man soll nicht glauben, daß man untätig und passiv bleibt, wenn man einem Lehrer zuhört. Schüler, die wirklich nach der Wahrheit suchen, gleichen nicht Schüsseln, in die der Lehrer eine Philosophensuppe hineinschüttet, während er munter mit dem Kochlöffel seine Erkenntnisse umrührt. Dante, Leonardo, Galilei haben nicht die Hände in den Schoß gelegt beim Lernen. Auch der heilige Thomas wollte, daß seine Schüler voll bei der Sache seien. Er sagte: Der Lehrer beschränke sich darauf, den Schüler anzuregen, zu „motivieren" und ihm den Stoff schmackhaft zu machen. Wenn der Schüler sich fördern läßt – sowohl während als auch nach dem Unterricht – kommt er zur Erkenntnis der Wahrheit. Andererseits frage ich mich, ist es nicht besser, großen Ideen sein Vertrauen zu schenken als originellen Autoren mit mittelmäßigen Ansichten?

Sicher muß man auf die schwächsten Schüler Rücksicht nehmen, doch ist dabei einiges zu beachten: Die Schule bereitet auf das Leben vor, und das wird für jeden anders sein. Was wäre schon der Sport, der jungen Leuten so viel Spaß macht, ohne Wettkampf und gegenseitiges Anfeuern! Eine Schule ohne Primus und ohne Schlußlicht ist weder realistisch noch wünschenswert: Sie gliche zu sehr einer Schafherde.

Don Bosco war ein Meister in der Liebe zur Jugend: „Ich glaube", schreibt er, „es ist Pflicht eines jeden Lehrers, die Schwächsten in der Klasse zu berücksichtigen, sie öfter zu befragen als die anderen, sich ihretwegen beim Erklären einer Materie mehr Zeit zu nehmen. Wiederholen und nochmals wiederholen, bis auch sie begriffen haben; die Aufgaben und den Unterricht ihren Fähigkeiten anpassen."

Vielleicht seid auch Ihr der Meinung, daß die Schule früher zu viel Wert auf das Wissen gelegt hat. Mir kommen da einige Namen in den Sinn: Zenon (für lateinische und griechische Grammatik), Campanini-Carboni (lateinisches Wörterbuch), Sanesi (griechisches Wörterbuch). Mit ihnen verbinden sich in mir Deklinationen, mathematische Regeln, unregelmäßige Verben, schier endlose Übungen.
So wie die Geschichte bisher dargestellt wurde, erscheint sie mir als eine ,,Destillation des Lärms" (Carlyle), bestehend aus Daten, Kriegen, Friedensschlüssen und Verträgen.
Als ich mich einmal ein wenig mit der Biologie beschäftigte, sind mir massenhaft Begriffe wie Neuropteraide, Lepidoptera, Coleoptera, Diptera usw. sehr geläufig geworden, aber ich war mir nie sicher, ob Fliegen und Mücken nun zur Familie der Diptera gehörten oder nicht, genausowenig wie ich in der Lage war, die Imenoptera in den roten Ameisen zu entdecken, die mich heftig bissen, wenn ich mich ins Gras setzte. Da ist der Anschauungsunterricht schon ein großer Fortschritt. Man bietet den Schülern Interessenschwerpunkte an. Neben den Wörterbüchern werden auch Sprachlabors und Plattenspieler verwendet. Im Geschichtsunterricht stehen kultureller Fortschritt und soziale Verhältnisse im Vordergrund. Physik und andere naturwissenschafliche Fächer werden auf Grund von Experimenten im Labor einsichtig gemacht. In zunehmendem Maß interessieren sich die Schüler für die Ereignisse ihres Landes und die Vorgänge in der Welt. Ich sage „in zunehmendem Maß", denn ich bin überzeugt, daß die Schüler auch hierüber miteinander ganz vernünftig diskutieren können, wenn auch noch nicht immer der richtige Stil gefunden wurde. Denn es paßt mir nicht, wenn sie sich dem Lehrer gegenüber respektlos verhalten und sich in seiner Gegenwart ungehörig und unanständig benehmen.
Ich weiß, daß sowohl die italienische Verfassung als auch das Zweite Vatikanische Konzil das Recht auf Streik anerkennen; aber es fällt mir schwer, dieses Recht in manchen Schülerstreiks

verwirklicht zu sehen, die mit eingeworfenen Fensterscheiben oder noch schlimmerer Zerstörungswut argumentieren.

Im nächsten Jahr wird in Italien ein neues Gesetz in Kraft treten für eine Mitbestimmung in der staatlichen Vor-, Grund- und Hauptschule und des musischen Zweigs. Dadurch werden die Eltern zu einem wichtigen Bestandteil der Schule. Das ist ein wahrer Erfolg, verehrter Quintilian; die Eltern nehmen gesetzlich an der inneren Verantwortung der Schule teil. Sind sie aber darauf vorbereitet, die Schulprobleme fachkundig anzugehen? Werden sie in der Lage sein, sich nur vom Wohl der Kinder leiten zu lassen, ohne jedes Parteiinteresse, gerade heute, wo die Politik wie feiner Staub in die feinsten Ritzen eindringt? Werden ihre gesetzlich gesicherten Befugnisse durch die Freiheit von Lehre und Forschung beeinträchtigt werden? Wenn die Professoren über eine schrankenlose Freiheit verfügen und unterrichten können, was ihnen beliebt, dann ade Freiheit der Eltern.
Das italienische Schulwesen steht vor einer geschichtlichen Wende. Wenn die Eltern das nicht erkennen, kann es zu einem wahren Unglück kommen.

Verehrter Quintilian! Viele Jahrhunderte trennen uns. Viele Philosophen und sehr viele Pädagogen sind nach Euch gekommen. Der Humanismus, den Ihr erlebtet, ist heute von den Wissenschaften überholt, die das Atomzeitalter und das Zeitalter der Technik beherrschen.
Und doch hielt Euch Theodor Mommsen, ein protestantischer Romanist, vor einem Jahrhundert für einen Mann von gutem Geschmack und rechtem Urteil, ohne Kleinkrämerei. Vor 50 Jahren erkannte der Kommunist Concetto Marchesi Eure Kultur als Geisteskultur an.
Ich hoffe, daß Eure berühmten Grundsätze weiter unsere Erzieher beeinflussen. Mögen sie zumindest den einen Satz beherzigen: *Non multa, sed multum.* Auf die Schule übertragen: nicht vielerlei, sondern tiefgreifend.

Don Bosco hat das auf seine Art und Weise getan, als er schrieb: „Viel tut, wer wenig tut, aber tut, was er tun muß; nichts tut, wer viel tut, aber nicht tut, was er tun muß." Also viel und tief, ohne komplizierte Übertreibungen à la Anatole France, der vorschlug, man solle den Geschmack einer Olive bis ins letzte auskosten: sie in eine Lerche hineinlegen, diese wiederum in eine Taube stecken, diese in ein Huhn, das Huhn in ein Ferkel, dieses in ein Kalb und das Ganze dann an einem Spieß braten. Die besten Säfte des Kalbes würden so mit denen des Ferkels, des Huhnes, der Taube und der Lerche zusammenfließen und dadurch bekäme die Olive einen besonders feinen Geschmack. Nein, danke! Diese Feinschmeckerei erfordert Massenabschlachtungen.

Euer Wort: *Non multa, sed multum* hat sicher nicht eine Massenvernichtung von Werten im Blick gehabt, oder? Das wäre der Schule von heute bestimmt nicht zu wünschen . . .

DAS VERMÄCHTNIS VOM BERG ISEL

Mai 1974

Lieber Andreas Hofer!

Auf einem Streifzug durch Innsbruck besuchte ich vor einem Monat die Hofkirche, eine Franziskanerkirche, in der Renaissance nach den Plänen unseres Andrea Civelli erbaut. Dort, links im Kirchenschiff, fand ich Euer Grabmal. Ganz in Eurer Nähe sind Josef Speckbacher und der Kapuziner Joachim Haspinger begraben, beide Gefährten Eurer Kämpfe.
Eigentlich habt Ihr, Wirt von St. Leonhard im Passeiertal, zwei Arten von Schlachten geschlagen: einmal wart Ihr ordentlicher Soldat im Krieg gegen die Franzosen 1796 und 1805; dann wart Ihr als Partisan Haupt und Seele des Tiroler Volksaufstandes gegen die Bayern und Franzosen im Jahre 1809. Die unglaublich geschickte und mutige Führung dieses Kleinkriegs hat selbst den Anhängern Napoleons Bewunderung entlockt und Euch im Herzen des Tiroler Volkes einen Platz als Held eingeräumt.
Alles begann damit, daß der Graf Montgelas, Minister des Königs von Bayern, ohne Voranzeige und Begründung im Jahre 1809 mit einem Schlag alle katholischen Zeremonien verbot. Keine Prozessionen mehr, keine Hochzeiten und Begräbnisse, kein Glockengeläut. Montgelas hatte keine Ahnung von der Widerstandskraft des durch und durch katholischen Tiroler Volkes. Es ersuchte zunächst den bayerischen König in respektvoller Weise, dieses „gottlose und freiheitsberaubende Dekret“ zurückzuziehen. Vergeblich! Darauf erfolgte der Massenaufstand. Während die Glocken Sturm läuteten und sich ihr Schall von Tal zu Tal fortpflanzte, sah man die Bauern von allen Höfen und Dörfern zusammenströmen, bewaffnet mit Sensen, Gabeln und alten Gewehren, angeführt von Eurer mächtigen Gestalt.

Zweimal wurde das bayerische Heer besiegt. Als die Franzosen und Sachsen zu Zehntausenden als Verstärkung heranzogen, waren die Euren gezwungen, sich aufzulösen und im Kleinkrieg weiterzukämpfen. Wie zur Zeit des italienischen Widerstandes seid Ihr „in die Berge" gegangen. Leider haben Euch zwei Lumpen für die üblichen „30 Silberlinge" verraten. Von den Franzosen in der Hütte, wo Ihr Euch versteckt gehalten hattet, aufgestöbert, sagtet Ihr: „Macht mit mir, was ihr wollt, aber habt Nachsicht mit meiner Gattin und meinen Kindern, sie sind unschuldig."
Herzog Eugen wollte Euch begnadigen, Napoleon jedoch ordnete die Erschießung an. Vor Eurer Hinrichtung in Mantua habt Ihr, wie ein Pfarrer, die um Euch herum knienden Kameraden gesegnet. Die Augenbinde ablehnend, habt Ihr stehend die Kugeln erwartet. Auf dem Berg Isel bei Innsbruck hat man Euch ein Denkmal errichtet. Der Sockel trägt die Inschrift: Für Gott, Kaiser und Vaterland.

Lassen wir den Kaiser beiseite. Ich wünschte mir, daß Euer menschliches und christliches Heldentum innerhalb und außerhalb Tirols Schule macht. Verstehen wir uns richtig: Ich will keinen Kleinkrieg! Ich bin überzeugt, daß besonders in einem demokratischen Italien solch ein Krieg nicht mehr notwendig sein wird. Aber Euer christlicher Glaube, aus einem Guß, darum die Einigkeit des ganzes Volkes, die Ihr mit Haspinger in der Stunde der Gefahr erreicht habt: dies wünsche ich mir von ganzem Herzen.
Der Prophet Elia sagte zum Volk: „Wie lange hinkt ihr noch auf beiden Beinen? Wenn Gott euer Herr ist, dann folgt ihm; wenn hingegen Baal euer Gott ist, dann folgt diesem!" Er wollte eine klare Entscheidung und gab deutlich zu verstehen, daß man nicht zu Gott gelangen kann, ohne sich vom Bösen zu trennen, daß man nicht auf zwei Hochzeiten gleichzeitig tanzen kann. Mit allem unsicheren „Wer weiß?" und „Wenn und Aber" hätte man Eure Tiroler nicht packen können. Dort in Eurem beschei-

denen Wirtshaus haben sie gespielt, getrunken, sich unterhalten, diskutiert. In ihre Häuser zurückgekehrt, haben sie mit ihrer Familie das Abendgebet gesprochen; wenn sie zur Sonntagsmesse gingen, verweilten sie am Grabe ihrer Verstorbenen auf dem kleinen Friedhof um die Kirche. Durch die Umgebung, die frommen Bräuche und die viele zur Verfügung stehende Zeit wurde die Besinnung gefördert, und daraus wuchs die feste Überzeugung, die der Maler Egger-Lienz so eindrucksstark dargestellt hat: die Tiroler Partisanen, in Reih und Glied aufgestellt, zur Schlacht bereit, mit Haspinger, der das Kreuz in der Faust hält, an der Spitze.

Uns fehlt heute die Ruhe und die Möglichkeit zur Besinnung. Wir werden von dem hektischen Lebensrhythmus überrollt. Vielleicht ist dies eine der Ursachen, warum viele so hin- und herschwanken. Haspinger, der Prediger alten Stils, der uns in seiner rauhen Art an die ewigen Wahrheiten erinnert, kommt heute nicht mehr an; eine überzeugende, aber bescheidenere Stimme wollen wir hören. Die große Glocke, die weithin klingt, können wir nicht mehr ertragen; aber vielleicht nehmen wir noch das Hausglöckchen an.

So eine verhaltene Stimme und so ein Glöckchen war zum Beispiel Bruder Candidus von den Christlichen Schulbrüdern. Er lebte ungefähr hundert Jahre nach Euch. Eines Tages fuhr er mit der Eisenbahn und studierte den Fahrplan. Ein Bub neben ihm schielte neugierig in das Buch und auf den darin blätternden Bruder. „Kennst du dieses Buch?“, fragte ihn Bruder Candidus. „Nein? Willst du wissen, wozu es gut ist und wie man es gebraucht?“ Er erklärte es dem Buben und zeigte ihm, wie man die Abfahrtszeiten finden und die schnellsten Verbindungen entdecken kann. Der Bub interessierte sich, probierte selbst, lernte schnell und freute sich riesig. Die Reisenden im selben Abteil amüsierten sich an dem Zwiegespräch der beiden.

Schließlich fragte Candidus: „Soll ich dir auch zeigen, wie man auf der himmlischen Eisenbahn fährt?“ Der Bub und die Mitreisenden sind überrascht. Bruder Candidus zieht aus der Reiseta-

sche ein Blatt mit einer Zeichnung heraus und erklärt: „Schau, das ist die Eisenbahn zum Himmel. Ort der Abfahrt: jeder beliebige Punkt der Weltkugel. Zeit der Abfahrt: jeder Augenblick. Zeit der Ankunft: für keinen Reisenden kann man die Stunde vorhersagen. Fahrkarte: in der Gnade Gottes sein. Der Schaffner, der kontrolliert: die Gewissenserforschung. Weitere Hinweise: erstens, stets das Gepäck der guten Werke bereithalten; zweitens, man kann das verlorene Gepäck durch die Beichte zurückbekommen." Und so fort.
Als er freundlich lächelnd mit den Erklärungen zu Ende war, bot er dem Buben und den Anwesenden das Blatt mit dem eigenartigen und wertvollen Fahrplan an. Vielleicht ist dadurch der eine oder andere zu einem Akt der Reue und des Vorsatzes veranlaßt worden . . . Ihr werdet jetzt sagen: „Dieser Ordensbruder ist eine kümmerliche und verkleinerte Ausgabe meines mächtigen Haspinger!" – Was wollt Ihr! Unsere gegenwärtige Epoche, die religiös so schwach ist, muß mit geeigneten Methoden angegangen werden. Wichtig ist nicht die Art, sondern das Ziel: zum Nachdenken anregen.

Viel wichtiger noch ist es, sowohl die Christen als auch die Staatsbürger zur Eintracht zusammenzubringen. Wir sind Christen, aber auch uns hat die Predigt des heidnischen Dichters Rutilius etwas zu sagen. Er war recht stämmig. Als einmal eine schreckliche Auseinandersetzung zwischen zwei gegensätzlichen Parteien kein Ende nahm, wollte er schlichten: „Liebe Freunde", sagte er, „wie ihr seht, bin ich sehr dick und meine Frau noch mehr. Und dennoch, wenn wir uns gut verstehen, genügt ein einziges Bett für uns beide. Wenn wir aber streiten, scheint uns das ganze Haus zu klein."
Hier kommt mir ein Zweifel. Das Beispiel des Rutilius paßt, wenn es nur zwei Streithähne gibt. Doch in unserem Land, in den heutigen Parteien gibt es nicht nur zwei Strömungen, sondern vier, sechs, sieben, zwanzig! Man kann nicht mehr von einem Ehebett sprechen. Wenn schon die Rücksicht auf das Ge-

meinwohl nicht ausreicht, um uns zu einigen, müßte uns wenigstens die Angst vor den möglichen Folgen vor Streitigkeiten bewahren. Voltaire sagte: „Zweimal befand ich mich am Rande des Untergangs. Das erstemal, als ich einen Streit verlor, das zweitemal, als ich ihn gewann."

Staaten, politische wie religiöse Parteien, können den Spruch Voltaires auf sich anwenden. Außerdem ist es nützlich, immer auch an den „Dritten" zu denken, der auf der Lauer liegt, der sich freut, wenn zwei sich streiten. Bulwer, der Autor des Romans „Die letzten Tage von Pompeji", schreibt: „Der Advokat ist ein Mensch, der, wenn sich zwei um eine Auster streiten, diese nimmt, sie öffnet, den Inhalt ißt und dann jedem von beiden eine halbe Schale gibt." Das mag etwas hart klingen, doch es stimmt immer und überall. Die Stärke unseres Gegners liegt in unserer eigenen Schwäche, und die wird verursacht durch unsere Zwistigkeiten.

Diese Überlegungen gelten zum Teil auch für die katholische Kirche. Ihr Gründer, Christus, hat diese Spaltungen befürchtet und deshalb ein solides Fundament für die Einheit geschaffen. Er hat gesagt: „Ich wünsche, daß meine Jünger eins sind, daß sie einen einzigen Schafstall bilden." Um dieses Ziel zu erreichen, hat er aus der Menge die Zwölf ausgewählt und zu ihnen gesagt: „Wer euch hört, hört mich." Da er Spaltungen unter den Zwölf und ihren Nachfolgern voraussah, wollte er, daß einer von ihnen ihr Oberhaupt, ihr größerer Bruder sei. Deshalb sagte er zu Petrus: „Weide meine Schafe" und „stärke deine Brüder". Es gibt also einen Ausweg aus unserer Situation: Wenn Gläubige, Priester, Ordensleute und Bischöfe sich eng um den Papst scharen, wird keiner die Kirche spalten.

Euer Kapuziner Haspinger, lieber Hofer, wußte von diesen Dingen, ja er konnte sie mit Händen greifen. Zur Zeit Eures Aufstandes schlugen sich viele Bischöfe aus Angst oder Eigennutz auf die Seite des übermächtigen Napoleon. Ihr aus Tirol hingegen habt Napoleon und seinen Freunden Widerstand geleistet. Ihr habt Euch auf die Seite des Papstes Pius VII. gestellt, der gerade im Jahr 1809 Napoleon exkommuniziert hatte, von den Franzosen verhaftet und ins Exil nach Savona gebracht wurde. Das soll man nicht vergessen. So muß man handeln, um den vielen Streitereien, die wir leid sind und die Ärgernis geben, ein Ende zu setzen. So kann man die Einheit der Geister wieder herstellen, die Einheit der Kirche und des Landes. „Für Gott und Vaterland", wie auf dem Berg Isel geschrieben steht.

EINE MÜCKE STICHT, SO GUT SIE KANN

Juni 1974

Berühmter Marconi,

wir feiern in diesem Jahr den hundertsten Jahrestag Eurer Geburt. Schon als Junge habt Ihr Euch mit den faszinierenden Problemen der modernen Physik beschäftigt, was bei Eurer Begabung ein großes Glück für die Welt bedeutete.

Mit 21 Jahren – ohne Promotion, ja sogar ohne Abschluß eines Gymnasiums – habt Ihr bereits die drahtlose Telegrafie entdeckt, die Übertragung elektrischer Signale über eine Entfernung hinweg. Die folgenden Jahre brachten lawinenartig neue Studien und neue Entdeckungen.

1924 gelang es Euch, die drahtlose Telegrafie zu vervollkommnen und die menschliche Stimme von England nach Australien zu übertragen. Mit der Entdeckung der Kurz- und der Mikrowellen habt Ihr neue Entwicklungen bis hin zum Fernsehen eingeleitet.

Ich erinnere mich, mit welchem Interesse die ganze Welt Eure Erfindungen verfolgte. Ich war noch ein kleiner Junge, da wußte ich schon, daß man 1912 gerade aufgrund Eurer Erfindungen den größten Teil der Passagiere der Titanic, die mit einem Eisberg zusammengestoßen und in wenigen Stunden versunken war, retten konnte. Ich hörte von der Elektra, Eurem schwimmenden Laboratorium, wie von einem Spukschiff sprechen. Es war beeindruckend, Euch auf dem Foto neben Pius XI. zu sehen und zu hören, daß sich auf ein einfaches Signal von Euch hin Tausende von Lampen Sydneys gleichzeitig entzündet hatten oder daß Ihr für Eure Experimente gut 87 mal den Ozean überquert habt.

Es sah damals so aus, als ob man nicht mehr weiterkommen

könnte. Stattdessen ging der Fortschritt rapide voran. Wenn Ihr in die Welt zurückkehren würdet, fändet Ihr viele neue Dinge, die seit 1937, dem Jahr Eures Todes, entstanden sind: Farbfernsehen, Videocassetten, Transistor, künstliche Satelliten, Radar, Penicillin, Reanimation usw.
In den Fabriken gibt es Produktionsstraßen, welche die Ware von Anfang bis Ende bearbeiten, ohne daß ihre einzelnen Teile auch nur von einer menschlichen Hand berührt werden.
Kontrollapparate überprüfen die Produkte derart genau, daß etwaige Fehler automatisch entdeckt und korrigiert werden. Elektronengehirne registrieren Informationen und führen in kürzester Zeit die verschiedensten Arbeitsgänge aus. Die Menschen sind schon ein paarmal auf den Mond geflogen und planen Flüge zu anderen Planeten. Wir sind mitten im nachindustriellen und interplanetarischen Zeitalter der Technologie.

„Also dann läuft alles bestens!" werdet Ihr sagen. Ihr selbst wart ja nicht nur ein großer Entdecker, sondern auch ein bedeutender Unternehmer.
Ihr habt recht, viele Dinge gehen auch sehr gut, aber sie bringen schwerwiegende Konsequenzen, Probleme und Gefahren mit sich. Es erscheint deshalb nötig, sie zu korrigieren oder einzudämmen.
Paul VI. zum Beispiel hat von „Völkern des Hungers" gesprochen, die heute in dramatischer Weise an die „Völker des Wohlstandes" appellieren. Der Zorn der Armen könne zu unabsehbaren Konsequenzen führen. In der Tat: In einem Drittel der Welt herrscht enormer Überfluß und grenzenlose Verschwendung; und in den anderen zwei Dritteln wächst das Elend unaufhörlich weiter. Wenn man nur die überhöhten Ausgaben streichen und einen gewissen Luxus einschränken würde, könnte innerhalb kurzer Zeit die gesamte Menschheitsfamilie auf ein wirtschaftlich, sozial und kulturell gehobeneres Niveau gebracht werden. Ich habe von „Menschheitsfamilie" gesprochen . . . Nie hat man so stark wie heute gespürt, daß die Welt klein ist: Wir haben

Hunger und Durst nach Einheit, aber wir werden von entgegengesetzten Kräften hin- und hergerissen.
Zur Einheit führen das weitentwickelte Kommunikationsnetz, das bereits auf hundert Weisen die Erde umspannt, das universelle Streben nach Frieden, die Existenz der UNO und anderer internationaler Organisationen und die Schriften und Werke einer Elite von Denkern und Politikern. Zur Uneinheit führen das Auflodern übertriebenen Nationalgefühls, das sich hier und da, sei es in den alten als auch den neuen Völkern bemerkbar macht, die Trennung der Welt in gegensätzliche, von Supermächten geführte Blöcke und die sozialen Spannungen, die bereits nicht mehr nur zwischen einer Klasse und der anderen, sondern auch zwischen Region und Region, zwischen reichen Staaten und armen Staaten bestehen.

An diesem Punkt werdet Ihr mich fragen: Warum nutzt die Kirche nicht die ungeheure erneuernde Kraft aus, die im Evangelium steckt, um sich selbst zu erneuern und mit der Zeit zu gehen?
Ein sehr berechtigter Wunsch. Die Botschaft des Konzils an die Denker und Wissenschaftler hat ihn sich zu eigen gemacht: „Euer Weg ist der unsere . . . Wir sind Freunde Eurer Berufung als Forscher, die Verbündeten Eurer Mühen, die Bewunderer Eurer Eroberungen und, wenn es nötig ist, die Tröster Eurer Entmutigung und Eures Mißerfolges." Worte, die, glaube ich, Euch sehr gefallen hätten. Doch es blieb nicht nur dabei, es folgten Taten: In der Kirche vollzieht sich eine innere Erneuerung, und ein Dialog mit der Welt wurde begonnen. Man stößt dabei allerdings auf Schwierigkeiten. Ich als Bischof fühle mich manchmal in der Situation des Sohnes des französischen Königs Johann des Guten. Dieser teilte 1356 bei der Schlacht von Poitiers wuchtige Schläge aus. Sein Sohn, der an seiner Seite kämpfte, wachte über den Vater und rief ab und zu: „Papa, schau nach rechts! Papa, Vorsicht, links!"
Das ist mein tägliches Brot. Die Kirche wünscht zum Beispiel,

sich die Einladung Rosminis zu eigen zu machen, mit würdigen liturgischen Feiern „in gehobener Form von Gott zu hören“, und das Gottesbild von den mitunter naiven und karikierenden Formen zu befreien, mit der es eine bäuerliche und vorwissenschaftliche Kultur bekleidet hat.
Aber es ist eine schwierige Arbeit. Die von rechts nennen es Gottlosigkeit und Sakrileg, wenn man einen alten Ritus durch einen neuen ersetzt. Umgekehrt setzt man links kritiklos die Neuheit um der Neuheit willen durch, wirft das ganze Erbe der Vergangenheit über Bord, stellt Bilder und Statuen in Abstellkammern, sieht überall Götzendienst und Aberglauben und behauptet schließlich sogar: Um die Würde Gottes zu retten, sei es nötig, von ihm nur in ganz gewählten Begriffen zu sprechen oder geradezu zu schweigen.

Berühmter Marconi, auf dem Gebiet der Wissenschaften habt Ihr zu Recht physikalische und mathematische Sicherheit gefordert. Auf anderen Gebieten habt Ihr Euch mit der Sicherheit des gesunden Empfindens und des Menschenverstandes begnügt. Ich weiß sehr wohl, daß ich von Gott nicht in der Weise sprechen kann, wie er es verdienen würde, trotzdem muß man aber von ihm sprechen, auf welche Weise auch immer. Ich mache es wie jene Mutter, die in einem fensterlosen Gefängnis ein Kind zur Welt brachte. Es wuchs bei ihr auf, ohne je die Sonne zu sehen. Um ihm eine Vorstellung von der Sonne zu geben, zeigte ihm die Mutter, als es sechs Jahre alt war, die brennende Lampe des Gefängniswärters. „Schau einmal“, sagte sie, „die Sonne ist wie diese Flamme: sie macht Licht und bringt Wärme. Aber die Sonne ist viel, viel größer!“ Es war wenig, ein Vergleich, aber besser als nichts.
Auch im sozialen und wirtschaftlichen Bereich ergeben sich für die Kirche Schwierigkeiten, ihren Beitrag einzubringen. Sie hat weder Auftrag noch Kompetenz noch Mittel, um die technischen Probleme im engen Sinn zu lösen. Vielmehr haben die Gläubigen, die ja gleichzeitig Staatsbürger sind, die Aufgabe,

sich in den Gewerkschaften, in der Politik und der Wirtschaft zu engagieren, wobei sie sich von ihrem religiösen Glauben führen lassen.

Die Kirche schlägt ihnen und allen eine Soziallehre vor, die aus den Prinzipien des Evangeliums hervorgeht und sich heute zwischen den gegensätzlichen Ideologien des Kapitalismus und Marxismus einen Weg zu bahnen hat. Der Kapitalismus besitzt den Vorzug, die industrielle Entwicklung gefördert und die personale Freiheit verteidigt zu haben; man wirft ihm jedoch vor, die ungeheure Armut des vergangenen Jahrhunderts verursacht zu haben, ebenso wie die modernen Gleichgewichtsstörungen in der Welt. Der Marxismus tritt die menschliche Freiheit mit Füßen und fegt alle religiösen Werte vom Tisch; dennoch kann man ihm nicht das Verdienst streitig machen, die Not der Arbeiter und die Pflicht der Solidarität ins Bewußtsein gerufen zu haben. Der Kapitalismus müßte nach der Lehre der Kirche tiefgreifend modifiziert werden. Der produzierte Reichtum ist nur dann etwas Positives, wenn der Mensch nicht zu sehr daran hängt, wenn so viele Menschen wie nur möglich daran teilhaben und der Besitz nicht mehr Ursprung gravierender Ungleichheit ist. Der Verdienst ist nur dann zu bejahen, wenn er mit rechtmäßigen Mitteln, das heißt ohne die Würde irgendeiner menschlichen Person zu opfern, erworben wurde. Auch die Konkurrenz hat ihre Bedeutung, allerdings unter der Bedingung, daß sie nicht in einen wilden, rücksichtslosen Kampf ausartet. Die Kirche muß nach dem Beispiel Christi alle Menschen lieben, aber ihre besondere Liebe muß sie den Armen und Unglücklichen zuwenden. Der Marxismus versucht heute mit Hilfe spitzfindiger Unterscheidungen in die Reihen der Katholiken einzudringen. „Eines“, sagt man, „ist die Analyse, die Marx von der Gesellschaft gegeben hat, etwas anderes die Ideologie, die Marx bestimmt hat. Die Analyse ist ein ausschließlich wissenschaftliches Instrumentarium, das die Probleme erhellt und zu ihrer Lösung beiträgt. Als solches akzeptieren wir es; die materialistische Ideologie lehnen wir jedoch ab.“

Die Kirche schlägt im Hinblick auf diese These Alarm. ,,Wir lehnen es ab", schrieb der französische Episkopat am 14. November 1973, ,,den wissenschaftlichen Charakter einer Analyse anzuerkennen, die in Wirklichkeit auf einigen philosophischen Postulaten beruht, von denen einige diskutierbar, andere aber unannehmbar sind."

Paul VI. mahnte (Octogesima adveniens, n. 34): ,,Es wäre töricht und gefährlich ... Elemente der marxistischen Forschung zu übernehmen, ohne ihre Beziehung zur Lehre selbst in Betracht zu ziehen."

Vielleicht, berühmter Marconi, werdet Ihr mir entgegenhalten: ,,Was soll dieser literarisch völlig unbedeutende Brief, mit einer so unangemessenen Kritik an den Giganten des Kapitalismus und des Marxismus?" Ihr habt recht, aber was wollt Ihr? Eine Mücke sticht eben so gut sie kann.

Der Beitrag der Kirche zur Einheit der Welt wird von Paul VI. so ausgedrückt: ,,Als Expertin in Fragen, die das Menschsein betreffen, ohne Absicht, sich in die Politik einzumischen ... bietet die Kirche an, was sie besitzt: eine ganzheitliche Sicht des Menschen und der Menschheit." Diese Sicht hat ihre Wurzeln in der Bibel. Sie zeigt, daß alle Menschen zu dem gleichen Ziel unterwegs sind, daß sie von einem Retter erlöst werden, der solidarisch ist mit dem ganzen Menschengeschlecht und dem die Aufgabe übertragen ist, mit sich ,,all das, was auf Erden und im Himmel ist, zu versöhnen" (Kol 1,20).

Der Jona des Alten Testamentes glaubt nicht, mit den anderen Völkern die Privilegien seines Volkes teilen zu müssen. Nach Ninive, in den Osten, geschickt, um dort zu predigen, versucht er, nach Westen zu fliehen, denn die Bewohner von Ninive sind keine Juden. Gott hat sein eigenes System, um ihn in den Osten zurückzubringen: gewaltige Stürme und Blitze, tobende Wogen. Nun predigt Jona den Bewohnern von Ninive, doch er hofft, daß sie sich nicht bekehren. Genau das Gegenteil geschieht, und Gott verzeiht ihnen. Jona beklagt sich daraufhin wie ein

kleiner bockiger Junge: „Ich wußte es, Herr! Du läßt Dich immer zum Mitleid verleiten, du vergibst auch diesem Pack."
Da erteilt Gott ihm mit feinem Humor, aber großer Deutlichkeit eine Lektion darüber, daß wir Menschen alle zusammengehören: Wieder außerhalb der Stadt, bereitet sich Jona aus Zweigen einen Schutz gegen die Hitze. Gott hilft ihm, indem er eilends eine Rizinuspflanze wachsen läßt, die seinem Haupt Schatten bietet. Jona schläft zufrieden ein. Am Morgen findet er die Pflanze verdorrt, und die Sonne brennt auf seinen Kopf. Er beklagt sich, aber Gott antwortet ihm: „Was? Du bist betrübt wegen dieser Rizinuspflanze, die dich nichts gekostet hat, die in einer Nacht gewachsen und in einer Nacht zugrundegegangen ist, und ich soll mich nicht rühren lassen von Ninive, einer Stadt mit 120000 Einwohnern, die ihre Rechte nicht von ihrer Linken unterscheiden können?"
Diese Lehre von der Einheit aller Menschen, die sich auch in den Prophezeiungen von Jesaja, Micha und einigen Psalmen findet, wird von Jesus aufgenommen. Zur Krippe kommen mit den Hirten auch die nichtjüdischen Könige; er segnet und lobt die kanaanäische Frau und den römischen Hauptmann; die Mission, die Christus seinen Aposteln überträgt, zeigt es deutlich: „Geht und macht alle Völker zu Jüngern" (Mt 28,19). So kann Paulus den göttlichen Heilsplan im folgenden Satz zusammenfassen: „Durch Christus alles zu versöhnen, sowohl das, was auf Erden, als auch das, was im Himmel ist" (Kol 1,20).
Im Einklang mit der Bibel haben die letzten Päpste in entschiedenen Worten über den Sinn der Einheit und des Friedens gesprochen. Paul VI. hat auf besondere Weise versucht, neue Wege zu gehen: er sprach vor der UNO, schickte sogar an die Oberhäupter der kommunistischen Staaten Telegramme und bot in verschiedenen Situationen seine Vermittlung an. Die Resultate? Zumindest wurde die Überzeugung geweckt und verbreitet, daß ein neues Klima entsteht, daß sich eine Wandlung zu vollziehen beginnt. Ich möchte sagen, daß wir von der Mentalität eines Visconti zu jener Petrarkas übergehen.

Visconti konnte sich – nach dem Stil der Renaissanceherrscher – keine Regierung ohne Kriege vorstellen und verstieg sich sogar dazu, den Priestern zu verbieten, in der Messe die Worte „Friede sei mit euch!" zu sagen. Petrarka war entgegengesetzter Ansicht. Er berichtet uns von einem Gespräch zwischen ihm und einem Verrückten. Dieser sah Soldaten vorbeimarschieren und fragte den Dichter: „Wohin ziehen sie?" – „In den Krieg", antwortete Petrarka. „Aber", bemerkte der Verrückte, „muß dieser Krieg nicht auch eines Tages mit dem Frieden enden?" – „Sicher!" antwortete der Dichter. Und der Verrückte: „Warum schließen sie dann nicht Frieden, bevor sie mit dem Krieg beginnen?" „Ich", schließt Petrarka melancholisch, „denke darüber wie der Verrückte . . ."
Es scheint, daß sich diese Verrücktheit immer mehr in allen Köpfen verbreitet – sicherlich auch ein Verdienst der Kirche.

Berühmter Marconi! Ich möchte Euer intensives Leben, das Ihr bis zum letzten Tag der Forschung und der technischen Entwicklung gewidmet habt, in dem Satz zusammenfassen: „Wenige Worte, viele Taten." Damit gebt Ihr auch uns eine Lehre. Denn wir neigen heute umgekehrt zu vielen Worten (geschrieben oder gesprochen) und wenigen konkreten Ergebnissen.

WORTE, WORTE, WORTE . . .

Juli 1974

Lieber Dichter,

in Euren Versen habt Ihr meinen Landsmann Papst Gregor XVI. aus Belluno ziemlich schlecht behandelt. Das soll mich aber nicht hindern, Eure Verdienste anzuerkennen. Über zweitausend Sonette im römischen Dialekt habt Ihr uns hinterlassen. Anschaulich und treffend schildert Ihr das römische Volk, seine Sprache und seine Mentalität, die Sitten und Bräuche, seine Gewohnheiten, den Glauben, seine Tugenden und seine Fehler. Manchmal aber, um die Wahrheit zu sagen, ist Euch die Feder beim Schreiben ausgerutscht. Doch Euer Leben war das eines Ehrenmannes, wie Ihr immer wieder sagtet: „Wir schreiben sündig, doch wir leben brav!"
Aber wieviele gelungene Einfälle! Dieser zum Beispiel: „Ich sage das nicht, um mich zu rühmen, aber heute ist ein wunderschöner Tag."
Einige Eurer Sonette sind wahre Genrebilder, und aus ihnen springen förmlich heraus, lebend und redend, Handwerker, Frauen aus dem Volk, Verschwörer, Händler, Prälaten und einfache Priester.
Unter diesen letzteren Abt Francesco Cancellieri. Ihr habt ihn in Versform dargestellt und dann in Prosa so kommentiert: Cancellieri „begann über Radieschen zu sprechen, von den Radieschen zu den Karotten, von den Karotten zu den Auberginen und endete bei dem Brand von Troja".

Schade, daß der gute Abt mit seinem zusammenhanglosen Gerede eine so schlechte Werbung für die Unterhaltung, für das Gespräch gemacht hat. Es ist nämlich, wenn man es in der rech-

ten Weise pflegt, etwas sehr Schönes in unserem armen Leben. Das Gespräch bringt uns den anderen nahe und bewirkt, daß wir uns selber besser verstehen; es gewährt uns Erholung von unseren Anstrengungen, läßt uns die Sorgen vergessen, entfaltet unsere Persönlichkeit und schenkt uns neue Gedanken.
Ich bin traurig? Die Zuneigung dessen, der mit mir spricht, tröstet mich. Ich fühle mich allein? Das Gespräch vertreibt die Einsamkeit. Ist es ein sehr persönliches Gespräch, bin ich glücklich, daß der andere mich an seinem inneren Leben teilnehmen läßt. Geht es um wichtige Fragen, fühle ich mich geehrt, weil man auf mein Urteil etwas gibt.
Spreche ich das erste Mal mit diesem Menschen? Ich habe den Eindruck einer interessanten Reise durch eine unbekannte Landschaft. Ist es das zweite, das dritte, das vierte Mal? Es scheint mir, daß ich an schon bekannte Orte zurückkehre, aber ich habe noch nicht alle ihre landschaftlichen Schönheiten entdeckt.
Ich finde auch, daß mich ein Gespräch bereichert. Feste Überzeugungen zu besitzen, ist schön; sie jedoch so zu besitzen, daß man sie mitteilen kann, daß der andere sie annimmt und schätzt, ist noch schöner.
Wenn ich eine Sache klar habe und spreche sie aus, so wird sie nur noch klarer. Wenn meine Gefühle in dem anderen ein Echo finden, so kehren sie verstärkt zu mir zurück.
Auch Jesus hat im Gespräch Freude und Trost gefunden. Man braucht nur bei Johannes nachzulesen, wie vertraut er beim Letzten Abendmahl mit den Aposteln gesprochen hat. Jesus hat sehr oft im Gespräch seine Botschaft weitergegeben. Er sprach, während er auf den Straßen wanderte und unter den Arkaden des Salomo; er sprach in den Häusern mit den Menschen, wie mit Maria, die zu seinen Füßen saß, oder wie mit Johannes, der sein Haupt an seine Brust lehnte.
Wiederholt habe ich mich gefragt: Warum hat der Herr oft die höchsten Wahrheiten gerade bei Tisch dargelegt? Vielleicht weil die Leute beim Mahl ihre steife Haltung ablegen und ruhig werden, bescheiden, entspannt. Bei Tisch sind Hast und Unruhe ge-

ringer oder überhaupt nicht vorhanden. Die Leute setzen sich zu Tisch ohne den Geist der Polemik. Sie sind wohlwollend und aufnahmebereit.

Und es war gerade bei Tisch, daß ich vorgestern fast einen Gast im Gespräch überzeugt hätte. Dieser bezeichnete sich – zwischen einem Bissen und dem anderen, zwischen einem Lächeln und dem anderen – als Anhänger des Pluralismus in Glaubensfragen. ,,Für mich ist es klar", sagte er, ,,niemand hat die ganze christliche Wahrheit in der Tasche. Jeder von uns hat nur ein kleines Stück davon, und er soll sich darüber in Frieden freuen. Die Einheit macht nur Gott, indem er die verschiedenen Stücke zusammenfügt und eine Synthese daraus bildet." – ,,Ach", antwortete ich, ,,entschuldige, aber deine Vorstellung von Gott und der Wahrheit scheint mir dieselbe zu sein wie bei den indischen Blinden." – ,,Welche Blinden?" fragte er. ,,Warte einen Augenblick!"
Ich stehe auf, gehe hinaus und kehre mit der Fabel von Leo Tolstoi zurück „Die Elefanten des Königs": „Ein indischer König ließ alle Blinden versammeln. Als das geschehen war, befahl er, ihnen seine Elefanten zu zeigen. Einer der Blinden betastete das Bein, ein anderer den Schwanz, ein dritter den Schwanzwedel, ein vierter den Bauch, ein fünfter den Rücken, ein sechster die Ohren, ein siebenter die Zähne und ein achter den Rüssel. Dann ließ der König die Blinden kommen und fragte: Wem sind meine Elefanten ähnlich?
Der erste Blinde antwortete: Deine Elefanten sind den Säulen ähnlich. Es war der, der die Beine betastet hatte. Der zweite sagte: Sie ähneln einem Zweig. Es war derjenige, der den Schwanz betastet hat. Der dritte sagte: Sie ähneln einem Besen. Er hatte den Schwanzwedel erwischt. Derjenige, der den Bauch betastet hatte, sagte: Deine Elefanten ähneln einem Erdhaufen. Der die Flanken berührt hatte, meinte: Sie ähneln einer Mauer. Der den Rücken betastet hatte, sagte: Sie ähneln einem Berg. Der die Stoßzähne gefühlt hatte, erklärte: Sie ähneln einem Horn. Der

den Rüssel betastet hatte, sagte: Sie sind einem dicken Seil ähnlich. Und alle Blinden begannen miteinander zu diskutieren und zu streiten."

Ich lege das Buch beiseite und sage: „Hör mal, ich kann mir nicht denken, daß Gott seinen Sohn geschickt hat, der sagt: Ich bin der Weg, die Wahrheit und das Leben, und dann soll dabei nur herauskommen, daß wir uns in der gleichen Situation befinden wie diese Blinden? Jeder nur ein kleines, armseliges Stückchen Wahrheit in der Hand, das verschieden ist von den kleinen Stückchen der anderen? Daß wir die Wahrheiten des Glaubens nur durch Analogie erkennen, ja. Aber daß wir so blind sein sollen, nein; das scheint mir Gottes wie auch unseres Verstandes unwürdig zu sein." Die ungewöhnliche Theologie mit Elefantenschwänzen und -rücken überzeugte den Gast nicht ganz, aber sie gab ihm doch zu denken, und so sagte er: „Das hat mir noch niemand gesagt!" – „Ja, weißt Du", antwortete ich, „manchmal sind es die Gänse, die die Enten zum Trinken führen. Wo Rahner mit seinen dicken theologischen Büchern nicht ausreicht, da kann Tolstoi mit seinen Fabeln einspringen!"

Über Rahner und Tolstoi, lieber Belli, kehre ich nun zu Euch zurück. Ich gebe zu, daß es bei der Unterhaltung auch die Kehrseite der Medaille gibt: Das Gewäsch Eures Abtes Cancellieri ist nur eine von vielen Gefahren.

Daß es noch viele andere gibt, wissen wir in Venedig recht gut, denn hier hat Goldoni die Übel beschrieben, die durch das Geschwätz entstehen. In seinen Stücken „Die neugierigen Frauen", „Das Kaffeehaus" mit dem schimpfenden Querkopf Don Marzio und in „Campiello" mit jenen Frauen, die der Freundin anscheinend nur deshalb ein Geheimnis anvertrauen, damit die Sache unters Volk kommt.

Auch Ihr, Belli, versteht etwas davon. Das beweisen Eure folgenden Zeilen:

„Also denk' mal, was ich da gehört hab'!
Nana hat das Geheimnis anvertraut der Vicenza;
die hat's der Nina gesagt und die der Sapienza.
Nina gab es vertraulich weiter an Tuta.
So kam es der Clemenza zu Ohren, die ist gerannt
zu der mit dem Schnurrbart.
Und sie, meine Freundin, ist heute gekommen;
von ihr hab' ich's ganz im Vertrauen unter vier
Augen vernommen.
Und wenn ich's jetzt dir sag', dann weiß ich bestimmt,
du bist eine Frau, die mein Geheimnis
wie ein Beichtgeheimnis im Herzen verschließt.
Aber um Himmels willen, meine Freundin,
wenn je die Versuchung dich quält, es weiterzusagen,
sag' doch keinem, daß ich dir's erzählt hab'!"

Ein Gespräch darf nicht auf Kosten der Liebe, der Wahrheit, der Arbeit oder des Studiums gehen. Es soll uns nicht passieren, daß man uns auf unseren Grabstein folgenden Spruch setzt:

Der große Schwätzer soll nun ruhn,
jetzt dürfen wir den Mund auftun!

Sich unterhalten ist gut. Doch beim Schwätzen reiht man unbedacht eine Geschichte an die andere, und man verbirgt das eigene Innere vor dem anderen mehr, als daß man sich ihm öffnet. Auch schneidet man anderen das Wort ab und macht sie mundtot. Von Thomas Morus las ich, daß er auf einer Reise in Holland mit einem Mann ein Stück Weges gemeinsam ging. Dieser war ein angenehmer Gesprächspartner, zum einen, weil er den anderen zu Wort kommen ließ, zum anderen, weil er selbst sehr geistreich erzählte.

Als er einmal eine Antwort gab, die besonders geistreich und treffend war, wich Thomas aus: ,,Entweder seid Ihr der Teufel, oder Ihr seid Erasmus von Rotterdam!" – ,,Der Teufel bin ich nicht", erwiderte der andere, ,,aber Erasmus schon."

Dieses Beispiel zeigt, daß das Gespräch uns so widerspiegelt, wie wir sind. Wir müssen etwas Nützliches, Interessantes oder Angenehmes sagen, ohne einen belehrenden Ton, ohne Posen und ohne gewählte und hochtrabende Worte. Hochtrabende Worte haben Euch, lieber Belli, auch nicht gefallen, und Ihr habt es klar gesagt. Wenn Ihr zu uns kämet, würdet Ihr die Ohren spitzen über die schönen Ausdrücke, die wir heute gebrauchen: ,,Mit dem Wort Gottes konfrontiert werden", ,,Versöhnung von Glaube und Geschichte", ,,Strukturalismus", ,,hinterfragen", ,,verifizieren" und andere; und es ist lustig zu sehen, wie Leute, die antikonformistisch sein wollen, solche Formulierungen übernehmen, bloß weil sie von großen Intellektuellen verwendet werden.

Ihr konntet damals nicht verstehen, warum man so redet. Ich kann es auch heute nicht verstehen. Ob die Schuld daran liegt, daß sie modern sein wollen? Man hat die Mode definiert als „Angst vor der jüngsten Vergangenheit" oder als „Stiefmutter und Tyrannin des guten Geschmacks".

Wie schön wäre es, wenn wir, wenigstens bei der Unterhaltung, keine schwierigen Modewörter, sondern einfache und schlichte Wörter benutzten, vielleicht gar entlehnt aus Märchen von Tolstoi oder aus Eurer Sonette – selbstverständlich gesiebt und gesäubert!

WIE ALADINS WUNDERLAMPE

August 1974

Lieber Bischof und Mitglied der Academie Française!

„Glühende Kohlen, mal vom Windstoß der Natur, mal vom Windstoß der Gnade entfacht." So hat man Euch charakterisiert. Ich habe jedoch den Eindruck, daß der „Windstoß der Gnade" in Euch viel stärker „bläst", als der der Natur.
Auch als Ihr Eure großen Kämpfe in den Zeitungen ausgefochten habt, bei der französischen Nationalversammlung, beim Senat oder auch beim Ersten Vatikanischen Konzil, wart Ihr stets von tiefem begeistertem Glauben, von Rechtschaffenheit und Aufrichtigkeit geprägt. Ihr habt ein Seminar geleitet. Sogar Renan, Euer ehemaliger Schüler, bezeichnet Euch als „unvergleichlichen Erzieher". In einer Kampagne für die freie Schule hatten Euch Lacordaire, Montalembert und Falloux an ihrer Seite im Kampf und im Sieg.
Die Veröffentlichung des „Syllabus" Pius' IX. löste auf breiter Ebene schmerzliche Reaktionen aus. Ihr gabt dazu einen so maßvollen, vernünftigen Kommentar, daß sich die Stürme teilweise legten, wofür Ihr den Beifall von gut sechshundert Bischöfen und die Anerkennung von Pius IX. bekamt.
Talleyrand, diesen großen Sünder und Abtrünnigen, hielten alle für unrettbar verloren. Gott gewann ihn zurück, doch hatte er sich dazu Eurer Person bedient, Eures Taktes, Eures Verständnisses und Eurer Geduld.
Ein großer Bischof und ein großer Gelehrter, vertraut mit allen Geistesrichtungen und Strömungen Eures Jahrhunderts.
Für mich ist jedoch der interessanteste Aspekt Eurer Persönlichkeit und Eures Wirkens die Leidenschaft für die Katechese.
Ihr habt damit begonnen, die Kleinen zu unterweisen, als Ihr

noch Kleriker in Saint Sulpice wart; als junger Priester habt Ihr dies in den Pfarreien L'Assomption und S. Madeleine fortgeführt. Ganz Paris kam, um Euch zu hören. Selbst als Ihr dann Bischof wart, stand die Katechese in Eurem Denken an erster Stelle; von ihr handelt der größte Teil Eurer Bücher. In Euer Tagebuch schriebt Ihr: „Kaum war mir die Klasse zugewiesen, schon war ich Feuer und Flamme. Seitdem hat in meinen Augen alles, was nicht Katechese, also reines Wirken der Gnade in den Seelen ist, seine Bedeutung verloren. Der kleine Literat, der in mir steckte, überließ dem Katecheten in mir den Platz und stellte sich völlig in seinen Dienst."

Und weiter schreibt Ihr: „Das schönste Amt ist das Hirtenamt. Noch schöner ist die Katechese. Sie ist das schöne Ideal im Herzen Gottes. Nichts ist damit vergleichbar. Es ist der reinste, selbstloseste Dienst, frei von allen Erwartungen."

Ihr mit Eurer leidenschaftlichen Überzeugung seid mir in den Sinn gekommen, als ich den Text des „Katechismus für Kinder" las, der in Italien ab Oktober kommenden Jahres erprobt werden soll. Ein guter Text, so scheint mir. Doch was nützt der Text, wenn Köpfe und Herzen der Katecheten fehlen?

Als junger Priester bekam ich zu hören: „Der Text ist nur eine kleine Arbeitshilfe, eine Anregung, nicht ein bequemer Sessel, in dem es sich der Katechet bequem macht." – „Ein Text, so gut er auch sein mag, bleibt tote Materie, wenn der Katechet ihn nicht lebendig werden läßt." – „Der Unterricht ist soviel wert wie die Vorbereitung!" – „Die Kleinen lehrt man nicht so sehr, was man weiß, sondern mehr, was man ist: die schönen Worte aus dem Mund des Katecheten nützen wenig, wenn sein Verhalten etwas anderes sagt und seine Worte Lügen straft."

Man erzählte mir einmal von Pietro Ribadeneira, einem wilden Jungen, einem „Wirbelwind" wie er im Buche steht. Ignatius hatte ihn aus Spanien nach Rom mitgebracht. „Mach doch das Kreuzzeichen schöner!" sagte Ignatius eines Tages zu ihm. „Pater Ignatius, aber ich mache es doch ganz genau wie Eure Jesui-

ten!" – ,,Was du nicht sagst! Meine Jesuiten machen das Kreuzzeichen, wie es sich gehört!"
Der Junge widerspricht nicht, aber er heckt sich einen Plan aus. Die Jesuiten standen morgens sehr früh auf und gingen in ihren schwarzen Kutten und weißen Chorröcken über dunkle Flure zur Kapelle. Pietro füllt das Weihwasserbecken mit schwarzer Tinte. Die Jesuiten tauchen im Vorbeigehen ihre Finger ein, bekreuzigen sich, gehen in ihre Bänke zur Meditation, und danach lassen sie ihre Chorröcke wieder in der Sakristei. Der kleine Pietro entführt im Handumdrehen die Chorröcke und bringt sie zu Pater Ignatius: ,,Kommt, Pater, prüft die Kreuzzeichen Eurer lieben Jesuiten!" Die Tintenflecken zeigen es deutlich: auch die Jesuiten machen manchmal das Kreuzzeichen etwas schlampig.
Das Heer von Laienkatecheten zieht im Geiste an mir vorüber. Vor allem die Eltern. Sie sind ,,die ersten Verkünder des Wortes", sagt das Konzil. Durch die religiösen Bilder im Elternhaus, durch das Gebet, das dort gesprochen wird, durch die Unterhaltungen, die geführt werden, durch die Achtung, die den Priestern und dem Sakralen entgegengebracht wird, können die Kinder die Geborgenheit eines warmen, natürlichen Glaubens erfahren. Aber genügt das?
Windthorst, ein deutscher Staatsmann, antwortete auf die Frage einer Dame, in welcher Haltung sie sich fotografieren lassen soll: ,,Mit dem Katechismus in der Hand, gnädige Frau, wie Sie dabei sind, Ihre Kinder zu unterrichten."
Die Eltern sind nämlich selbst das erste Glaubensbuch, in dem die Kinder lesen. Es hat schon sein Gutes, wenn der Vater zu seinem Sohn sagt: ,,In der Kirche ist ein Pater und hört Beichte. Meinst du nicht, du könntest diese Gelegenheit nützen?" Besser aber ist es, wenn er sagt: ,,Ich gehe beichten; hast du Lust mitzukommen?"
Hier stoße ich jedoch heutzutage auf hartnäckigen Widerspruch: Eltern nennen sich Christen und schieben die Taufe ihrer Kinder auf. „Keinen Druck ausüben auf meinen Sohn! Wenn er zwanzig ist, soll er sich selbst entscheiden!"

Ihr, Kollege Dupanloup, habt auf diesen Einwand schon Eure Antwort gegeben: Mit zwanzig Jahren! Gerade in dem Alter, in dem alle Leidenschaften aufbrechen! In dem Alter, in dem der Sohn einen Glauben nötig hätte, der ihn bis ins Innerste seines Wesens durchdringt; genau dann, wenn er ihm Hilfe sein soll! Wie wird es diesem Zwanzigjährigen gelingen, sich für eine der vielen Religionen, die es gibt, zu entscheiden, wenn er zuvor nicht alle eingehend kennengelernt hat? Und wie soll er sich mit allen befassen können, da seine Zeit doch schon so ausgefüllt ist mit Studium, Sport, Vergnügen, Freundschaften? Um eine große Erbschaft zu machen, genügt es, daß einer auf die Welt kommt. Reichtum zu erben ist in der Tat ein Glück. Man nimmt es an und geht davon aus, daß das Kind, auch wenn es sich seiner Lage zunächst nicht bewußt ist, zu gegebener Zeit überglücklich sein wird mit dem Glück, das ihm in den Schoß gefallen ist. Wenn ein Vater wirklich Christ ist, müßte er wissen, daß es ein unvorstellbares Glück ist, durch die Taufe Kind Gottes und Bruder Christi zu werden. Weshalb sollte er dies seinem Kind vorenthalten?

„Ja", wird man mir entgegenhalten, „an dieses Glück sind jedoch schwere moralische Verpflichtungen gebunden, die meinem Sohn nicht ohne seine Zustimmung aufgebürdet werden dürfen." Ihr, Dupanloup, habt auch hierauf eine Antwort: Wie viel muß man den Kindern ohne ihre Zustimmung aufbürden! Einmal habt ihr sie, ohne sie zu fragen, in die Welt gesetzt! Name, Familie, Umwelt und soziale Verhältnisse, Kleidung, die ersten Jahre in der Schule – alles kommt auf sie zu, ohne daß die Betroffenen um ihre Zustimmung gebeten werden. Ist es denn ein Unglück, wenn sich der Sohn nach guten christlichen Grundsätzen richten soll? Hat Gott denn dem Menschen seine Gebote einfach aus einer willkürlichen Laune heraus gegeben oder um seines Vorteils willen? Erreicht der Mensch nicht seine Selbstverwirklichung, macht es ihn nicht glücklich, anzuerkennen, daß er Pflichten und Grenzen hat? Die Freiheit besteht nicht darin, alles zu tun, was man will und wünscht, sondern in der Möglichkeit, das zu tun, was von uns gefordert ist.

Nach den Eltern sind die Grundschullehrer die ersten Katecheten. Ihr habt mit großer Feinheit über Eure ersten Lehrer geschrieben.
Auch ich denke voll Zuneigung an meine Lehrer und teile die Meinung von Otto Ernst: „Für mich gibt es nichts Größeres als einen Grundschullehrer."
Ich sehe mich noch als kleinen Jungen in der Bank meiner Schule in Canale sitzen, mit den Empfindungen der Schüler, die Goldsmith beschreibt: voller Staunen, mit offenem Mund sitzen sie vor dem Lehrer und fragen sich, wie aus einem so kleinen Kopf solch große, wunderbare Dinge kommen können!
Verstehen wir uns recht: Ich bin nicht so naiv, aus Kindern und Lehrern einen Mythos machen zu wollen. Ich kenne auch die Kehrseite der Medaille. Unschuldig wie Engel, diese Kinder; aber oft auch stolz wie die Prinzen, kühn wie Helden, zügellos wie junge Füllen, dickköpfig wie Esel, unbeständig wie Sonnenblumen – aber in jedem Fall ist diese Phase ihres Lebens kostbar, denn sie wird getragen von Optimismus und Wissensdurst.
Was die Lehrer angeht, so gibt es solche, die fähig sind, auf die Schüler einzugehen, die ihrem Bedürfnis entgegenkommen, sich einer Persönlichkeit unterzuordnen, die durch Tüchtigkeit und sympathisches Wesen überzeugen. Es gibt aber auch andere, die von den Schülern gebändigt und beherrscht werden, statt selbst Bändiger und Herren der Lage zu sein.
Von den Schülern „gebändigt" war die Erstklaßlehrerin, von der unser Mosca spricht. Wenn man den Flur entlang ging, so schreibt er, hörte man ihre Stimme: „Haben die Pferde fünfzehn Beine?"
„Nein", antworten die Schüler im Chor. „Haben sie vielleicht zwölf?"
„Nein". Mit einer immer niedrigeren Anzahl von Pferdebeinen gelangte sie schließlich zur richtigen Zahl. „Haben sie vier?"

„Nein", antworteten mit Begeisterung die Schüler. Arme Lehrerin!

Der eben erwähnte Mosca hingegen war aus anderem Holz geschnitzt. Wie gelang es ihm, die gefürchtete Klasse für sich zu gewinnen? Ganz einfach: Er eroberte sich die Sympathie seiner vierzig Jungen. Aber wie? Er erzählt es selbst. „Eine dicke Hummel war meine Rettung."

Ein Brummer war in den Klassenraum geflogen und zog mit seinem Gebrumme die Aufmerksamkeit der ganzen Klasse auf sich. Ein anderer Lehrer hätte vielleicht gesagt: „Gebt auf mich acht, nicht auf die Hummel!" Mosca dagegen fragt einen Schüler: „Traust du es dir zu, die Hummel mit der Schleuder zu treffen?" – „Das ist ein Kinderspiel", entgegnet der Junge, tritt sofort, mit seiner Schleuder bewaffnet, aus der Bank, zielt auf den Brummer und zieht ab; aber er verfehlt das Ziel. „Gib mir die Schleuder!" sagt Mosca, zielt seinerseits, zieht ab, und die Hummel fällt tot vor seine Füße. Ein Treffer, der ihm die spontane Achtung der Jungen sichert, und ihre bislang mißtrauische, herausfordernde Haltung verändert.

„Wenn Sie wenigstens einen Schnurrbart hätten", hatte ihm der Rektor gesagt, der Mosca wegen seines allzu jugendlichen Alters mit leichtem Mißtrauen betrachtete. Offensichtlich zählen andere Fähigkeiten mehr als ein Schnurrbart.

Unschätzbar ist das Gute, das ein Religionslehrer in den Kindern wirken kann.

Das gilt unter einer Bedingung: daß er in Treue das unverfälschte Wort Gottes weitergibt, nicht seine eigene, persönliche Ansicht. Manchmal verwechselt man die Wahrheit mit dem Fortschritt. Man verachtet, was das Lehramt der Kirche lehrt, weil man etwas Neues an die Stelle des Alten setzen will. Dieser Ersatz, der berechtigt, zweckmäßig, ja notwendig ist, wenn es um zweitrangige und überholte Aspekte der Kirche geht, kann in anderen Fällen gefährlich sein.

Die Lehrer erzählen ihren Schülern das Märchen von Aladin und seiner Wunderlampe, die er dem Zauberer entwendet hatte. Dieser will sich rächen. Er zieht durch die Straßen und ruft: „Tausche neue Lampen gegen alte!" Es scheint ein sehr gutes Geschäft, ist aber ein Trick. Die leichtgläubige Frau Aladins fällt darauf herein. Als ihr Mann außer Haus ist, geht sie auf den Dachboden, holt die Lampe, deren Wunderkraft sie nicht kennt, und gibt sie dem Zauberer. Der nimmt sie und gibt ihr dafür alle seine Lampen aus glänzendem, aber wertlosem Blech.

Der Trick machte Schule: dann und wann tritt auch heute ein Zauberer auf – ein Mystiker, Philosoph, Politiker oder wer auch immer – und bietet Tauschgeschäfte an. Vorsicht! Die Ideen, die von bestimmten „Zauberern" angeboten werden, sind nur Blech, selbst wenn sie glänzen; sie sind nur Menschenwerk und halten allenfalls einen Tag. Was sie als alte und überholte Ideen bezeichnen, sind oftmals Ideen Gottes, von denen, wie geschrieben steht, nicht einmal ein Komma vergeht!

Lieber Dupanloup, jetzt habe ich Euch fast vergessen bei meinen Gedanken über Katecheten und Lehrer!

Gerade den Katecheten und Lehrern habt Ihr etwas zu sagen: Die Treue zu Gott verbinden mit dem Vertrauen in die echten Werte der modernen Gesellschaft und in die beständige Jugend der Kirche – so wie Ihr.

DIE BEICHTE 600 JAHRE SPÄTER

September 1974

Hochverehrter Dichter,

in und außerhalb Italiens wird der 600. Jahrestag Eures Todes gefeiert.
Kongresse und Veröffentlichungen würdigen Eure Gestalt; diesen oder jenen Aspekt Eurer Persönlichkeit oder Eures unermeßlichen literarischen Werkes.
Obwohl Ihr vor so langer Zeit verstorben seid, zeigt Ihr Euch lebendiger denn je, weckt Neugier und lenkt die Aufmerksamkeit der Menschen von heute auf den Literaten, den subtilen Psychologen, auf den Politiker und rastlosen Reisenden, auf den echten und zugleich kritischen Christen, der Ihr gewesen seid, und auf hundert andere Züge Eurer Persönlichkeit.
Vielleicht wird der eine oder andere auch von Euch sprechen als einem reuigen, aber rückfälligen Sünder, als einem Christen, der zwar oft nach Heiligkeit strebte, aber unfähig war, einen wirklich sauberen Schlußstrich unter die Sünde zu ziehen, und unfähig, auf die Leidenschaften und kleinen Anhänglichkeiten, die ihm so lieb waren, zu verzichten. Vielleicht. Wenn aber, dann wird man auch über Eure Einstellung zur Beichte sprechen müssen.
Weshalb gingt Ihr beichten, hochverehrter Petrarka? Von Rom aus schriebt Ihr einmal an Euren Freund Boccaccio von dem Mißgeschick, das Euch widerfahren war: Der kräftige Tritt eines Pferdehufes gegen Euer kostbares Knie – Folge: 14 Tage schlimme Schmerzen. „Aber ich nehme alles an als Buße für meine Sünden", schriebt Ihr, „und als Ersatz für die Buße, die der allzu gute Beichtvater mir nicht auferlegt hat."
Wie sehr Ihr Euch bemüht habt, Eure Seele bis in die entlegen-

sten Winkel zu erforschen, wird aus Euren Büchern deutlich: Als Ihr schriebt, daß Ihr zu viel Gefallen an Eurem Genie, Eurer Beredsamkeit, Eurer Bildung und sogar an Euren körperlichen Vorzügen fandet; als Ihr Euch Vorwürfe machtet, nach Ruhm, Bequemlichkeit und Reichtum zu dürsten und allzu oft den Ausschweifungen nachgegeben zu haben. Ihr stöhntet unter den Fesseln der Leidenschaft, die ihr nicht sprengen konntet, unter der Macht der verkehrten Angewohnheiten und unter dem „bitteren Geschmack" der Rückschläge.
Als Ihr an Euren Bruder im Kloster schriebt, beklagtet Ihr Euren ,,Wunsch nach elegantester Kleidung", die ,,Furcht, daß ein Haar an die falsche Stelle geriete und ein leichter Wind den mühselig errichteten Kopfputz durcheinanderbringe". Das Eisen zum Haarwickeln bereitete Euch Schlafstörungen und heftigere Schmerzen, als sie ein ,,grausamer Pirat" bewirken könnte. Aber Ihr wollt deshalb nicht darauf verzichten. Dann stellt Ihr den heiligen Augustinus, Euren imaginären Gesprächspartner, vor brennende Fragen: ,,Das Fallen ist meine Sache, aber das Liegenbleiben, das Nicht-wieder-Aufstehen, hängt nicht von mir ab." – ,,Es hängt auch von dir ab", antwortet Augustinus, doch Ihr entgegen: „Aber Ihr seht doch, wie ich über mein Elend weine!" Und Augustinus: „Es geht nicht um das Weinen, sondern um das Wollen!"
Glücklicherweise ist Euch der grundlegende Glaube niemals verlorengegangen: ,,Gott kann mich retten", ungeachtet meiner Schwäche. Die Barmherzigkeit Gottes vertreibt die Furcht und löst viele Probleme.

Wir, die heute zur Beichte gehen, 600 Jahre später, sind wir besser oder schlechter als Ihr? Das ist eine Frage, die mich interessiert.
Ich glaube, bei uns ist die Bereitschaft, begangene Fehler einzusehen, geringer. Wie oft sagen wir: ,,Heilige Maria, bitte für uns Sünder", ,,Vater unser . . . vergib uns unsere Schuld", ,,Lamm Gottes . . . erbarme dich unser." Doch wir sagen es nur sehr

oberflächlich. Im allgemeinen rechtfertigen wir uns mit den seltsamsten Vorwänden („wir sind frei, selbständig, reif"), oder wir berufen uns auf die „Bedürfnisse der Natur, der Triebe, der Kultur oder der Mode".
Im Buch der Sprüche präsentiert uns die Bibel eine Ehebrecherin folgendermaßen: „Sie ißt, wischt sich den Mund ab und sagt: Ich habe nichts Böses getan!" Jene Dame, lieber Petrarka, ist eine sinnbildhafte Gestalt: Sie charakterisiert einen guten Teil unserer permissiven christlichen Zivilisation.

Wie damals bei Euch, fehlen auch bei uns die Tränen nicht: der Wille ist's, der fehlt! Wir schaffen es manchmal sogar, das zu mißbilligen, was wir mit der Sünde gewollt, und für gut gehalten hatten. Aber etwas schaffen wir nicht mehr, etwas viel Praktischeres: die Gelegenheiten zu meiden. Ihr, der Ihr bei der Besteigung des Mont Ventoux sogar die „Bekenntnisse" des heiligen Augustinus mitgenommen habt, werdet den Fall des Alypius präsent haben.
Der starke Mann, fähig, den mächtigsten Senatoren die Stirn zu bieten, war aus Afrika nach Rom gekommen. Er hegte „Widerwillen und Haß" gegenüber den Gladiatorenkämpfern, weil sie sich zum Schauspiel für das Volk gegenseitig umbrachten. Einige seiner Freunde schlugen ihm vor, wenigstens einmal bei einem Kampf dabeizusein. Alypius schlug zuerst ab, doch dann sagte er: „Ich werde kommen, aber wie einer, der abwesend ist, und ich werde den Sieg davontragen über Euch und über das Schauspiel."
Weil er herausgefordert wurde, ging er also hin, setzte sich wirklich ins Amphitheater und schloß die Augen, um nichts zu sehen. Leider schloß er nicht die Ohren. Denn auf einmal durchdrang ihn der laute Aufschrei der Menge, und neugierig öffnete er die Augen. Aber „das Blut sehen und sich mit Grausamkeit vollsaugen war eine einzige Sache": Nicht nur, daß er die Augen nicht mehr vom Schauspiel abwandte, nein, er stierte direkt darauf und atmete, ohne es zu merken, die Raserei ein. Er gewann Ge-

schmack an dem Kampf und wurde trunken vor blutigem Gefallen. Er war nicht mehr der, als der er gekommen war: schaute hin, schrie und begeisterte sich, und er ging mit einem Fieber weg, das ihn drängte, wiederzukommen und andere mitzuziehen. Er besserte sich später, aber erst nach langer Zeit.

Haben wir nicht alle ein Stück von dieser Schwachheit des Alypius (später Bischof und Heiliger)? Deshalb sind wir bei jeder Beichte angehalten zu beten: „Ich nehme mir vor, . . . die nächsten Gelegenheiten zur Sünde meiden", doch leider . . .

Ich fürchte, daß wir schlechter daran sind als Ihr, was das Vertrauen auf Gott angeht. Sicher ist Gott der Vater des verlorenen Sohnes, Jesus der gute Hirte, der das verirrte Schäfchen in den Schafstall zurückbringt, der der Ehebrecherin verziehen hat, dem Zachäus und dem guten Schächer. Bis dahin sind wir alle einverstanden, zumindest fast alle.

Dann aber sagen einige: „Ich werde mich allein und direkt mit Gott einigen." Sie vertrauen nicht wie Ihr dem Beichtvater, der zwischen Gott und dem Sünder vermittelt, gemäß dem Wort Jesu an die Apostel: „Denen ihr die Sünden vergebt, denen sind sie vergeben."

Diese Leute verstehen nicht, daß der Beichtvater nicht nur die Sündenvergebung verkündet, sondern durch die Lossprechung die Vergebung vollzieht. Diese Lossprechung kann nicht einfach der reinen Laune überlassen sein („Du bist mir sympathisch, ich spreche dich los"), sie muß auf sicheren und gut geprüften Argumenten beruhen, die nur der Beichtende liefern kann, und zwar durch das eigene Bekenntnis.

Ihr fandet Euren Beichtvater „zu gut". In unserer Zeit sucht der, der gut beichtet, gute Beichtväter, nicht „zu gute".

Auguste Comte, der berühmte Philosoph, hat in einem seiner Bücher mit liebevoller Anerkennung ein ganzes Kapitel seinen Beichtvätern gewidmet.

Die heilige Johanna von Chantal und andere haben sich sehr positiv über den heiligen Franz von Sales gäußert. Er wurde den

Beichtenden zum Vater und Arzt mit einer besonderen Gabe zum Mutmachen. „Die Heiligkeit", sagte er, „besteht in der Bekämpfung der Fehler, doch wie soll man sie bekämpfen, wenn sie nicht da sind; wie sie beseitigen, wenn wir sie nicht vor uns sehen? In diesem Kampf hin und wieder verwundet zu werden bedeutet nicht, besiegt zu sein. Besiegt ist nur, wer sein Leben aufgibt oder den Mut verliert. Im Gegenteil: Jeder ist Sieger, der sich entschließt, den Kampf fortzusetzen."

Das ist der Typ des Beichtvaters, den die Leute heute wollen: entschlossen, aber feinfühlig: einer, der Gott liebt und die Probleme der Menschen kennt.

Nun legt man heute auf Wunsch der Kirche den Akzent nicht so sehr auf das Sündenbekenntnis, sondern mehr auf die Bekehrung, die biblisch dargestellt wird als ein Sich-Entfernen von der Sünde, oder besser als ein Sich-Gott-Nähern, als liebevolles Einswerden mit ihm. „Laßt Euch mit Gott versöhnen", sagte der heilige Paulus. Das wird heute betont, man empfiehlt, der Versöhnung eine Lesung und Betrachtung des Wortes Gottes vorangehen zu lassen. Denn wir gehen auf Gott zu, wenn er uns zuerst ruft und uns anredet. Man wünscht auch, daß das Wort möglichst nicht auf uns als einzelne trifft, sondern als versammelte Gemeinde.

Ihr im Mittelalter, lieber Petrarka, habt aus der Beichte eine höchst private und geheime Angelegenheit gemacht. Heutzutage denkt man mit Sehnsucht an die Zeiten zurück, als zum Ende der Fastenzeit der Bischof dem ersten der Büßer die Hand gab und dieser wiederum der langen Kette aller anderen Büßer, die auf diese Weise durch die feierliche Versöhnung wieder in die Kirche geführt wurden.

Ich weiß nicht, wie oft Ihr beichten gegangen seid. In Eurem Mittelalter beichtete man oft, empfing aber selten die heilige Kommunion. Heute haben wir offenbar das Gegenteil. Selbst fromme Seelen sind ein bißchen allergisch gegen die häufige Andachtsbeichte.

Sie erinnern mich an den Kammerdiener von Jonathan Swift. Nach einer Nacht in der Herberge verlangte Swift am Morgen nach seinen Stiefeln und stellte verwundert fest, daß sie noch voller Staub waren. ,,Wieso sind sie nicht geputzt worden?" fragte er. ,,Ich dachte, es sei unnütz", antwortete der Kammerdiener, ,,schließlich werden sie ja nach wenigen Kilometern wieder staubig!" – ,,Nun gut, schirr die Pferde an!" Wenig später stampften die Pferde aus dem Stall, und Swift war reisefertig. „Aber wir können doch nicht ohne Frühstück losfahren!" sagte der Diener. ,,Ist doch unnütz", entgegnete Swift, ,,nach wenigen Kilometern hast du ja doch wieder Hunger!"

Lieber Petrarka! Ich nehme an, wir beide folgen nicht der Logik des Dieners von Swift. Wird sich die Seele nach der Beichte wieder beschmutzen? Sehr wahrscheinlich. Sie wieder sauber zu machen, kann aber nur guttun. Sie gibt auch eine besondere Kraft, die Sünde zu meiden und in der Freundschaft mit Gott zu wachsen.

TERESA, EIN HELLER UND GOTT

Oktober 1974

Liebe Teresa von Avila,

im Oktober wird Euer Fest gefeiert. Gestattet Ihr mir aus diesem Anlaß, mich schriftlich mit Euch zu unterhalten?
Wer die berühmte Marmorgruppe betrachtet, in der Bernini Euch darstellt, wie Ihr vom Pfeil des Seraphs durchbohrt werdet, denkt an Eure Visionen und Ekstasen. Mit Recht. Die Mystikerin, die Teresa der Entrückungen in Gott, ist die echte Teresa. Aber echt ist auch die andere Teresa, die uns nähersteht, so wie wir sie aus ihrer Autobiographie und ihren Briefen kennen: die Teresa des praktischen Lebens. Sie begegnet denselben Schwierigkeiten wie wir und meistert sie geschickt. Sie kann lächeln, lachen und zum Lachen bringen. Sie bewegt sich gewandt in der Welt und findet sich in den verschiedensten Lebenslagen zurecht. Dies gelingt ihr dank ihrer reichen natürlichen Gaben, vor allem aber durch ihre beständige Einheit mit Gott.
Das Zeitalter der Reformation beginnt, die Situation der Kirche in Deutschland und Frankreich wird kritisch. Ihr seid darüber bekümmert und schreibt: „Um auch nur einen einzigen von den vielen Menschen, die dort verlorengingen, zu retten, hätte ich tausendmal mein Leben hingegeben. Aber ich war eine Frau!"
Eine Frau jedoch, die zwanzig Männer aufwiegt. Sie läßt kein Mittel unversucht; es gelingt ihr, eine großartige Ordensreform duchzuführen, und durch ihr Werk und ihre Schriften wirkt sie in die ganze Kirche hinein. Sie und Katharina von Siena sind die einzigen Frauen, die zu Kirchenlehrern erklärt wurden.
Eine Frau mit klarer Sprache und treffsicherer, spitzer Feder. Ihr hattet eine sehr hohe Meinung von der Aufgabe der Ordensfrau,

trotzdem schreibt Ihr an P. Graziano: „Achtet um Gottes willen gut auf das, was Ihr tut! Schenkt den Nonnen niemals Glauben! Denn wenn sie etwas durchsetzen wollen, gebrauchen sie alle verfügbaren Mittel." Und zu P. Ambrosius sagt Ihr, als er eine Postulantin abweist: „Ihr bringt mich zum Lachen, wenn Ihr mir sagt, Ihr könntet diese Seele allein schon vom Sehen verstehen. Es ist nicht so leicht, die Frauen zu kennen!"

Von Euch stammt die kurze und bündige Definition des Teufels: „Dieser arme Schlucker, der nicht lieben kann." Dem Priester Sancho Davila sagt Ihr: „Zerstreutheit beim Beten des Stundengebetes kenne ich auch . . . Ich habe es P. Domenico (Bañez, ein berühmter Theologe) in der Beichte gesagt. Er riet mir, nicht darauf zu achten. Dasselbe sage ich Euch, denn das Übel ist unheilbar." Das ist ein Rat für das geistliche Leben. Doch Ihr habt mit vollen Händen auch Ratschläge für das alltägliche Leben ausgeteilt. P. Graziano habt Ihr sogar den Rat gegeben, auf seinen Reisen einen zahmeren Esel zu nehmen, der nicht die Gewohnheit hat, die Mönche abzuwerfen, oder aber sich anbinden zu lassen, um nicht herunterzufallen.

Unübertrefflich aber erscheint Ihr im Augenblick des Kampfes. Der Nunitus setzt Euch im Kloster von Toledo unter Hausarrest und bezeichnet Euch als „ruheloses, vagabundierendes, ungehorsames, trotziges Frauenzimmer . . ." Aber Eure Botschaften aus dem Kloster an Philipp II., an Fürsten und Prälaten lösen die verwickelte Geschichte. Euer Schluß daraus: „Teresa allein ist nichts wert; Teresa und ein Heller sind weniger wert als nichts; Teresa, ein Heller und Gott vermögen alles!"

Meiner Ansicht nach seid Ihr ein leuchtendes Beispiel für ein Phänomen, das sich im Leben der katholischen Kirche immer neu wiederholt.

Frauen haben an sich keine leitenden Funktionen – diese sind der Hierarchie vorbehalten –, aber sehr oft bringen sie wertvolle Anregungen, spornen an, und manchmal lenken sie sogar die Geschicke.

Einerseits „weht der Geist" tatsächlich, „wo er will"; andererseits ist die Frau empfänglicher für das Religiöse und fähiger, sich für Großes einzusetzen. Hieraus erklärt sich die enorme Zahl von heiligen Frauen, Mystikerinnen und Ordensgründerinnen. Dazu müßte man auch die Frauen nennen, die innerhalb der Kirche Bewegungen ins Leben gerufen haben, deren Einfluß weit ausstrahlte.

Marcella, eine römische Adelige, die einen Konvent von reichen und gebildeten Patrizierinnen auf dem Aventin leitete, war Mitarbeiterin des heiligen Hieronymus bei der Übersetzung der Heiligen Schrift.

Madame Acarie wirkte auf bedeutende Persönlichkeiten wie den Jesuiten Coton, den Kapuziner de Canfeld, sogar auf Franz von Sales und viele andere; ihr Einfluß prägte die französische Spiritualität des frühen 17. Jahrhunderts.

Fürstin Amalie von Gallitzin verbreitete durch ihren ‚Münsteraner Kreis', den sogar Goethe schätzte, in ganz Norddeutschland eine Strömung intensiven geistlichen Lebens.

Sofia Swetchina, eine russische Konvertitin, erscheint zu Anfang des 19. Jahrhunderts in Frankreich als „Geistliche Führerin" der bedeutendsten Laien und Priester.

Ich könnte noch weitere Fälle aufführen, aber ich komme auf Euch zurück, die Ihr für Johannes vom Kreuz und die ersten Karmeliten des reformierten Ordens weniger Tochter als vielmehr geistliche Mutter wart. Heute sieht das alles einfach und problemlos aus, aber zu Eurer Zeit kam es zu dem obenerwähnten Zusammenstoß.

Auf der einen Seite standet Ihr, reich an Gaben, an innerem Feuer und Licht, das Gott Euch für die Kirche gegeben hatte; auf der anderen Seite stand der Nuntius, oder besser: die Hierarchie, die die Echtheit Eures Charismas zu beurteilen hatte. In einem ersten Moment fiel aufgrund falscher Informationen die Beurteilung durch den Nuntius negativ aus. Als dann die notwendigen Erläuterungen gegeben und die Dinge eingehend geprüft waren, klärte sich die Situation: die Hierarchie erkannte alles an, und Eure Gaben konnten sich zum Wohl der Kirche auswirken.

Über Charismen und Hierarchie wird heutzutage viel gesprochen. Da Ihr auf diesem Gebiet spezialisiert wart, erlaube ich mir, aus Euren Werken die folgenden Prinzipien abzuleiten.

1. Über allem steht der Heilige Geist. Von ihm kommen sowohl Charismen wie auch die Hirtengewalt; seine Aufgabe ist es, eine harmonische Übereinstimmung zwischen Hierarchie und Charismen zu wirken und die Einheit der Kirche zu fördern.

2. Charismen und Hierarchie sind beide für die Kirche notwendig, doch auf verschiedene Weise. Die Charismen wirken als Beschleuniger, begünstigen den Fortschritt und die Erneuerung; dagegen muß die Hierarchie zugunsten der Stabilität und Vorsicht eher wie eine Bremse wirken.

3. Manchmal kreuzen und überlagern sich Charismen und Ämter. Einige Charismen sind besonders den Amtsträgern gegeben, zum Beispiel die ‚Gabe der Leitung', die Paulus im ersten Brief an die Korinther erwähnt. Darum können sich Charismatiker nicht unter dem Vorwand, ein Charisma zu besitzen, der Leitung der Amtsträger entziehen; denn die Hierarchie ordnet die wichtigen Etappen kirchlichen Lebens.

4. Die Charismen sind kein für bestimmte Leute reserviertes Jagdrevier. Sie können allen geschenkt werden, Priestern und Laien, Männern und Frauen. Es besteht natürlich ein Unterschied, ob einer an einem Charisma teilhat oder ob er tatsächlich eines besitzt.

In Eurem „Buch der Klosterstiftungen" (Kap. VIII, Nr. 7) lese ich: „Eine Frau versicherte ihrem Beichtvater, daß ihr häufig Maria erscheine, sich jeweils länger als eine Stunde mit ihr unterhalte und ihr dabei die Zukunft und vieles andere enthülle. Da unter vielen Wunderlichkeiten das eine oder andere als echt erschien, hielt man alles für wahr. Ich begriff sofort, worum es sich hier handelte . . . aber ich begnügte mich damit, dem Beichtvater zu sagen, er solle den Ausgang der Prophezeiungen abwarten, sich über die Lebensführung seines Beichtkindes informieren und noch andere Beweise seiner Heiligkeit verlangen. Schließlich . . . stellte sich heraus, daß es sich um lauter Überspanntheiten handelte."

Liebe Teresa, heute geht man mit dem Begriff ,,Charisma" sehr großzügig um. Der Titel ,,Prophet" wird am laufenden Band vergeben; sogar Studenten, die sich auf den öffentlichen Plätzen der Polizei widersetzen und Guerillas in Lateinamerika wird dieser Titel zuerkannt. Man setzt die Charismatiker in Widerspruch zu den Hirten, der Hierarchie. Was würdet Ihr dazu sagen, die Ihr den Beichtvätern selbst dann gehorchtet, wenn deren Ratschläge das Gegenteil waren von dem, was Gott Euch in der Beschauung hatte verstehen lassen?

Überall Charismen entdecken zu wollen, ist hoffentlich nur eine vorübergehende Modeerscheinung. Die echten Geistesgaben waren immer auch von Mißbräuchen und falschen Charismen begleitet; aber das hat die Kirche nicht aufgehalten.

In der jungen Kirche von Korinth zum Beispiel gab es eine große Blüte von Charismen, doch Paulus war ein wenig besorgt wegen der Mißstände, die da und dort zutage traten. Diese Erscheinung wiederholte sich im Laufe der Kirchengeschichte in größerem Ausmaß.

Zwei Frauen, Priscilla und Maximilla, die die Lehre des Montanus in Kleinasien unterstützten und finanzierten, begannen „charismatisch" eine moralische Erweckung zu predigen, den Verzicht auf die Ehe, die absolute Bereitschaft zum Martyrium. Es endete damit, daß sie den Bischöfen die ,,neuen Propheten" entgegenstellten, Männer und Frauen, die ,,vom Geist erfüllt" predigten, die Sakramente spendeten und Christus erwarteten, der von einem Augenblick auf den anderen kommen sollte.

Zur Zeit des Augustinus lebte Lucilla von Karthago, eine reiche Frau, die der Bischof Caecilianus zurechtgewiesen hatte, weil sie vor dem Empfang der Eucharistie ein Knöchelchen von weiß Gott welchem Martyrer an die Brust zu drücken pflegte. Verärgert und beleidigt brachte Lucilla eine Gruppe von Priestern

dazu, sich ihrem Bischof zu widersetzen. Nachdem diese Gruppe einen Prozeß beim afrikanischen Episkopat verloren hatte, protestierte sie erfolglos beim Papst, dann beim Konzil von Arles, dann sogar beim Kaiser. Schließlich gründete sie eine neue Kirche. So gab es in fast allen Städten Afrikas zwei Bischöfe und zwei Kirchen, die von zwei entgegengesetzten Gruppen von Gläubigen besucht wurden. Sie prügelten sich sogar, wenn sie einander begegneten: hier die Katholiken, dort die Donatisten, die Anhänger von Donatus und Lucilla.
Die Donatisten nannten sich die „Reinen". Sie setzten sich auf keinen Stuhl, auf dem zuvor ein Katholik gesessen hatte, ohne ihn nicht vorher mit dem Ärmel zu säubern. Die katholischen Bischöfe mieden sie wie die Pest. Sie beriefen sich gegen die Kirche auf das Evangelium und warfen ihr Abhängigkeit von der kaiserlichen Autorität vor; sie stellten sogar eigene Kampftruppen auf. Selbst der sanftmütige Augustinus mußte sie einmal anfahren: „Wenn ihr das Martyrium so sehr ersehnt, weshalb nehmt ihr dann nicht einen Strick und erhängt euch?!"
Im 18. Jahrhundert gab es die Nonnen von Port Royal. Eine ihrer Äbtissinnen, Mutter Angelique, hatte gut begonnen: sie hatte sich selbst und den Konvent „charismatisch" erneuert und es fertiggebracht, sogar die Eltern von der Klausur auszusperren. Mit großen Fähigkeiten ausgestattet und zum Regieren geboren, wurde sie jedoch zur Seele des jansenistischen Widerstands. Der kirchlichen Autorität gegenüber war sie unbeugsam bis zum letzten. Von ihr und ihren Nonnen sagte man: „Rein wie Engel und stolz wie Teufel."
Wie weit ist das alles von Eurem Geist entfernt! Welcher Abgrund liegt zwischen diesen Frauen und Euch! „Tochter der Kirche" war der Name, der Euch am liebsten war. Auf dem Sterbebett habt Ihr ihn geflüstert. In Eurem Leben habt Ihr viel für die Kirche und mit der Kirche gearbeitet und sogar Leid auf Euch genommen, das Euch die Kirche zufügte.
Wenn Ihr doch den „Prophetinnen" von heute etwas von Eurer Methode beibringen könntet!

DIE FRAUENRECHTLERINNEN UND IHRE SCHUTZPATRONIN

November 1974

Lieber Goldoni,

Ende August dieses Jahres hatte ich Gelegenheit, Eure Dialektkomödie „I Rusteghi" (Die Grobiane) und kurze Zeit danach Shakespeares „Der Widerspenstigen Zähmung" zu sehen. Ohne lange darüber nachzudenken, kam mir der Gegensatz in den Sinn: Shakespeare, der „Antifeminist" und Ihr, der „Feminist". Die Widerspenstige heißt Katharina, Tochter eines Reichen aus Padua, jähzornig, ungeduldig, unbeherrscht allen und allem gegenüber, sie wirft das Geschirr durch die Luft, behandelt die Angestellten so, daß sie das Weite suchen, ja, sie besitzt sogar die liebenswürdige Angewohnheit zu beißen. Niemand will sie heiraten.

Aber da stellt sich Petrucchio aus Verona ein, den die reiche Mitgift Katharinas reizt. Er kommt als Bewerber und hält um ihre Hand an; sie verschmäht ihn, aber er macht ihr unbeirrt weiterhin den Hof. Je mehr sie ihn quält, desto mehr erklärt er ihr, wie bezaubernd und liebenswürdig sie sei.

Schließlich findet die Hochzeit statt. Petrucchio bringt seine Frau nach Verona, und hier wendet sich das Blatt. Unter unzähligen Liebkosungen und Beteuerungen seiner Zuneigung und unter dem Vorwand, daß die Nahrung und das Bett der Braut nicht würdig seien, erlaubt er ihr weder zu essen noch zu schlafen. Ohne Nahrung und ohne Schlaf wird Katharina „gezähmt". Wie es ihr Mann will, ist sie auf einmal bereit, die Sonne als Mond anzusehen oder umgekehrt; zu sagen, es sei heiter, wenn es draußen regnet, oder das Gegenteil. Sie verkündet dem Vater, der Schwester, dem Schwager und sogar in der Öffentlichkeit,

die Pflichten einer Frau seien: gehorchen, dem Manne dienen und immer seiner Meinung sein.
In Eurer Komödie ist es genau umgekehrt; vier „Grobiane" ziehen als „Bezwinger" aus und kommen eher als „Gebändigte" zurück. Und ihre Frauen? „Mögen sie zu Hause bleiben, damit niemand sie sieht und sie nichts erfahren."
Und die Tochter von Lunardo, einem von ihnen? Am Tag ihrer Hochzeit weiß sie weder, daß sie einen Verlobten hat, noch hat sie ihn je gesehen: alles wurde in großer Verschwiegenheit von den Vätern der Brautleute abgemacht. Sie beklagt sich bei der Stiefmutter: „Und ich Ärmste werde nie vor die Tür kommen! Er erlaubt mir nicht einmal, einen Augenblick auf den Balkon zu gehen!"
Daraufhin machen die Ehefrauen einen Aufstand, angeführt von der resoluten Felice. Nachdem diese das Geheimnis der drohenden Hochzeit entdeckt und ausgeplappert und den vier „Grobianen" eine Überraschung bereitet hat, gelingt es ihr, auch den letzten Widerstand zu brechen, durch eine feurige Rede, die eines Advokaten würdig gewesen wäre.
Die vier, mehr besiegt als überzeugt, müssen eingestehen, daß die Frauen und Töchter nicht „gezähmt", sondern „mitangehört" werden sollen; wenn ihnen die Ehemänner jedoch nicht diese Möglichkeit geben, werden sie selbst das Wort ergreifen.

Zwischen Shakespeares These und der Euren, lieber Goldoni, bevorzuge ich die Eure. Sie ist menschlicher, gerechter, der Wirklichkeit von damals wie der heutigen mehr angepaßt, auch wenn Euer „Feminismus" vor dem heutigen verblaßt: in der Zwischenzeit haben die Frauen Land gewonnen, und zwar vor allem in positiver Hinsicht.
In „Die neugierigen Frauen" habt Ihr Euch über die Salons lustig gemacht, „in denen scheinbar gefühllose, hart wie Stein erscheinende Damen sich von ihren Kavalieren anhimmeln lassen: der eine verschmachtet vor Liebe, der andere kniet ihr zu Füßen; der eine reicht ihr die Schale, der andere hebt ihr das Taschentuch

vom Boden auf; der eine gibt ihr einen Handkuß, der andere bietet ihr seinen Arm; einer ist ihr Sekretär, der andere ihr Kammerdiener . . ." Heute gibt es das nicht mehr, ja sogar der Unterschied zwischen einer „Lady" und der „Frau aus dem Volk" ist verschwunden.

Die Zeit, besonders die zwei furchtbaren Kriege, in denen die Karten tüchtig durcheinandergemischt wurden, haben die Mentalität und die soziale Stellung der Frau verändert. Die jungen Mädchen sind nicht mehr zu Hause eingesperrt: auch die wohlhabendsten studieren oder bereiten sich auf einen Beruf vor, der ihren Lebensunterhalt sichert. Sie erhalten vielleicht hier und da noch Verbeugungen und Handküsse, aber nur en passant. Im allgemeinen wissen sie, daß sie auf sich selbst gestellt sind, sich selbst genügen wie die Männer und ihren Beitrag an Arbeit und Geld für die Familie zu leisten haben. Wie zu Euren Zeiten sind sie reich an Intuition und Gefühl, aber heute müssen sie diese Schätze halbieren: eine Hälfte setzen sie ein, um eine Familie zu gründen, die andere, um sich im gesellschaftlichen Leben eine gute Position zu erobern und sie zu erhalten.

In Euren Komödien kann man die weiblichen Kategorien an fünf Fingern ablesen: Adlige, Bürgerliche, Bäuerinnen, Wirtinnen, Zimmermädchen. Heute reicht ein ganzes Wörterbuch nicht aus: Verkäuferinnen, Studentinnen, Arbeiterinnen, Dekorateurinnen, Lehrerinnen, Ärztinnen, Polizistinnen, Sozialarbeiterinnen, Rechtsanwältinnen usw. usw.: eine endlose Reihe bis hin zu weiblichen Abgeordneten und Staatsministern.

„Sie kann alles", laßt Ihr Lunardo voller Stolz über seine Tochter Lucieta sagen. Und Ihr meint damit: Strümpfe stricken, flicken, sticken, kochen und musizieren.

Heute umfaßt die Arbeit der Frau alle Bereiche, auch die, welche zu Eurer Zeit nur den Männern vorbehalten waren: Ihr begegnet Frauen in politischen Auseinandersetzungen, bei sportlichen Wettkämpfen, häufig mit starkem und unbekümmertem Auftreten, Frauen, die jede äußeren Zeichen von Zuneigung verschmähen oder es zumindest vorgeben.

Darunter verbirgt sich vielleicht ein Herz, das träumt und weint wie das Eurer Rosaure, Marina, Lucieta und Columbine, aber nach außen setzt die Frau heute obendrein noch die Maske der Gleichgültigkeit auf.

Hier fragt Ihr mich nun: „Haltet Ihr all das für gut oder schlecht?" Es hat vieles für sich, lieber Goldoni; das Schlimme steckt im Verfall der Umgebung, in der sich die Frauen heute bewegen. Durch die Umwelt wird ihre gesunde Überzeugung und ihr religiöses und moralisches Leben stark gefährdet. Am 26. Juli zum Beispiel veröffentlichten die italienischen Tageszeitungen folgende Nachricht: „Gestern verkündete die Abgeordnete N.N. in einer Pressekonferenz, in der sie die Freigabe der Abtreibung verfocht: Das Recht, die eigene Sexualität zu leben, wird heute durch das Bewußtsein der Sündhaftigkeit eingeengt. Die Frau hat das Recht, ihre eigene Sexualität nicht nur im Bereich der Familie und im Hinblick auf die Familie zu leben."

Lieber Goldoni, Euch kann man nicht vorwerfen, ein „Frömmler" zu sein, Ihr habt nur selten von Gott gesprochen und sogar gewisse Vertreter des Klerus mit einer Prise Ironie bedacht. Als Rechtsanwalt und Dramaturg habt Ihr die Welt und das Leben kennengelernt. Und was für ein Leben! Das Leben am Theater, das Leben von Venedig im 18. Jahrhundert, das Leben am Hofe Ludwigs XVI.

Trotz Eurer angeborenen Galanterie und Eurer eingestandenen Schwäche für das „schöne Geschlecht", glaubtet Ihr an den Wert der Familie, der Liebe, der ehelichen Treue und der Würde der Frau. Eure „putta onorata" (Verehrte), die „buona madre" (gute Mutter), die „figlia obbediente" (gehorsame Tochter), selbst die „vedova scaltra" (die schlaue Witwe – schlau im Hinblick auf eine ehrliche zweite Ehe) wären errötet, hätten sie die oben zitierte Abgeordnete gehört.

Zu Eurer Zeit war es unvorstellbar, daß die Ausübung einer au-

ßerfamiliären weiblichen Sexualität als Rechtsanspruch im Namen aller Frauen öffentlich ohne Scham und Hemmungen gefordert würde. Unerhört auch die Ansicht, die Sünde sei eine reine Erfindung der Macht, um den Leuten Schuldgefühle zu vermitteln und ihnen die Freiheit zu nehmen.
Fast alle Frauen Eurer Zeit gaben zu, auch wenn sie sündigten, daß außerhalb von uns ein Gott – zu unseren und nicht zu seinen Gunsten – Gesetze für das menschliche Handeln geben konnte. Und heute? Ich frage mich wirklich, wie viele Frauen wohl hinter der These der Abgeordneten stehen. Ich hoffe, nicht viele: ich weiß es nicht. Sollten es jedoch viele sein, dann kann man wohl nicht so sehr von einem Vormarsch des Feminismus sprechen, sondern eher von einem Zusammenbruch der Weiblichkeit und der Menschheit.
Ihr habt die Abgeordnete gehört: Freigabe der Abtreibung und Gesetzesentwürfe zur freien Entfaltung der Frau. Handelt es sich dabei wirklich um freie Entfaltung? Japanische, englische und ungarische Ärzte, die unter staatlicher Schirmherrschaft in Spezialkliniken Untersuchungen über die Abtreibung vorgenommen haben, erklärten, daß eine Abtreibung immer ein Trauma in der Frau zurückläßt, das sich auf ihre Gesundheit, auf spätere Entbindungen und noch zu erwartende Kinder auswirkt. Psychologen und Psychiater weisen ihrerseits auf andere schlimme Konsequenzen hin, die, wie sie sagen, im allgemeinen im Unterbewußtsein der Frau, die abgetrieben hat, schlummern, aber in Krisenzeiten wieder zum Vorschein kommen können.
Abgesehen vom moralischen Standpunkt verletzt die Abtreibung nicht nur die Gesetze Gottes, sondern richtet sich gegen die tiefsten Erwartungen der Frau und macht ihr innerlich zu schaffen. In vielen Fällen „befreit“ die Abtreibung nicht so sehr die Frau als vielmehr ihren Partner, Ehemann oder nicht, von Schwierigkeiten und Scherereien und ermöglicht ihm, seinen sexuellen Wünschen freien Lauf zu lassen, ohne die dazugehörigen Aufgaben übernehmen zu müssen: es ist für die Frau im Vergleich zum Mann mehr ein Zurück als ein Voran.

In bezug auf die Abtreibung, lieber Goldoni, haben die Abgeordneten und die Feministen heute mächtige Verbündete. Die legalisierte Abtreibung, sagen einige, sei das geringere Übel. Damit würden die heimlichen Abtreibungen vermieden und der Tod von vielen jungen Frauen verhindert, die bis jetzt Opfer von Quacksalbern waren.

Doch die Erfahrung anderer Länder zeigt, daß die heimlichen Abtreibungen mit der Legalisierung durchaus nicht abnehmen, es sei denn, jegliche Art von Abtreibung würde erlaubt. Oft wird auch die Zahl der jugendlichen Opfer des heimlichen Verfahrens zugunsten der Propaganda aufgebauscht. ,,Andere zivilisierte Nationen haben die Abtreibung bereits legalisiert, warum nicht auch Italien?" Ich entgegne ihnen: Wenn es falsch ist, die Abtreibung zu legalisieren, warum sollen auch wir diesen Fehler machen? Eine nach Italien importierte Krankheit wird aus Gründen des Imports nicht zur Gesundheit, sondern zur Infektion oder Epidemie.

Zur Verteidigung der Abtreibung kursiert auch ein anderes trügerisches Argument: „Entscheidend sei die 12. Woche", sagt man, weil dies der Augenblick der ,,zwei Leben" des Fötus im mütterlichen Schoß sei.

Das erste Leben sei menschlich, aber noch vorwiegend animalisch; das zweite wird menschlich unter der Bedingung, daß die Eltern, sobald sie die Gegenwart des neuen Wesens wahrnehmen, es ,,zum Leben rufen", es wollen, es anerkennen, mit ihm in eine Beziehung der Liebe treten und ihm so das Existenzrecht zusprechen. Im allgemeinen müssen die Eltern diesen Anruf tun, wenn aber (welch schreckliches Aber!) aus irgendeinem Grund die Eltern diesen Ruf nicht aussprechen, dann könnten sie, ohne zu sündigen, das Kind ablehnen und es ausstoßen.

Nur, um dem Mißbrauch vorzubeugen und das Abtreiben nicht zu leicht zu machen, sollte man vor der Entscheidung Ärzte oder Behörden konsultieren.

Lieber Goldoni! Diese ,,zwei Leben" existieren nur in den Köpfen einiger Theologen. Außerhalb dieser Köpfe gibt es nur ein

einziges Leben im Schoß der Mutter, das seinen flehentlichen Appell an Eltern und Gesellschaft richtet. Man behauptet, daß es nach der berühmten 12. Woche den Eltern zukomme, dem Kind einen Rechtsanspruch zu verschaffen. Das Gegenteil ist der Fall: Es ist das Geschöpf selbst, das vom Beginn seiner Entwicklung an den Eltern Pflichten auferlegt.
Darüber hinaus ist es Gott, der geboten hat: „Du sollst nicht töten!" – „Das Leben", schreibt das Zweite Vatikanische Konzil, „ist von der Empfängnis an mit höchster Sorgfalt zu schützen. Abtreibung und Tötung des Kindes sind verabscheuungswürdige Verbrechen" (Kirche und Welt, 51).

Lieber Goldoni, es gäbe noch andere, nicht ganz so heikle „Feminismen", aber lassen wir es für heute damit genug sein. Ich wünsche den Frauen, daß sie neue Bereiche erobern, und zwar solche, die ihnen entsprechen und sie weiterführen in ihrer Entfaltung auf das Bild hin, das Gott von der Frau gezeigt hat.
Eine Hilfe, lieber Goldoni, könnte Ihre Komödie sein, so reich an gesundem Menschenverstand, voll von jungen Mädchen, die in Erwartung der Ehe zittern; verheirateten Frauen, die sich zwar ein glücklicheres Leben wünschen und auch Fehler haben, die aber anständig, pflichtbewußt und tugendhaft sind.
Manche Feministen finden dies alles antiquiert und überholt. Sogar über einige Gesetze Gottes machen sie sich lustig als „vom Mann auferlegte Sklaverei" und wenden sich dann nichtchristlichen Lebensmodellen zu. Wenn wir uns fragen, welcher Heiligen wir sie anvertrauen könnten, dann würde ich die heilige Kümmernis als ihre Patronin vorschlagen. Ein sonderbarer Name, verbunden mit noch sonderbareren Ereignissen. Sie stammt aus einer heidnischen Familie Portugals. Die Legende berichtet, daß sie sich ohne Wissen der Eltern taufen ließ und das Gelübde der Jungfräulichkeit ablegte. Weil sie von ihrem Vater dem König von Sizilien zur Frau versprochen wurde, erhält sie von Gott das erbetene Wunder: einen dichten und schrecklichen Bart, der plötzlich in ihrem Jungmädchengesicht zu sprießen be-

ginnt. Natürlich wird dadurch die Hochzeit vereitelt; nun ist sie frei, erleidet aber danach durch den eigenen Vater das Martyrium.

Im Hinweis auf diese Legende liegt keinerlei böse Absicht, doch man könnte scherzhafterweise sagen, daß die mit eisernen Vorsätzen gegen die bärtigen Männer ins Feld ziehenden Feministinnen eine bärtige Heilige brauchen, die sich geschickt des Mannes zu entledigen wußte.

Eurer umfangreichen Sammlung von Frauenfiguren, lieber Goldoni, könnte die „bärtige Kümmernis" noch eine letzte Nuance hinzufügen . . .

MIT ZITTERNDER HAND

Dezember 1974

Lieber Jesus!

Mit meinen Briefen habe ich mir manche Kritik eingehandelt. ,,Er ist Bischof und Kardinal", haben sie gesagt, ,,er hat sich Hände und Füße ausgerissen und an alle Welt geschrieben: an Mark Twain, Péguy, Casella, Penelope, Dickens, Marlowe, Goldoni usw. Aber keine einzige Zeile an Jesus!"
Du weißt, wie sehr ich mich bemühe, ständig mit Dir im Gespräch zu sein. Aber in einem Brief mit Dir zu sprechen, fällt mir schwer. Es sind einerseits zu persönliche Dinge, andererseits zu unbedeutende. Was soll ich an oder über Dich schreiben, nach all den Büchern, die schon über Dich geschrieben wurden?
Außerdem gibt es ja das Evangelium. So wie der Blitz heller ist als das Feuer, und das Radium alle Metalle übertrifft, so wie die Rakete schneller ist als der Pfeil eines Urwaldbewohners, so übertrifft das Evangelium alle anderen Bücher. Und dennoch will ich versuchen, Dir zu schreiben – unbeholfen wie ein Taubstummer, der sich nur mit großer Mühe verständlich machen kann. Mein Seelenzustand ist wie der des Propheten Jeremia, der auf Deine Aufforderung zu predigen, mit Widerstreben antwortet: „Ich bin doch nur ein Kind, Herr, ich kann mich nicht ausdrücken!"

Pilatus hat Dich dem Volk vorgeführt: ,,Seht diesen Menschen!" Er glaubte, Dich zu kennen, kannte aber nicht einmal ein kleines Stück Deines Herzens, obwohl Du so oft und auf tausenderlei Arten Deine Güte und Barmherzigkeit gezeigt hast.
Deine Mutter: Du wolltest diese Erde nicht verlassen, ohne für sie einen anderen Sohn zu finden, der für sie Sorge tragen konn-

te. So hast Du vom Kreuz herab zu Johannes gesagt: „Sieh da, deine Mutter!"
Die Apostel: Tag und Nacht warst Du mit ihnen zusammen, Du hast sie als wahre Freunde behandelt und ihre Schwächen ertragen. Mit unerschöpflicher Geduld hast Du sie gelehrt. Da die Mutter zweier von ihnen Dich um einen bevorzugten Platz für ihre Söhne bittet, gibst Du ihr zur Antwort: „Ich habe keine Ehrenplätze zu vergeben, sondern nur das Kreuz."
Auch den anderen, die nach den ersten Plätzen streben, antwortest Du: „Man muß klein werden, den letzten Platz einnehmen und den anderen dienen."
Im Abendmahlsaal hast Du die Apostel gewarnt: „Ihr werdet Angst bekommen und davonlaufen." Sie protestierten; als erster und lauter als alle Petrus, der Dich dann auch prompt dreimal verleugnet hat. Du hast dem Petrus verziehen und dreimal zu ihm gesagt: „Weide meine Schafe!"
Wie Du den anderen Aposteln verziehen hast, steht bei Johannes im 21. Kapitel. Die Jünger sind im Boot, Du, der Auferstandene, bist die ganze Nacht am Ufer, kochst für sie, bedienst sie, bereitest ihnen das Mahl, gerösteten Fisch mit Brot.
Die Sünder: Der Hirte, der auf der Suche nach dem verlorenen Schaf ist, voll Freude, wenn er es findet und es glücklich in den Stall heimbringen kann, das bist Du. Dann bist Du der gute Vater, der den verlorenen Sohn bei seiner Heimkehr freudig umarmt. Auf jeder Seite des Evangeliums findet man diese vertrauten Szenen: Du hast Umgang mit Sündern, ißt an ihrem Tisch, Du lädst Dich selber ein, wenn sie es nicht zu tun wagen. Ich habe den Eindruck, Du kümmerst Dich mehr um das Leid, das durch die Sünde entsteht, als um die Beleidigung, die Gott damit angetan wird. Du vermittelst die Hoffnung auf Vergebung, wie wenn Du sagen wolltest: „Ihr könnt euch nicht vorstellen, wieviel Freude mir eure Umkehr bereitet!"

Neben der Güte Deines Herzens kennzeichnet Dich ein gesunder Menschenverstand.

Dir ging es vor allem um das Innere des Menschen. Die Gesichter der Pharisäer waren abgezehrt vom langen Fasten, und Du meintest: „Ihre Gesichter gefallen mir nicht. Ihr Herz ist weit weg von Gott. Auf das Innere kommt es an, das Herz ist der Maßstab, nach dem geurteilt wird. Von innen her, aus dem Herzen der Menschen, kommen nämlich die bösen Gedanken: Ausschweifung, Diebstahl, Mord, Ehebruch, Begierde, Stolz, Torheit usw."

Unnütze Worte gefielen Dir überhaupt nicht: „Euer Reden sei ja, ja, nein, nein, was darüber hinausgeht, stammt vom Bösen. Wenn ihr betet, macht nicht zu viele Worte!"

Du wolltest nicht, daß man alles an die große Glocke hängt: „Wenn du fastest, salbe dein Haar und wasche dir das Gesicht. Wenn du Almosen gibst, dann soll deine Linke nicht wissen, was die Rechte tut." Dem geheilten Leprakranken hast Du aufgetragen: „Sag es keinem weiter!" Den Eltern des von den Toten auferweckten Mädchens befahlst Du mit energischer Stimme, daß sie das Wunder nicht von den Dächern posaunen sollen. Du pflegtest zu sagen: „Ich suche nicht meinen eigenen Ruhm. Meine Nahrung ist es, den Willen meines Vaters zu tun."

Auf dem Kreuz hast Du Dein Leben beendet mit den Worten: „Alles ist vollbracht." Übrigens hast Du immer darauf geachtet, die Dinge nicht halb zu tun. Einmal haben Dir die Apostel vorgeschlagen: „Die Leute folgen uns schon seit geraumer Zeit, schicken wir sie zum Essen nach Hause." Doch Du meintest: „Warum geben wir ihnen nicht zu essen?" Als das Mahl mit den wunderbar vermehrten Broten und Fischen zu Ende war, sagtest Du: „Sammelt die Überreste, es soll nichts verderben."

Du wolltest, daß man das Gute bis ins Detail ausführt. Als die Tochter des Jairus auferweckt worden war, kümmertest Du Dich darum, daß das Mädchen sogleich zu essen bekam. Die Leute sagten von Dir: „Er hat alle Dinge gut gemacht."

Wieviel Weisheit spricht aus Deinen Worten! Einmal schickten die Gegner die Tempelwache zu Dir, um Dich zu verhaften. Sie

kamen mit leeren Händen zurück. „Warum habt ihr ihn denn nicht festgenommen?" wurden sie gefragt. Ihre Antwort: „Kein Mensch hat je so gesprochen wie dieser!"
Du hast die Leute begeistert. Vom ersten Tag an sagten sie von Dir: „Dieser spricht mit Autorität! Nicht so wie unsere Schriftgelehrten."
Die armen Schriftgelehrten: Gekettet an die 634 Vorschriften des Gesetzes, behaupteten sie, daß selbst Gott jeden Tag eine gewisse Zeit dem Studium des Gesetzes widme und sich vom Himmel aus mit den Meinungen der Schriftgelehrten beschäftige, um ja auf dem laufenden zu sein.
Du jedoch: „Ihr habt gehört, daß geschrieben steht . . . ich aber sage euch . . .!" Du bist der Herr über das Gesetz und nahmst für Dich das Recht und die Macht in Anspruch, es zu vervollkommnen. Mit großartigem Mut behauptetest Du: „Ich bin größer als der Tempel Salomos; Himmel und Erde werden vergehen, aber meine Worte werden nicht vergehen."
Nie wurdest Du müde zu lehren: In den Synagogen, im Tempel, auf Plätzen und Wiesen sitzend, auf den Straßen wandernd, in den Häusern, selbst bei Tisch.
Heute wollen alle den Dialog. Ich habe einmal die Dialoge in Deinem Evangelium gezählt, es sind 86: 37 davon mit Deinen Jüngern, 22 mit Leuten aus dem Volk, 27 mit Deinen Gegnern. Heute fordert die Pädagogik, daß alle an den brennenden Problemen Anteil nehmen sollen. Johannes der Täufer schickte vom Gefängnis aus einige Männer zu Dir, um Dich zu fragen: „Wer bist Du eigentlich?" Du hast keine Zeit mit Geschwätz verloren, Du heiltest die Kranken, die man Dir brachte und sagtest: „Geht und sagt dem Johannes, was ihr gesehen und gehört habt!"
Für die Juden Deiner Zeit waren Salomo, David und Jona das, was für uns heute Dante, Garibaldi und Mazzini sind. Du hast ständig von David, Salomo und Jona gesprochen, aber auch von anderen volkstümlichen Persönlichkeiten. Immer mit großem Mut.
Als Du damals lehrtest: „Selig die Armen, selig die Verfolgten",

da war ich nicht dabei. Wenn ich dabeigewesen wäre, hätte ich Dir ins Ohr geflüstert: „Um Himmels willen, rede doch von etwas anderem, Herr, wenn Du willst, daß Dir jemand nachfolgt. Siehst Du denn nicht, wie alle nach Reichtum und Bequemlichkeit streben? Cato hat seinen Soldaten Feigen aus Afrika versprochen, Cäsar die Reichtümer Galliens, und – gut oder schlecht – sie hatten Erfolg damit. Nun kommst Du und versprichst Armut, Verfolgungen. Was meinst Du, wer Dir da folgen wird?"
Doch Du läßt Dich nicht abbringen. Ich höre, wie Du fortfährst zu sagen: „Ich bin das Weizenkorn, das sterben muß, damit es Frucht bringt. Es ist notwendig, daß ich auf dem Kreuz erhöht werde; denn von dort werde ich die ganze Welt an mich ziehen."
Und so ist es geschehen: Sie haben Dich ans Kreuz geschlagen, und Du hast das ausgenutzt, um die Arme auszubreiten und die Leute an Dich zu ziehen. Wer kann je die Menschen zählen, die bei Deinem Kreuz Zuflucht gefunden haben?

Seit Jahrhunderten strömen Menschen von überall her zu einem Gekreuzigten. Vor diesem Schauspiel stellt sich die Frage: Handelt es sich nur um einen bedeutenden und wohltätigen Menschen oder um einen Gott? Du hast selbst die Antwort gegeben, und wer nicht durch Vorurteile blockiert oder durch seinen Verstand geblendet ist, wird sie annehmen.
Als Petrus bekannte: „Du bist Christus, der Sohn des lebendigen Gottes", hast Du diesem Bekenntnis nicht nur zugestimmt, sondern es auch belohnt. Du nahmst für Dich in Anspruch, was die Juden eigentlich nur Gott zuerkannten. Zu ihrem Ärgernis hast Du Sünden vergeben, hast Dich als Herr über den Sabbat bezeichnet, hast mit höchster Autorität gelehrt und Dich dem Vater gleichgestellt. Mehrfach wollten sie Dich wegen Gotteslästerung steinigen, denn Du sagtest, Du seiest Gott. Als sie Dich schließlich verhaftet und vor den Hohen Rat geschleppt hatten, fragte Dich der Hohepriester feierlich: „Bist du nun der Sohn Gottes oder bist du es nicht?" Du gabst ihm zur Antwort: „Ich

bin es, ihr werdet mich zur Rechten des Vaters sehen!" Um Dein göttliches Wesen nicht zu verleugnen, hast Du sogar den Tod auf Dich genommen.

Das ist also der Brief. Aber nie war ich so unzufrieden mit dem Ergebnis wie diesmal. Ich habe den Eindruck, daß ich das Wesentliche über Dich nicht gesagt habe, und daß ich das, was ich gesagt habe, besser hätte formulieren müssen. Doch etwas tröstet mich: Es kommt nämlich nicht darauf an, daß jemand über Christus schreibt, sondern daß viele Menschen Christus lieben und ihm nachfolgen.
Und das geschieht – trotz allem – immer noch.

VERZEICHNIS DER ADRESSATEN

lehrte Franziskanertum. Der „Doctor Seraphicus" gilt neben Thomas von Aquin als einer der großen Lehrer der Scholastik. Autor bedeutender geistlicher Werke 182

CASELLA, Musiker und Freund Dantes (13. Jahrhundert). Komponist und Interpret, vertonte einige Sonette und Gedichte Dantes. Dante stellte sich in seiner „Göttlichen Komödie" vor, ihm im Purgartorio, dem Reich der erlösbaren Sünder, zu begegnen 165

CHESTERTON, Gilbert Keith, englischer Schriftsteller (1874–1936). Entstammte einer wohlhabenden protestantischen Familie; 1922 Übertritt zum Katholizismus; Betätigung in allen literarischen Gattungen. Größte Verbreitung fanden die den herkömmlichen Kriminalroman parodierenden Pater-Brown-Geschichten. Hauptwerke: „Der Mann, der zuviel wußte"; „Das Geheimnis des Pater Brown" 19

CORNARO, Lodovico (Alvise), venezianischer Partrizier und Mäzen (1467–1566). Cornaro gab im hohen Alter eine durch Aufrichtigkeit und Ursprünglichkeit des Ausdrucks fesselnde Darstellung maßvoller Lebensweise in seinen „Discorsi della vita sobria" 171

DAVID, König Israels (um 1000 v. Chr.), machte Jerusalem zur Hauptstadt seines Reiches und durch die Aufnahme der Bundeslade auch zum religiösen Mittelpunkt des Volkes. Bekannt auch als Musiker und Dichter. Er verfaßte eine große Anzahl der Psalmen. Trotz schwerer Schuld erhält er nach seiner Buße durch den Propheten Nathan die Verheißung, daß aus seinem Hause der Messias hervorgehen werde 54

DICKENS, Charles, volkstümlicher englischer Romanschriftsteller (1812–1870). Kämpft gegen die sozialen Mißstände seiner Zeit. In Zehntausenden von kleinen, blauen, illustrierten Heftchen wurden seine engagierten und humorvollen Erzählungen veröffentlicht und verschlungen. Am bekanntesten sind: „Oliver Twist", „Die Pickwikker"; „David Copperfield"; „Nicholas Nickleby" 9

DUPANLOUP, Felice, Bischof von Orleans (1802–1878). Machte sich einen Namen in der Priesterausbildung, der Jugenderziehung und der Katechese. Verfasser pädagogischer Werke, Vorkämpfer für die

Freiheit von Lehre und Forschung, aktiv am politischen Leben Frankreichs beteiligt 230

FIGARO, der witzige, schwatzhafte Barbier aus Beaumarchais' (1732–1799) berühmten Lustspielen. Figaro wird zum Sprachrohr der Revolte des Dritten Standes. Weltberühmt durch die Opernumdichtungen „Barbier von Sevilla" und „Figaros Hochzeit" 65

FRANZ VON SALES, Heiliger und Kirchenlehrer (1567–1622). Studium in Paris und Padua, ab 1602 Bischof von Genf. 1610 gründete er mit Johanna Franziska von Chantal den beschaulichen Orden von der Heimsuchung Mariens (Salesianerinnen). In zahlreichen Schriften betonte er die Verbindung von Religiosität und weltlicher Kultur, von Humanismus und Christentum 107

GOETHE, Johann Wolfgang, deutscher Dichter (1749–1832). Führte die deutsche Dichtung zu klassischer Vollendung 49

GOLDONI, Carlo, italienischer Dramatiker (1707–1793). Nach dem Vorbild Molièrs findet er zu einer neuen Ausdrucksweise, die Wahrheit und Natürlichkeit an die erste Stelle setzt. Die überlegene, gütige Heiterkeit, die seine Komödien trägt, wird unterstützt durch eine ungekünstelte Alltagssprache und durch die venezianische Mundart 249

GONZALO, Fernandez de Cordoba, spanischer Statthalter von Mailand (1785–1873). Wird von Manzoni in seinem Roman, „Die Verlobten" erwähnt. Bei einem Aufstand gegen den Proviantverweser von Mailand fällt Renzo als Aufrührer den Häschern in die Hände ... 94

HIPPOKRATES, Begründer der wissenschaftlichen Heilkunde (um 460–377 v. Chr.). Zeitgenosse des Sokrates. Trat für die Unabhängigkeit der Medizinstudien von philosophischen Einflüssen ein. Berühmt wurde seine Einteilung der vier Grundtemperamente: sanguinisch, phlegmatisch, cholerisch, melancholisch. Nach ihm wird der Eid benannt, den die Ärzte vor Beginn ihrer Praxis ablegen 144

HOFER, Andreas, Tiroler Freiheitskämpfer (1767–1810). Nahm bei der Volkserhebung Tirols 1809 die Verteidigung des Landes in die

MARIA THERESIA, österreichische Kaiserin, Königin von Ungarn und Böhmen, (1717–1780). Ihr Charme, ihre fröhliche Aufgeschlossenheit und Mütterlichkeit machten sie in allen Schichten des Volkes sehr beliebt. Ihrer Ehe mit Franz I. entsprossen sechzehn Kinder, darunter Marie-Antoinette, Königin von Frankreich, mit der sie einen regen Briefwechsel unterhielt 24

MARK TWAIN, Pseudonym für Samuel (Langhorne) Clemens (1835–1910). Nach einem wechselreichen Leben als Setzerlehrling, Lotse auf dem Mississippi, Goldgräber in Kalifornien, Reporter in San Francisco, begründete er seinen literarischen Ruhm durch die Sammlung seiner grotesken, trockenwitzigen Skizzen „The celebrated jumping frog". Hauptwerke: „Die Abenteuer Tom Sawyers"; „Die Abenteuer von Huckleberry Finn" 14

MARLOWE, Christopher, englischer Dramatiker (1564–1593). Vorläufer Shakespeares, dramatisierte das deutsche Volksbuch von Dr. Faust als „The Tragical History of D. Faustus", die berühmte Geschichte des Doktors aus Wittenberg, der dem Teufel seine Seele überläßt 189

PAULUS DIACONUS, Mönch und Geschichtsschreiber (um 720–799). Hauslehrer der Tochter des Langobardenkönigs Desiderius. Nach der Niederlage der Langobarden kam er ins Frankenreich und lernte dort Karl den Großen kennen, der ihn in den Kreis seiner Hofgelehrten aufnahm. Dort genoß er als Geschichtsschreiber, Dichter und theologischer Schriftsteller großes Ansehen. Sein Hauptwerk: „Geschichte der Langobarden" 86

PEGUY, Charles, französischer Dichter und Publizist (1873–1914). Eine der repräsentativsten Gestalten im geistigen Leben Frankreichs vor dem Ersten Weltkrieg. Dichter der Jeanne d'Arc, der Heiligen seiner Vaterstadt. 1900–1914 Herausgeber der „Cahiers de la Quinzaine", der bedeutendsten literarisch-politischen Zeitschrift Frankreichs .. 29

PENELOPE, die Gemahlin des Odysseus und Mutter des Telemach. Während der Abwesenheit ihres Gatten hält sie die Kronbewerber hin, sie verspricht ihnen, ihre Wahl erst zu treffen, wenn sie ein Gewebe beendet habe, das sie tagsüber spinnt und nachts wieder auftrennt. Sie gilt als Symbol unverbrüchlicher Treue 59

PETRARCA, Francesco, toskanischer Dichter (1307–1374). Ist aufgrund seiner „Canzoniere“ (Das Buch der Lieder) einer der größten Lyriker Italiens. Durch seine lateinischen Werke ist er der Begründer des Humanismus. Seine moralphilosophischen Schriften stehen im Zusammenhang mit der griechisch-römischen Moralphilosophie und haben das europäische Geistesleben befruchtet 237

PICKWICKER: Pickwick, Snodgrass, Tupman und Winkle sind die verschrobenen Helden des bekannten Romans „Die Pickwicker“ des englischen Humoristen Charles Dickens (1812–1870) 71

PINOCCHIO, das „HÖLZERNE BENGELE“, Hauptgestalt des verbreitetsten italienischen Kinderbuches von Collodi 77

QUINTILIAN, Markus Fabius, römischer Redner und Erzieher (um 35–96). Erster öffentlicher Lehrer, der vom Staat besoldet wurde. Berühmt durch sein Buch über die Beredsamkeit „Institutio oratoria 203

SCOTT, Walter, schottischer Schriftsteller (1771–1832). Leidenschaftlicher Sammler von heimatkundlichen Schriften und Augenzeugenberichten. Meister der romantischen Geschichtserzählung. Goethe nannte ihn den ersten europäischen Schriftsteller mit modernem Wirklichkeitssinn. 133

TERESA VON AVILA, Heilige und Kirchenlehrerin (1515–1582). Von adliger Abstammung, trat mit 21 Jahren in das Karmelitinnen-Kloster in Avila ein. Zusammen mit dem heiligen Johannes vom Kreuz Reformatorin des Ordens. 243

THERESE VON LISIEUX, die Heilige des „Kleinen Weges“ (1873–1897). Trat mit 15 Jahren in den Karmel von Lisieux ein, wurde dort Novizenmeisterin und starb sehr jung nach einem langen vorbildlichen Leiden. Ihre Autobiographie „Geschichte einer Seele“ bezeugt ein Leben, in dem „allein die Liebe zählt“ 151

INHALT